高职高专经济管理创新实践系列教材

管理学教程

郭晓宁 主编

清华大学出版社
北京

内 容 简 介

本书遵循由浅入深、板块明晰、便于自学和教师安排教学进程的原则，尽可能均衡设计每一章的篇幅。本书既包括相对传统的基础管理知识、管理职能、组织方面的内容，又安排有组织内部职能管理和组织外部环境管理等内容，还安排了组织文化、管理伦理等较为前沿的内容。本书体现对学生课业的指导，以方便学生的实践活动。本书所设计的课业力求避免过于专业化，大多都与学生的生活和学习经历相关，具有直观性和趣味性。

本书适合高职高专财经管理专业的学生作为教材使用，也可供企业培训使用。

本书封面贴有清华大学出版社防伪标签，无标签者不得销售。
版权所有，侵权必究。举报：010-62782989，beiqinquan@tup.tsinghua.edu.cn。

图书在版编目(CIP)数据

管理学教程/郭晓宁主编. —北京：清华大学出版社，2018（2023.8重印）
（高职高专经济管理创新实践系列教材）
ISBN 978-7-302-49291-7

Ⅰ.①管… Ⅱ.①郭… Ⅲ.①管理学－高等职业教育－教材 Ⅳ.①C93

中国版本图书馆 CIP 数据核字（2018）第 001417 号

责任编辑：吴梦佳
封面设计：常雪影
责任校对：袁　芳
责任印制：宋　林

出版发行：清华大学出版社
　　网　　址：http://www.tup.com.cn, http://www.wqbook.com
　　地　　址：北京清华大学学研大厦 A 座　　邮　编：100084
　　社 总 机：010-83470000　　邮　购：010-62786544
　　投稿与读者服务：010-62776969, c-service@tup.tsinghua.edu.cn
　　质量反馈：010-62772015, zhiliang@tup.tsinghua.edu.cn
　　课件下载：http://www.tup.com.cn, 010-62770175-4278

印 装 者：三河市铭诚印务有限公司
经　　销：全国新华书店
开　　本：185mm×260mm　　印　张：19　　字　数：389 千字
版　　次：2018 年 12 月第 1 版　　印　次：2023 年 8 月第 5 次印刷
定　　价：48.00 元

产品编号：075979-01

高职高专经济管理创新实践系列教材编委会

主　　编：陈力华

副 主 编：胡守忠　陆洲艳　皮　骏

委　　员：黄晞建　王　欢　郭晓宁　刘疏影
　　　　　胡静怡　严金凤　李锡城

丛 书 序

从 20 世纪 70 年代后期至今的近 40 年，中国的经济发展取得了令世界惊叹的巨大成就。在这近 40 年里，中国高等职业教育经历了曲曲折折、起起伏伏的不平凡的发展历程。从高等教育的辅助和配角地位逐渐成为高等教育的重要组成部分，成为实现中国高等教育大众化的生力军，成为培养中国经济发展、产业升级换代迫切需要的高素质技能型人才的主力军，成为中国高等教育发展不可替代的半壁江山，在中国高等教育和经济社会发展中扮演着越来越重要的角色，发挥着越来越重要的作用。

高职人才培养体系的基本特征是以培养高等技术应用型专门人才为根本任务，以适应社会需要为目标，以培养技术应用能力为主线来设计学生的知识、能力、素质结构三位一体的人才培养体系。对于如何以"应用"为主旨和特征构建人才培养体系，大部分高职院校都是通过拓展校内外实训基地、开展工学结合的方式来提升学生的职业技能。但是，高职院校的校内实践基地一般以"实训室"为主要形式。"实训室"不外两种：场景模拟和计算机模拟。由于受到场地、资金等原因影响，往往场景模拟缺乏可行性，计算机模拟缺乏技术性，很多专业课程的职业能力并未得到很好的训练。而校外实训，很多高职院校在与企业签订好合作协议后，就把协议束之高阁，或者仅仅是开展一些诸如安排学生参观、短期实习、就业等浅层次的合作，校企合作还停留在表面，没有形成长期稳定、双向互动、运转良好的校外实践基地网，没有真正建设成可以满足实践需要的校外实践基地。

根据经管专业的课程特点，很多课程的职业技能训练不一定要局限于校内外实训基地，完全可以通过实践课业体系设计，直接把课堂作为技能训练、素质培养的场所，在课堂上布置工作环境，营造职业气氛，以每门课程相对应的岗位能力设计课程实训模块和项目，通过实践课业训练，促使学生把专业知识转化为应用技能，把学生的职业能力培养真正落到实处。

在组织本套丛书的过程中，我们主要遵循了以下指导思想和编写思路。

首先，我们确定了丛书的读者对象为高等职业院校经济与管理专业的专科生以及非管理专业但选修管理作为第二专业的专科生，还有与他们有相似经历的工科出身的企业管理者。

"定位"对于一切工作都很重要，它是取得成功的重要因素。作为高等职业院校的教师，应懂得因材施教的道理，知道不同的对象要采用不同的方法来开展教学活动。但是，以往编写的教材往往把读者笼统地看成一个无差异的群体，结果教学常是事倍功半，难以取得预期效果。本套丛书把读者定位作为一个很重要的写作前提，力求在因材施教上作一番努力。

其次，本套丛书突出实践课业，取消应试型作业，采用了有利于专业技能训练的实践载体——课业。我们根据企业岗位技能要求，设置大小不同的实践课业。在整个课程中，教师为课业指导而设计、编排课业，组织课业活动；学生为完成课业而学习专业知识、动手操作课业；课程考核是对学生所完成的所有课业及其表现进行评估。实践课业是专业知识通向岗位技能的"桥梁"，课业训练使学生能够把所掌握的专业知识运用到实践中，迫使他们走出学校、走向市场、走近企业，从而完成课业任务。通过课业训练，学生对现实的"企业运营"有了直观的认识和体验，强化了学生的知识运用能力，掌握了岗位所需的基本技能。

最后，本套丛书强化综合职业能力，促使高职人才培养体系从"应试型"向"应用型"转变。目前，虽然很多高职院校都声称以培养"应用型"人才为主，但在实际人才培养过程中，很大程度上还是"应试型"人才的培养。在培养学生的三年时间里，教师为考试而设计课堂教学，组织教学活动；学生为考试而学习，所做的课程作业是应付考试的概念题、选择题、判断题、简答题、论述题、案例分析题。考试是对学生的学习成果的唯一评价标准，考试成为课程教学的目标。

实践课业体系通过各类课业的设计和训练，以"课业"作为实践载体，采用课业训练作为岗位技能培养的手段，把学生所做的课业成果作为评估、考核的依据，促使高职人才培养从"应试型"向"应用型"转变，为职业能力培养提供有效途径。而且，在课业训练过程中，学生需要面对各种困难，要求自主解决各种问题；需要根据不同的市场、企业情况独立判断分析；需要团队合作一起完成课业任务。学生的综合职业能力得到了强化。实践课业体系的价值持续在学生的毕业实习、就业应聘、岗位工作中得以发挥。

本套丛书的编写由上海市民办教育发展基金会的"上海市重大内涵建设项目"提供经费支持，由上海震旦职业学院校长陈力华教授担任主编，由上海震旦职业学院经济管理学院院长胡守忠教授、经管学院系主任陆洲艳副教授和院长助理皮骏讲师担任副主编，参与丛书编写的还有长期从事经济与管理专业教育的教师。我们希望这套丛书能受到相关学校老师与同学的重视，为经济与管理专业高等职业教育的发展作出应有的贡献。

本套丛书的编写与出版得到了所有参编教师的鼎力相助，得到了清华大学出版社的高度重视和帮助，在此一并表示感谢。

陈力华
2017年7月于上海震旦职业学院

前　　言

"管理学"是高等院校经济管理类专业的基础课,融理论性与实践性于一体。不同层次、不同专业的管理学教育的侧重点不同,对应的教材名称也不尽相同,如管理学原理、基础管理学、管理学概论、企业管理概论、组织管理学、普通管理学、工商管理、商务管理等。本书名为管理学教程,适用于高职高专,主要面向经贸类、旅游类或相关专业的学生和教师使用。

"管理学"课程具有基础性和平台性的特征。职业院校第一学期通常集中安排公共课和基础课,因而"管理学"往往是许多大学生接触的第一门非高中课程。本书在强调理论认知的同时注重突出实践性,弱化部分深奥的理论,让学生顺利适应大学专业课程的学习,尽快进入专业角色。

考虑上述情况,本书遵循由浅入深、板块明晰、便于自学和教师安排教学进程的原则,尽可能均衡设计每一章的篇幅。本书的具体结构见下图。

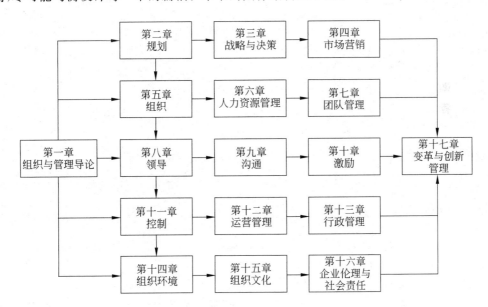

本书另一特色是体现对学生课业的指导,以方便学生的实践活动。教师可以根据不同专业的实际情况选用或设计更为合适的课业。考虑到学生没有任何专业知识背景和从业经历的情况,本书所设计的课业力求避免过于专业化,大多都与学生的生活和学习经历相关,具有直观性和趣味性,以增强管理学理论对低年级学生的吸引力,也方便学生动手操作完成课业。

本书建议学时为 50 学时,实际教学周数为 15～18 周。教师在使用本书进行教学时,可以对部分章节进行删减,也可以调整顺序。例如,教师可以删减第十三章、第十五章的有关内容,也可以选出部分章节作为非经贸和旅游类专业辅修课程的教学内容。

本书由上海震旦职业学院郭晓宁担任主编。由于编者水平有限,书中难免有疏漏和不妥之处,敬请读者提出批评和建设性意见。

编　者

2018 年 5 月

目　　录

第一章　组织与管理导论 ………………………………………………… 1

 第一节　组织概述 ……………………………………………………… 2
 第二节　组织类型 ……………………………………………………… 4
 第三节　管理概述 ……………………………………………………… 5
 第四节　管理学 ………………………………………………………… 8
 本章课业 ………………………………………………………………… 10
 本章小结 ………………………………………………………………… 11
 重要概念 ………………………………………………………………… 11
 复习思考题 ……………………………………………………………… 11
 案例分析 ………………………………………………………………… 12

第二章　规划 ……………………………………………………………… 14

 第一节　组织目标与规划 ……………………………………………… 16
 第二节　规划的种类 …………………………………………………… 18
 第三节　规划的编制过程 ……………………………………………… 19
 第四节　预测与目标管理 ……………………………………………… 21
 本章课业 ………………………………………………………………… 23
 本章小结 ………………………………………………………………… 24
 重要概念 ………………………………………………………………… 25
 复习思考题 ……………………………………………………………… 25
 案例分析 ………………………………………………………………… 25

第三章　战略与决策 ……………………………………………………… 28

 第一节　战略与企业战略 ……………………………………………… 29
 第二节　战略管理 ……………………………………………………… 31
 第三节　决策过程与类型 ……………………………………………… 35
 第四节　决策方法与决策失误 ………………………………………… 38

本章课业	40
本章小结	42
重要概念	42
复习思考题	42
案例分析	43

第四章 市场营销 ······ 46

第一节 市场营销概述	47
第二节 市场营销组合	49
第三节 市场调研与广告	52
第四节 销售	55
本章课业	57
本章小结	58
重要概念	58
复习思考题	58
案例分析	59

第五章 组织 ······ 61

第一节 动态的组织	62
第二节 组织结构的设计	63
第三节 组织结构的类型	68
第四节 商务策划	71
本章课业	74
本章小结	76
重要概念	76
复习思考题	76
案例分析	77

第六章 人力资源管理 ······ 79

第一节 人力资源管理概述	80
第二节 人力资源管理的内容	85
第三节 员工地位与激励机制	87
本章课业	89
本章小结	90

重要概念 91
　　复习思考题 91
　　案例分析 91

第七章　团队管理 94

　　第一节　协同效应 95
　　第二节　团队概述 97
　　第三节　团队精神 100
　　第四节　团队管理的内容与方法 103
　　本章课业 107
　　本章小结 108
　　重要概念 109
　　复习思考题 109
　　案例分析 109

第八章　领导 112

　　第一节　领导概述 113
　　第二节　领导素质 115
　　第三节　领导权力 118
　　第四节　领导方式与领导艺术 120
　　本章课业 125
　　本章小结 126
　　重要概念 126
　　复习思考题 126
　　案例分析 127

第九章　沟通 128

　　第一节　沟通与人际关系 129
　　第二节　沟通类型与方式 133
　　第三节　人际沟通技巧 134
　　第四节　沟通冲突及其管理 139
　　本章课业 146
　　本章小结 147
　　重要概念 148

复习思考题 ·· 148
　　案例分析 ·· 148

第十章　激励 ·· **151**

　　第一节　激励概述 ·· 152
　　第二节　激励方式 ·· 155
　　第三节　激励理论 ·· 158
　　第四节　有效激励 ·· 164
　　本章课业 ·· 168
　　本章小结 ·· 169
　　重要概念 ·· 170
　　复习思考题 ·· 170
　　案例分析 ·· 170

第十一章　控制 ·· **173**

　　第一节　控制概述 ·· 174
　　第二节　控制的过程 ·· 177
　　第三节　控制重点及方法 ······································ 180
　　第四节　信息系统与控制 ······································ 186
　　本章课业 ·· 187
　　本章小结 ·· 188
　　重要概念 ·· 188
　　复习思考题 ·· 189
　　案例分析 ·· 189

第十二章　运营管理 ·· **192**

　　第一节　生产与经营活动 ······································ 193
　　第二节　生产类型 ·· 196
　　第三节　选址与布局 ·· 199
　　第四节　生产经营组织 ·· 202
　　本章课业 ·· 205
　　本章小结 ·· 206
　　重要概念 ·· 206
　　复习思考题 ·· 206

案例分析 ………………………………………………………… 207

第十三章　行政管理 ……………………………………………… **209**

　　第一节　行政管理概述 …………………………………………… 210
　　第二节　办公室职责与人员素质要求 …………………………… 213
　　第三节　办公设备与办公自动化 ………………………………… 215
　　第四节　办公室安全问题 ………………………………………… 216
　　本章课业 …………………………………………………………… 218
　　本章小结 …………………………………………………………… 219
　　重要概念 …………………………………………………………… 220
　　复习思考题 ………………………………………………………… 220
　　案例分析 …………………………………………………………… 220

第十四章　组织环境 ……………………………………………… **223**

　　第一节　组织环境概述 …………………………………………… 224
　　第二节　组织内部环境 …………………………………………… 226
　　第三节　组织外部环境 …………………………………………… 228
　　第四节　组织环境分析方法 ……………………………………… 229
　　本章课业 …………………………………………………………… 234
　　本章小结 …………………………………………………………… 236
　　重要概念 …………………………………………………………… 237
　　复习思考题 ………………………………………………………… 237
　　案例分析 …………………………………………………………… 237

第十五章　组织文化 ……………………………………………… **240**

　　第一节　文化与组织文化 ………………………………………… 241
　　第二节　企业文化的构成与分类 ………………………………… 243
　　第三节　文化冲突与跨文化管理 ………………………………… 248
　　本章课业 …………………………………………………………… 250
　　本章小结 …………………………………………………………… 251
　　重要概念 …………………………………………………………… 251
　　复习思考题 ………………………………………………………… 251
　　案例分析 …………………………………………………………… 252

第十六章 企业伦理与社会责任 · **255**

    第一节 道德与伦理概述 · 256

    第二节 企业伦理 · 258

    第三节 企业社会责任 · 262

    第四节 企业管理哲学与和谐管理 · 264

    本章课业 · 265

    本章小结 · 266

    重要概念 · 267

    复习思考题 · 267

    案例分析 · 267

第十七章 变革与创新管理 · **270**

    第一节 组织变革及其管理 · 271

    第二节 创新与创新管理 · 277

    本章课业 · 284

    本章小结 · 285

    重要概念 · 286

    复习思考题 · 286

    案例分析 · 286

参考文献 · **288**

第一章 组织与管理导论

名人名言

企业最大的资产是人。

——［日］松下幸之助

学习目标

1. 了解组织的含义、形成；
2. 区别不同类型的组织；
3. 解释管理的概念；
4. 理解管理的复杂性，熟悉管理学的研究对象。

 同学聚会怎么才能让气氛变得热闹

刚刚步入大学的学生,遇到的第一次集体活动往往都是班级中秋晚会。如何通过晚会让大家进一步增进了解,如何营造节日气氛和化解思乡之情,如何借机增强班级凝聚力,这些都是活动组织者需要重点考虑的问题。有经验的班干部往往会认真布置会场,悬挂彩带,制造一些灯光效果等。晚会节目要生动、有意义、互动性强,要合理设计节目顺序、中间穿插一些即兴表演,尽量让每位同学都有机会参与。主持人对晚会气氛的掌控和调动也是非常重要的。此外,经费预算和晚会时长也是活动组织者必须考虑的。例如,准备一些必要的饮料和零食,准备一些有意义的小奖品供抽奖环节发放。晚会的持续时间不能太长,要遵守场地使用规定和学校作息安排。晚会主持人的口才、组织者的组织能力、每位同学的参与度、个人才艺的展示,以及整个晚会的满意度,都会给大家留下深刻的记忆,也为以后班级集体活动的开展提供一定的启发。

本章是整门课程的起点和概括。首先说明什么是组织、组织的不同类型,之后介绍管理的概念、管理的职能和过程及管理的特征,最后介绍管理学的概念和研究对象,初步给出组织与管理的大致轮廓,为后续内容的学习做铺垫。

 组 织 概 述

一、组织的含义

组织(organization)一般有两种含义:一种是动态的(动词),就是有目的、有系统地集合起来,如组织群众、组织活动、把文字重新组织一下等。这是管理的一种职能;另一种是静态的(名词),是指按照一定的宗旨和目标建立起来的集体,如工厂、机关、学校、医院、各级政府部门、各个层次的经济实体、各个党派和政治团体等,这些都是组织。

作为名词,组织有广义和狭义之分。

从广义上说,组织是指由诸多要素按照一定方式相互联系起来的系统,如政府组织、民间组织、人体神经组织、细胞组织、肌肉组织、政党组织等。系统论、控制论、信息论、耗散结构论和协同论等,都是从不同侧面研究有组织的系统的。

从狭义上说,组织是指人们为实现一定的目标,互相协作结合而成的集体或团体,如党团组织、工会组织、企业、军事组织等。狭义的组织专门是指人群,运用于社会管理中。

本章讲的是狭义的、静态的组织,以后还会讲到动态的组织。

二、组织的形成

有学者将组织概括为四个"P",即人们(people)为追求特定的目标(purpose)而有意识地生产产品或提供服务(product,包括 good 和 service)的一个过程(process)。这四个"P"是构成组织的四个基本要素。

有了人,就会有人类的一切活动。人们形成群体、结成团体,就会形成组织。为实现既定的目标,需要将人组织起来。根据马斯洛的需要层次理论(详见第十章),人们在满足温饱需求和生存安全需求之后就会产生社会需求,这种社会需求主要表现为:①友爱的需要,即人人都需要伙伴之间、同事之间的关系融洽或保持友谊和忠诚,人人都希望得到爱情,希望爱别人,也渴望接受别人的爱;②归属的需要,即人都有归属于某个群体的需要,希望成为群体中的一员。感情上的需要比生理上的需要更加细致,它和一个人的生理特性、经历、教育、宗教信仰都有关系。有了与别人的结合就有了群体,这里的群体就是各种各样的组织,如家庭、学校、班级、工作单位、微信朋友圈、教会组织等。

因此,组织的产生有其自然基础,在共同目标的指引下会产生各种各样的组织。例如,你考上某所学校,应聘某家公司,都是加入组织。

三、组织存在的条件

组织目标和组织环境是组织赖以生存的条件。

(一) 组织目标

组织目标是组织存在的前提。所谓组织目标,就是组织所有者的共同愿望,是得到组织所有成员认同的。如果没有目标,组织就不可能建立。已有的组织如果失去了目标,这个组织也就名存实亡,失去了存在的必要。企业组织的目标,就是向社会提供用户满意的商品和服务,从而为企业获取尽可能多的利润。政府行政部门的目标是提高办公效率,更好地为社会公众和广大市民服务。

(二) 组织环境

环境是指周围的影响因素。组织环境是指与该组织有联系的所有外部影响因素的集合。

组织环境是组织的必要构成要素。组织是一个开放系统,组织内部各层级、部门之间和组织与组织之间,每时每刻都在交流信息。任何组织都处于一定的环境中,并与环境发生着物质、能量或信息交换关系,脱离一定环境的组织是不存在的。组织是在不断与外界交流信息的过程中得到发展和壮大的。所有管理者都必须高度重视环境因素,必须在不同程度上考虑到外部环境,如经济的、技术的、社会的、政治的和伦理的环境等,使组织的内外要素互相协调(详见第十四章)。组织及其环境构成了一个统一的整体。

第二节 组织类型

一、按组织规模划分

按组织的规模划分,组织可分为小型组织、中型组织和大型组织。

例如,同是企业组织,就有小型企业、中型企业和大型企业;同是医院组织,就有个人诊所、小型医院和大型医院;同是行政组织,就有小单位、中等单位和大单位。按这个标准进行分类具有普遍性,不论何类组织都可以作这种划分。按组织规模划分组织类型,是对组织类型的表面认识。

二、按组织社会职能划分

按组织社会职能划分,组织可分为文化性组织、经济性组织和政治性组织。

文化性组织是人们之间相互沟通思想、联络感情、传递知识和文化的社会组织。各类学校、研究机构、艺术团体、图书馆、艺术馆、博物馆、展览馆、纪念馆、报刊出版单位、电台、电视台等都属于文化性组织。文化性组织一般不追求经济效益,属于非营利组织。

经济性组织是专门追求社会物质财富的社会组织,存在于生产、交换、分配、消费等不同领域。工厂、工商企业、银行、财团、保险公司等都属于经济性组织。

政治性组织是为某个阶级的政治利益服务的社会组织。立法机关、司法机关、行政机关、政党、监狱、军队等都属于政治性组织。

三、按组织运行性质划分

按组织运行性质划分,组织可分为营利性组织和非营利性组织。

营利性组织是以营利为目的,运用各种生产要素(土地、劳动力、资本、技术和企业家才能等),向市场提供商品或服务,实行自主经营、自负盈亏、独立核算的法人或其他社会经济组织。以投资人的出资方式和责任形式划分,企业可分为个人独资企业、合伙企业、公司。公司制企业又分为有限责任公司和股份有限公司。

非营利性组织可分为慈善组织、公益性组织、公共服务企业。

四、按组织内部是否有正式分工关系划分

按组织内部是否有正式分工关系划分,组织可分为正式组织和非正式组织。

如果一个社会组织内部存在正式的组织任务分工、组织人员分工和正式的组织制度,那么它就属于正式组织。政府机关、军队、学校、工商企业等都属于正式组织。正式组织是社会中主要的组织形式,是人们研究和关注的重点。

如果一个社会组织的内部既没有确定的机构分工和任务分工,没有固定的成员,也没有正式的组织制度等,这种组织就属于非正式组织。非正式组织可以是一个独立的团体,比如学术沙龙、文化沙龙、业余俱乐部等,也可以是一种存在于正式组织之中的无名而有实的团体。这是一种事实上存在的社会组织,这种组织现在正日益受到重视。在一个正式组织的管理活动中,应特别注意非正式组织的影响作用。对这种组织现象的处理,将会影响组织任务的完成和组织运行的效率。

五、按组织预计存在的时间划分

按组织预计存在的时间划分,组织可分为常设组织和临时组织。

临时组织也叫非常设机构,是为完成某项综合性、临时性任务而设立的协调机构。为组织协调某一方面工作而设置的非常设机构,一般称委员会;为组织协调某项特定任务而设置的非常设机构,一般称领导小组;为组织协调某项建设工程项目而设置的非常设机构,一般称指挥部。

第三节 管理概述

一、管理的含义

认识管理应该从管理的源头开始,人类文明程度及其社会性发展到一定阶段便出现了管理。管理最初是掌管事务,传说黄帝时代设百官,"百官以治,万民以察"。百官就是负责主管各方面事务的官员。

管理一词出现很早,既可以是动词,也可以是名词,如"万历中,兵部言,武库司专设主事一员,管理武学",其中的"管理"为动词;如"东南有平海守御千户所,洪武二十七年九月置。又有内外管理、又有碧甲二巡检司",其中的"管理"为名词,表示官职。管和理都有表示管理、经营的意思,如《水浒传》中"如今叫我管天王堂,未知久后如何",《柳敬亭传》中"贫困如故时,始复上街头理其故业"。管理表示掌管、管领、管摄、管主、管治、治理、经理的意思。管理的英文是 manage(动词)、management(名词)。management 既可表示管理,也可以表示管理人员、管理层。

"科学管理之父"弗雷德里克·泰勒(Frederick W. Taylor)认为:"管理就是确切地知道你要别人干什么,并使他用最好的方法去干。"在泰勒看来,管理就是指挥他人用最好的办法工作。

诺贝尔奖获得者赫伯特·西蒙(Herbert A. Simon)对管理的定义是:"管理就是制定决策。"

彼得·德鲁克(Peter F. Drucker)认为:"管理是一种工作,它有自己的技巧、工具和方法;管理是一种器官,是赋予组织以生命的、能动的、动态的器官;管理是一门科学,一种系统化的并到处适用的知识;同时管理也是一种文化。"

亨利·法约尔(Henri Fayol)在其名著《工业管理与一般管理》中给出的管理概念,在整整一个世纪对西方管理理论的发展产生了重大影响。法约尔认为,管理是所有的人类组织都有的一种活动,这种活动由五项要素组成:计划、组织、指挥、协调和控制。法约尔对管理的看法颇受后人的推崇与肯定,形成了管理过程学派。孔茨(Koontz)是第二次世界大战后这一学派的继承与发扬人,使该学派风行全球。

斯蒂芬·罗宾斯(Stephen Robbins)认为,管理是指同别人一起,或通过别人使活动完成得更有效的过程。

管理不仅指工商管理,虽然在现代市场经济中工商企业的管理最为常见。除工商管理外,还有很多种类的管理,比如行政管理、经济管理、社会管理、城市管理、卫生管理等。每一种组织都需要对其事务、资源、人员进行管理。企业管理可以划分为几个分支:人力资源管理、财务管理、生产管理、采购管理、营销管理等。在企业系统的管理上,又可分为企业战略、业务模式、业务流程、企业结构、企业制度、企业文化等系统的管理。

综合以上观点,我们认为,管理是在特定的环境下,对组织所拥有的资源进行有效的计划、组织、领导和控制,以便达成既定的组织目标的过程。

二、管理者与被管理者

组织的组成要素应当是相互作用的,或者说是耦合的。在组织中,这两个相互作用的要素就是管理主体和管理客体。管理主体是指具有一定管理能力,拥有相应的权威和责任,从事现实管理活动的人或机构,也就是通常所说的管理者。管理客体是管理过程中在组织中所能预测、协调和控制的对象。管理主体和管理客体不等同于管理者与被管理者,管理者与被管理者都是组织的人员,而管理主体和管理客体不一定是组织的人员,比如管理企业的风险,风险是管理的客体,但不是被管理者。

管理的本质是对人的管理。管理者与被管理者的关系既是对立的,又是统一的。

三、管理的职能和过程

法约尔最初提出把管理的基本职能分为计划、组织、指挥、协调和控制。后来,又有学者认为人员配备、领导、激励、创新等也是管理的职能。中国学者何道谊在《论管理的职能》中,依据业务过程把管理分为目标、计划、实行、检馈、控制、调整六项基本职能,加上人力、组织、领导三项人的管理方面的职能,系统地将管理分为九大职能。

现在被广泛接受的是将管理分为四项基本职能:规划(或计划)、组织、领导和控制。这四项基本职能也构成了管理过程的四个阶段,如图 1-1 所示。

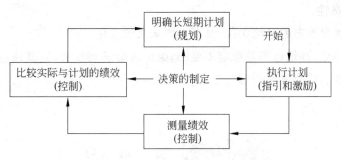

图1-1 管理的职能和过程

四、管理的特征

（一）双重性

管理既是一门科学，又是一门艺术。

首先，管理的科学性是指有效的管理必须有科学的理论、方法指导，要遵循管理的一般原则与原理。只有按照管理活动本身所蕴含的客观规律办事，管理的目标才能实现。其次，管理的科学性是指一门科学是由一系列概念、原理、原则和方法构成的科学体系，有它内在规律可循。也就是说，在人类管理活动的长河中，人们通过总结管理实践中大量的成功经验及失败的教训，已经归纳、抽象出管理的一些基本原理、原则和方法。这些原理、原则和方法较好地揭示了一系列具有普遍应用价值的管理规律，遵循这些管理规律办事，管理活动的效率就能大大提高，组织的目标就容易实现。

管理的艺术性是指灵活运用管理理论知识的技巧和诀窍。由于管理对象的复杂性和管理环境的多变性，决定了管理活动不可能有放之四海而皆准的固定不变模式，管理者应当结合所处环境创造性地运用所掌握的管理理论知识。具体来说，管理的艺术性是由这样两个因素决定的：一是管理的环境；二是管理的主要对象——人所具有的主观能动性和感情。人的主观能动性体现在人能够积极思考，能够自主作出行为决定，这不同于无生命的物质。另外，人是有感情的动物。感情的变化虽然有一定的规律可循，但也琢磨不定，难以预料。不同的人对同样的管理方式、方法可能会产生截然不同的反应和行为，这决定了管理者只有根据具体的管理目的、管理环境与管理对象，创造性地运用管理理论与技能解决所遇到的各种实际问题，管理才可能获得成功。

（二）复杂性

管理既有章可循，又有特殊性和不确定性。

管理的上述特征决定了管理活动具有很多不确定性。首先，管理的对象是人，人是复杂和行为多元化的对象。其次，组织的活动也很复杂，特别是大型组织，如大公司，从生产到销售，从原料到资金，涉及多方面的事项，必须系统、科学地实施管理。另外，组织所处的外围环境也是复杂多变的，许多环境要素人们难以准确把握和掌控。因此，管理是一项复杂的系统工程。

（三）动态性

管理既要考虑静态的环境状况,又要考虑未来的变化。

人在发展变化,环境也不是稳定不变的,组织也会发展壮大,这就决定了管理的动态性。最后一章我们将会详细讲解这方面的问题。

第四节 管 理 学

一、管理学的含义

管理学是一门研究人类社会管理活动中各种现象及规律的学科,是在近代社会化大生产条件下和自然科学与社会科学日益发展的基础上形成的。

管理学是在自然科学和社会科学两大领域的交叉点上建立起来的一门综合性学科,涉及数学(概率论、统计学、运筹学等),社会科学(政治学、经济学、社会学、心理学、人类学、生理学、伦理学、哲学、法学),技术科学(计算机科学、工业技术等),新兴科学(系统论、信息科学、控制论、耗散结构论、协同论、突变论),以及领导学、决策学、未来学、预测学、创造学、战略学、科学学等。

二、学习管理学的意义

学习管理学可以帮助我们把握管理规律,提高工作效率,激发创新思维。

（一）管理的重要性决定了学习、研究管理学的必要性

管理是有效地组织共同劳动所必需的。随着生产力和科学技术的发展,人们逐渐认识到管理的重要性。从历史上看,经过两次转折,管理学才逐步形成并发展起来。第一次转折是泰勒的科学管理理论的出现,意在加强生产现场管理,使人们开始认识到管理在生产活动中所发挥的作用。第二次转折是第二次世界大战后,人们看到,不依照管理规律办事,就无法使企业兴旺发达,因此要重视管理人员的培养,这促进了管理学的发展。

管理也日益表现出它在社会中的地位与作用。管理是促进现代社会文明发展的三大支柱之一,与科学和技术三足鼎立。管理是促成社会经济发展的最基本的、关键的因素。先进的科学技术与先进的管理是推动现代社会发展的"两个轮子",二者缺一不可。管理在现代社会中占有重要地位。经济的发展,固然需要丰富的资源与先进的技术,但更重要的还是组织经济的能力,即管理能力。从这个意义上说,管理本身就是一种经济资源,作为"第三生产力"在社会中发挥作用。先进技术要有先进的管理与之相适应,否则,落后的管理不能使先进技术得到充分发挥。管理在现代社会的发展中起着极为重要的作用。

（二）学习、研究管理学是培养管理人员的重要手段之一

判定管理是否有效的标准是管理者的管理成果。通过实践可验证管理是否有效,因此,实践是培养管理者的重要一环。学习、研究管理学也是培养管理者的一个重要环节。只有掌握扎实的管理理论与方法,才能很好地指导实践,并可缩短或加速管理者的成长过程。目前我国的管理人才,尤其是合格的管理人才是缺乏的。因此,学习、研究管理学,培养高质量的管理者成为当务之急。

（三）学习、研究管理学是未来的需要

随着社会的发展,专业化分工会更加精细,社会化大生产会日益复杂,而日新月异的社会将需要更加科学的管理。因此,管理在未来的社会中将处于更加重要的地位。

三、管理学的研究对象

管理学的研究有三个侧重点。

（一）从管理的二重性出发

管理二重性是指管理的自然属性和社会属性。一方面,企业管理具有同社会化大生产和生产力相联系的自然属性,表现为管理过程就是对人、财、物、信息、时间等资源进行组合、协调和利用的过程;另一方面,管理是人类的活动,而人类生存在一定的生产关系下和一定的社会文化中,必然要受到生产关系的制约和社会文化的影响。从管理的二重性出发,着重从三个方面研究管理学。

1. 生产力方面

研究如何合理配置组织中的人、财、物,使各要素充分发挥作用;研究如何根据组织目标的要求和社会的需要,合理地使用各种资源,以求得最佳的经济效益和社会效益。

2. 生产关系方面

研究如何正确处理组织中人与人之间的相互关系;研究如何建立和完善组织机构以及各种管理体制;研究如何激励组织内成员,从而最大限度地调动各方面的积极性和创造性,为实现组织目标服务。

3. 上层建筑方面

研究如何使组织内部环境与外部环境相适应;研究如何使组织的规章制度与社会的政治、经济、法律、道德等上层建筑保持一致,从而维持正常的生产关系,促进生产力发展。

（二）从历史出发

从历史的角度研究管理实践、思想、理论的形成、演变、发展,知古鉴今。

（三）从管理者出发

从管理者出发研究管理过程,主要包括:①管理活动中有哪些职能;②管理职能涉及哪些要素;③执行管理职能应遵循哪些原理,采取哪些方法、程序、技术;④执行管理职能会遇到哪些困难,应如何克服。

四、学习管理学的方法

（一）历史研究的方法

管理学是在企业发展的历史过程中形成与发展起来的,研究历史,才能分析现状和预测未来。

（二）比较研究的方法

有比较才能鉴别,管理学的理论最早是在西方国家形成的,我们要把中国的企业管理搞好,就必须借鉴外国的先进管理经验,在中外管理的比较中更好地实现"洋为中用"。

（三）案例分析的方法

管理学是实践性非常强的学科,因此必须重视实际案例的分析,不断总结经验教训。

（四）归纳演绎的方法

善于总结经验,处理好个别与一般的关系,从个别到一般就是从事实到概括的归纳推理方法,从一般到个别就是由一般原理到个别结论的推理方法。

一、课业任务

每位同学了解两个组织,一个是正式的大规模的企业；另一个是身边或学校周围的小企业、单位或非正式组织。通过上网或访谈、调查收集它们的基本信息,撰写两份介绍资料。

二、课业目的

理解、巩固所学的组织和管理方面的基本概念。

三、课业要求

收集资料,按照规定格式写成书面资料,每篇不少于500字。

四、理论指导

组织概念、组织的要素、组织的种类、组织的活动、组织的环境、管理的概念、管理的意义、管理的主体和客体等。

五、课业操作

本次课业为个人作业,第一个组织要求上网查询资料,第二个组织要求实地考察,配合网络查询、人物拜访（如向周边人打听、向组织人员了解等方式）,最后形成书面材料,打印呈交。资料的电子版要求保存,以备后续使用。时间为1周。

六、课业评价标准

课业评价标准如表1-1所示。

表1-1 课业评价标准

评价项目	课业选题	理论运用	书面表达能力
评价标准	组织典型,资料完善	知识涉及全面,概念使用准确	语言准确,言简意赅,图文并茂,排版合理
评分比重(%)	20	50	30

七、课业范例

上网查阅上海震旦职业学院(http://www.aurora-college.cn)的介绍,以供参考。

本章小结

组织是指人们为实现一定的目标,互相协作结合而成的集体或团体。从广义上说,组织是指由诸多要素按照一定方式相互联系起来的系统。

组织由人、目标、产出和活动过程四个要素组成。组织的存在依赖于这四个要素,也依赖其所处的环境。组织及其环境构成了一个统一的整体(即系统)。

管理是在特定的环境下,对组织所拥有的资源进行有效的计划、组织、领导和控制,以便达成既定的组织目标的过程。管理既是一门科学,又是一门艺术。学习管理学可以帮助我们把握管理规律,提高工作效率,激发创新思维。

重要概念

组织 组织环境 正式组织 非正式组织 企业 公司 管理 管理要素 管理过程 管理学

复习思考题

1. 什么是组织?静态的组织和动态的组织的含义分别是什么?
2. 简述组织的目标和组织环境的重要性。
3. 组织有哪些类型?
4. 什么是管理?列举至少三种关于管理的概念。
5. 画图并说明管理的过程。
6. 为什么说管理既是一门科学,又是一门艺术?

7. 回顾一位你中学期间的班长(也可以是你自己),介绍一下他是怎么协助班主任老师管理班级的。

案例分析

军事化管理改变师生精神面貌

在湖南省益阳市资阳区沙头镇,走进益阳市十四中,校园洁净美丽,学生坐立皆有军姿,校园行走两人成行,三人成列,四人以上有一人带队,学生宿舍内井然有序,被子折出四个角,衣物、洗漱用品一律摆放成直线。课堂上,军帽按规定统一摆放;学生整队就餐,就餐时安静、有序,饭后桌上、地上无须打扫,校园酷似军营。学校面貌焕然一新得益于推行国防特色教育——准军事化管理。

2014年2月17日,校党支部书记兼校长曹鹏飞向全校师生宣布:学校在新学期正式启动国防教育特色暨准军事化管理学校创建工作。19位军事教官全部到位,军服、军帽全部发放到人,曹鹏飞担任"团长",班主任改称"指导员",年级改称"营",班级改称"连"。

曹鹏飞表示:学校参照部队管理模式,实行全方位准军事化管理,整个校园做到"四化",即一日生活制度化、学生行动军事化、教学秩序规范化、课外活动集体化。最终目标是让学生低进高出,培养品德高尚、知识全面、军事过硬、作风优良、纪律严明、适应社会的合格人才。

曹鹏飞和行政部门一起研究出台了《益阳市十四中学生基本行为举止规定》,坚持以制度管人,制度面前人人平等。师生从早到晚均有相关制度,情况一日一通报,一周发放一次流动红旗,一月评比一次"尖刀连",一期奖励表彰一批先进连队。把校园当作军营,视学生为准军人,引导学生以军人标准严格要求自己,令行禁止。时间长了,学生们慢慢改掉了用手机上网、玩游戏的不良习惯,学习成绩逐渐有了起色,也渐渐懂得了曹鹏飞的良苦用心。

为了规范教学秩序,学校出台了《益阳市十四中准军事化管理课堂规范细则》,把准军事化管理引入课堂:预备铃响之前,学生按秩序跑步进入教室,端正坐姿,静候教官或教师上课;课堂上必须统一着军服并保持肩章与臂章完整,军帽统一摆放。

曹鹏飞和教官一起,每天四次巡查课堂。学生江春霞坦承,刚开始面对这些规定时,大家确实觉得有些不适应。"现在,每当我们走进整齐的教室时,心中就会升腾起一个念头——必须以一名军人的标准要求自己。"江春霞说,"现在听课、走路时不抬头挺胸反倒觉得不自然了。"实行准军事化管理后,十四中除了教学生学习文化知识外,还开设了"早训"与"军体"及"国防知识教育"课。目前,学校的"国防特色教育暨准军事化管理"校本课程已投入使用。

曹鹏飞说:"两年半的实践,学生素养大提高,学校的教育教学秩序也根本好转,受到省市区政府与教育主管部门的肯定与推介。2015年12月14日,省教育厅领导来校专题调研,学校被评为省学生军训工作先进单位。2015年12月25日,市教育局专家组来校开展特色评估。2016年2月4日,益阳市教育局认定学校为市级国防教育特色实验学校,3月1日正式挂牌。"

在学校管理中,曹鹏飞突出"以人为本、以德治校、质量兴校、特色强校"的办学理念,求真务实,使学校在各方面得到了极大的发展,办学规模由原来的600余人扩展到1200余人,教学质量跨越式提升,德育工作特色鲜明,实效显著,成为全市特色教育的旗帜。学校先后荣获省德育工作先进集体、省文明单位、省园林式单位、省学生军训工作先进单位、省校园足球突出贡献奖、市级国防教育特色学校、市级督导评估先进单位等省市级荣誉30余项。

(资料来源:曹国军,曹鹏飞.办人民满意的国防特色教育.湖南教育新闻网,2016-04-07,http://news.hnjy.com.cn/teacher/138658.jhtml)

思考题:

1. 根据组织类型的不同划分方法,说明益阳市十四中属于什么类型的组织。
2. 益阳市十四中的军事化管理包括哪些具体措施?取得了哪些效果?
3. 你是否赞同对中学进行军事化管理?结合自己中学的管理方式和自己的中学经历谈谈你的观点。

第二章 规 划

名人名言

管理者的一言一行,都必须兼顾临时之计和长远目标。

——[美]彼得·德鲁克

学习目标

1. 举例描述企业的不同层次的目标;
2. 理解规划的含义及种类;
3. 描述规划编制的基本过程;
4. 解释制定规划目标的 SMART 原则;
5. 区别计划、规划、预测等不同概念;
6. 解释目标管理的含义。

导入案例　　四只毛毛虫的故事

网上流传这样一个故事,毛毛虫都喜欢吃苹果,有四只要好的毛毛虫都长大了,各自去森林里找苹果吃。

第一只毛毛虫跋山涉水,终于来到一棵苹果树下。它根本就不知道这是一棵苹果树,也不知道树上长满了红红的可口的苹果。当它看到其他的毛毛虫往上爬时,稀里糊涂地就跟着往上爬。没有目的,不知终点,更不知自己到底想要哪一种苹果,也没想过怎么样去摘取苹果。

第二只毛毛虫爬到了苹果树下。它知道这是一棵苹果树,也确定它的"虫"生目标就是找到一个大苹果。问题是它并不知道大苹果会长在什么地方。但它猜想:大苹果应该长在大枝叶上吧!于是它就慢慢地往上爬,遇到分枝的时候,就选择较粗的树枝继续爬。于是它就按这个标准一直往上爬,最后终于找到了一个大苹果,这只毛毛虫刚想高兴地扑上去大吃一顿,但是放眼一看,它发现这个大苹果是全树上最小的一个,上面还有许多更大的苹果。

第三只毛毛虫到了苹果树下。这只毛毛虫知道自己想要的就是大苹果,并且研制了一副望远镜。还没有开始爬时就先利用望远镜搜寻了一番,找到了一个很大的苹果。同时,它发现当从下往上找路时,会遇到很多分枝,有各种不同的爬法;但若从上往下找路时,却只有一种爬法。它很细心地从苹果的位置,由上往下反推至目前所处的位置,记下这条确定的路径。于是,它开始往上爬。遇到分枝时,它一点也不慌张,因为它知道该往哪条路走,而不必跟着一大堆虫去挤破头。最后,这只毛毛虫应该会有一个很好的结局,因为它有自己的计划。但真实的情况往往是,因为毛毛虫的爬行相当缓慢,当它抵达时,苹果不是被别的虫捷足先登,就是已经熟透烂掉了。

第四只毛毛虫可不是一只普通的虫,做事有自己的规划。它知道自己要什么苹果,也知道苹果将怎么长大。因此当它戴着望远镜观察苹果时,目标不是一个大苹果,而是一朵含苞待放的苹果花。它计算着自己的行程,估计当它到达的时候,这朵花正好长成一个成熟的大苹果,这样它就能得到自己满意的苹果。结果它如愿以偿,得到了一个又大又甜的苹果,从此过着幸福快乐的生活。

(资料来源:落落,宁玉鑫.四只毛毛虫的故事[J].儿童大世界,2014(9):8-9)

人的职业生涯规划很重要,组织运行也是如此,企业生存、成长、发展、壮大都离不开精心的规划。本章就组织管理的第一个阶段——规划——进行必要的介绍。首先说明规划的目标及其重要性,接着介绍规划的种类和编制过程,最后简要介绍与规划有关的预测、目标管理的概念。

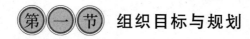

第一节 组织目标与规划

一、组织目标

目标是指射击、攻击或寻求的对象,或者想要达到的境地或标准。从管理的角度讲,目标是指根据组织的使命而提出的,组织在一定时期内所要达到的预期成果。目标是使命的具体化,是组织在一定时间内奋力争取达到的、所希望的未来状况。

组织有各种各样的目标,需要通过组织成员的努力加以实现。组织目标之间存在着层次、形式、内容等各方面的差异和联系。

(一) 按抽象程度分类

企业的目标有等级层次,各种目标的具体程度、时间幅度等各不相同,显示了不同的抽象程度。就抽象性而言,抽象程度由高到低通常可分为愿景、宗旨、使命、目标四类。

1. 愿景

所谓愿景(vision),是由组织内部成员制定,经由团队讨论,获得组织一致的共识,形成大家愿意全力以赴的未来方向。愿景又称远景、远见,在20世纪90年代盛行一时。

2. 宗旨

组织的宗旨(aim)可视为最基本的目标,是由该组织运营所在的社会环境所限定的。例如,企业的宗旨是营利,大学的宗旨是发展和传播知识,医院的宗旨是提供医疗保健。组织的宗旨实际上表达了组织在社会上存在的理由。

3. 使命

使命(mission)的抽象性处于中间状态,这类目标把一些类似的组织做了最好的区分。虽然社会限定了组织的总的宗旨,管理人员还需选择最佳途径来实现它的宗旨,他们选择的途径便是组织的使命。例如,某公司的宗旨是向一般公众提供价廉而又方便的交通工具,其使命可能表达为生产、销售和维修汽车。

使命表达了组织的业务是什么。"我们经营的业务是什么"这不是生产者决定的,而是由顾客决定的。它不是由公司的名称、地位或公司章程确定的,而是由顾客在购买商品和需要服务时,由顾客的需求确定的。因而,应从企业外部来看待企业,根据客户和市场的观点来回答上述问题。由于宗旨与使命之间的区别很细微,因此许多管理学研究者及实务管理人员并不严格区分两者。

4. 目标

组织的目标(goal)是组织准备如何完成使命的具体表述,所以抽象性最低。目标一般表达得较为具体,其时间幅度更明确,因此也称为一定时期的目标或具体目标。

（二）按照内容分类

从组织目标的内容看，一个组织通常有许多目标，但不管什么组织，其目标主要包括四方面的内容，即财经目标、环境目标、参与者目标和生存目标。

1. 财经目标

财经目标涉及组织的资金、费用和其他财经方面的目标。对企业来说，经济效益是首位的，这方面的目标包括利润水平、投资报酬率、生产率水平、销售收入等。

2. 环境目标

环境目标主要描述组织和外部环境的关系，包括对环境变化的适应性、增长、社会责任和市场占有率等目标。

3. 参与者目标

参与者目标涉及组织中的人。目标变量包括职工离职率、缺勤率以及一些不可定量的因素，如职工的满意程度、人员的培训与发展、工作生活质量等。

4. 生存目标

生存是所有组织的基本目标。任何组织都必须振兴组织活力，防止衰退和腐败，才能求得生存和发展。

（三）按时间长短跨度分类

按时间长短跨度分类，目标通常可以分为短期目标、中期目标和长期目标三类。

1. 短期目标

短期目标是指期望在 1 年内达到的目标，短期目标通常全面又具体。

2. 中期目标

中期目标是指期望在 2～5 年内达到的一些目标。

3. 长期目标

长期目标是指期望在 5～10 年或更长时间内达到的一些目标。

目标期的长短是相对而言的，不能一概而论，不同行业、不同组织有不同的长短期计划。例如，对于社区里的小商店，2 年期的目标可能算是长期目标了，但对于一家煤矿公司，20 年的目标也很平常。

二、规划的含义

规划(plan)是个人或组织制订的比较全面长远的发展计划，是对未来整体性、长期性、基本性问题的思考和考量，设计未来整套行动的方案。

（一）规划与计划

规划与计划基本相似（有些教材用计划代替规划），不同之处在于：规划具有长远性、全局性、战略性、方向性、概括性和鼓动性。

规划的基本意义由"规（法则、章程、标准、谋划，即战略层面）"和"划（合算、刻画，即战术层面）"两部分组成，"规"是起，"划"是落。从时间跨度来说，规划侧重长远；从内容角度来说，规划侧重战略层面，重指导性或原则性。

计划的基本意义为合算、刻画,一般是指办事前所拟定的具体内容、步骤和方法。从时间跨度来说,计划侧重短期;从内容角度来说,计划侧重战术层面,重执行性和操作性。

计划是规划的延伸与展开,规划与计划是一个子集的关系,即"规划"里面包含着若干个"计划",它们的关系既不是交集的关系,也不是并集的关系,更不是补集的关系。

领导者决定组织发展的前途和命运,领导者对组织发展的规划是否合理,直接影响组织的活动效率。实践证明,规划得当,就能取得巨大效益。1957年,日本经济学家村治和中山伊知郎等人曾经提出一个宏伟的经济发展规划,得到日本当局的赞赏,后来经过反复讨论,于1960年正式提交日本政府,成为日本《国民收入倍增规划》,结果使日本经济大幅增长。美国通用电器公司董事长威尔逊说:"我整天没做几件事,但有一件做不完的工作,那就是规划未来。"

(二) 规划与变化

有时候,人们常说计划(规划)赶不上变化,变化赶不上领导自说自话。于是有些人不重视规划,抱着车到山前必有路的投机心理。此话后半句虽有些调侃,但前半句却有些道理。社会充满许多变数,但不能因此否认规划的重要性。相反,规划是对未来的设想与安排,需要人们对不确定的未来提前作出合理的预测和安排,否则就会像前面毛毛虫的故事中所讲的一样,将失去最佳机遇或遭受损失。关于预测的内容,本章第四节会有一定介绍。关于变化的内容,将在最后一章详细说明。

 规划的种类

按内容性质分类,规划可分为总体规划和专业规划,前者如国民经济"十三五"规划等,后者如园林规划、职业生涯规划、城市规划等。

按管辖范围分类,规划可分为全国发展规划和机关、企事业单位的部门发展规划。

在企业管理中,规划按照不同的方法可以划分为以下几类。

一、按照职能划分

按照职能划分,规划可分为产品设计规划、营销规划、经营规划、研发规划、财务规划、投资规划、人力资源规划等。

二、按照期限划分

按照期限划分,规划可分为长期规划、中期规划和短期规划(计划)。一般认为实施期限在1年之内的规划叫短期规划,有时也叫计划;超过5年的规划叫长期规划;1～5年的规划叫中期规划。不同期限的规划各有利弊,作用不尽相同,对于组织尤其是大型企业来说至关重要。因此,短期计划和长期规划都需要认真编制,严格执行。

三、按照层次划分

按照层次划分,规划可分为战略规划和作业规划(计划)。应用于整体组织的,为组织设立总体目标和寻求组织在环境中的地位的规划,称为战略规划。规定总体目标如何实现细节的计划称为作业计划。战略规划与作业计划在时间框架上、范围上,以及在是否包含已知的一套组织目标方面是不同的。战略规划趋向于包含持久的时间间隔,通常为5年甚至更长,它们覆盖较宽的领域,不规定具体的细节。此外,战略规划的一个重要任务是设立目标;而作业计划假定目标已经存在,只是提供实现目标的方法。

第三节 规划的编制过程

任何规划工作都要遵循一定的程序或步骤。无论是相对简单的小型规划,还是比较复杂的大型规划,管理人员的编制过程都是相似的,依次包括以下步骤。

一、认识机会

认识机会先于实际的规划工作开始以前。严格来讲,它不是规划的一个组成部分,但却是规划工作的真正起点。因为它预测到了未来可能出现的变化,清晰而完整地认识到组织发展的机会,搞清组织的优势、弱点及所处的地位,认识到组织利用机会的能力,意识到不确定因素对组织可能发生的影响程度等。

认识机会对做好规划工作十分关键。一位经营专家说:"认识机会是战胜风险求得生存与发展的诀窍。"诸葛亮"草船借箭"的故事流传百世,其高明之处就在于他预测了三天后江上会起雾,曹军将因不习水性而不敢迎战。企业经营中也不乏这样的例子。

二、确定目标

编制规划的第二个步骤是在认识机会的基础上,为整个组织及其所属的下级单位确定目标。目标是指期望达到的成果,它为组织整体、各部门和各成员指明了方向,描绘了组织未来的状况,并且作为标准可用来衡量实际的绩效。规划的主要任务就是将组织目标进行层层分解,以便落实到各个部门、各个活动环节,形成组织的目标结构,包括目标的时间结构和空间结构。

确定目标应该遵循 SMART 原则,该原则由以下五个英文单词的首字母组成。

Specific:目标必须是具体的。

Measurable:目标必须是可以衡量的。

Attainable:目标必须是可以达到的。

Relevant:目标必须和其他目标具有相关性。

Time-based：目标必须具有明确的截止期限。

SMART 原则也有另外的描述,与上述含义基本一致。

Specific：具体的。

Measurable：可以量化的。

Actionable：执行性强的。

Realistic：可实现的。

Time-limited：有时间期限的。

三、确定前提条件

规划工作的前提条件是规划工作的假设条件,简言之,即规划实施时的预期环境。负责规划工作的人员对规划前提了解得越细越透彻,并能始终如一地运用它,则规划工作也将做得越协调。

按照组织的内外环境,可以将规划工作的前提条件分为外部前提条件和内部前提条件;还可以按可控程度,将规划工作前提条件分为不可控的、部分可控的和可控的三种前提条件。外部前提条件大多为不可控的和部分可控的,而内部前提条件大多数是可控的。不可控的前提条件越多,不肯定性越大,就越需要通过预测工作确定其发生的概率和影响程度的大小。

四、拟定可供选择的可行方案

编制规划的第四个步骤是拟定可供选择的行动方案。"条条道路通罗马",实现某一目标的方案途径是多样的。通常,最显眼的方案不一定就是最好的方案,对过去方案稍加修改和略加推演也不会得到最好的方案,一个不引人注目的方案或通常人提不出的方案,效果却往往是最佳的,这里体现了方案创新的重要性。此外,方案也不是越多越好。编制规划时没有可供选择的合理方案的情况是不多见的,更加常见的不是寻找更多可供选择的方案,而是减少可供选择方案的数量,以便把主要精力集中在对少数最有希望的方案的分析上。

五、评价可供选择的方案

在找出了各种可供选择的方案和检查了它们的优缺点后,下一步就是根据前提条件和目标,权衡它们的优劣,对可供选择的方案进行评估。评估实质上是一种价值判断,一方面取决于评价者所采用的评价标准;另一方面取决于评价者对各个标准所赋予的权重。一个方案看起来可能是最有利可图的,但是需要投入大量现金,而且回收资金很慢;另一个方案看起来可能获利较少,但是风险较小;第三个方案眼前看没有多大利益,但可能更适合公司的长远目标。应该用运筹学中较为成熟的矩阵评价法、层次分析法、多目标评价法,对各种方案进行评价和比较。

如果唯一的目标是要在某项业务里取得最大限度的当前利润,如果将来不是不确定的,如果无须为现金和资本可用性焦虑,如果大多数因素可以分解成确定数据,那么这样的评估将是相对容易的。但是,由于规划工作者通常都面对很多不确定因素、资本短缺问题以及各种各样的无形因素,评估工作通常很困难,甚至比较简单的问题也是这样。例如,一家公司为了提高声誉而想生产一种新产品。预测结果表明,这样做可能造成财务损失,声誉的收获能否抵消这种损失,仍然是一个没有解决的问题。因为在多数情况下,存在很多可供选择的方案,而且有很多应考虑的可变因素和限制条件,评估会极其困难。

评估可供选择的方案,要注意考虑以下几点:①认真考察每一项规划的制约因素和隐患;②要用总体的效益观点进行衡量;③既要考虑每一项规划的有形的、可以用数量表示的因素,又要考虑无形的、不能用数量表示的因素;④要动态考察规划的效果,不仅要考虑规划执行带来的利益,还要考虑损失,特别注意那些潜在的、间接的损失。

六、选择方案

规划工作的第六步是选择方案。这是在前五步工作的基础上作出的关键一步,也是决策的实质性阶段——抉择阶段。可能会发现同时有两个以上可取方案。这种情况下,必须确定首先采取哪个方案,而将其他方案进行细化和完善,作为后备方案。

七、制订派生计划

基本规划还需要派生计划的支持。比如,一家公司年初制定了"当年销售额比上年增长15%"的销售规划,与这一规划相连的有许多派生计划,如生产计划、促销计划等。再如当一家公司决定开拓一项新业务时,这个决策需要制订很多派生计划作为支撑,比如雇用和培训各种人员的计划、筹集资金计划、广告计划等。

八、编制预算

在作出决策和选定方案后,规划工作的最后一步就是把规划转变成预算,使规划数字化。编制预算,一方面是使规划的指标体系更加明确;另一方面是使企业更易于对规划执行进行控制。定性的规划往往在可比性、可控性和进行奖惩方面比较困难,而定量的规划具有较强的约束。

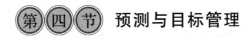
预测与目标管理

一、预测的含义

预测(forecasting)是指在掌握现有信息的基础上,依照一定的方法和规律对未来的事情进行测算,以预先了解事情发展的过程与结果。它包含采集历史数据并用某种数学模型来外推与将来。它也可以是对未来的主观或直觉的预期。它还可以是上述的综合,即经由经理良好判断调整的数学模型。

预测说的是未来事件发生的可能性,没有人能准确知道未来一定会怎样。计划是在行动之前制订的,以实现今后的目标、完成下一步任务为目的。

预测的重要意义在于它能够在自觉地认识客观规律的基础上,借助大量的信息资料和现代化的计算手段,比较准确地揭示客观事物运行中的本质联系及发展趋势,预见可能出现的种种情况,勾画未来事物发展的基本轮廓,提出各种可以互相替代的发展方案。这就使人们具有了战略眼光,使决策有了充分的科学依据。

进行预测时,没有一种预测方法会绝对有效。对一个企业在一种环境下是最好的预测方法,对另一企业或甚至本企业内另一部门却可能完全不适用。无论使用何种方法进行预测,预测的作用都是有限的。但是,几乎没有一家企业可以不进行预测而只是等到事情发生才采取行动,一个好的短期或长期的经营规划取决于对公司产品需求的预测。

二、预测方法

预测方法有四种:定性预测、时间序列分析、因果联系法和模拟模型。

(一) 定性预测

定性预测属于主观判断,基于估计和评价。常见的定性预测方法包括一般预测、市场调研法、小组讨论法、历史类比法、德尔菲法等。

(二) 时间序列分析

时间序列分析是建立在这样一个假定基础上的,即与过去需求相关的历史数据可用于预测未来的需求。历史数据可能包含趋势、季节、周期等因素。常见的时间序列分析方法主要有简单移动平均、加权移动平均、指数平滑、回归分析、鲍克斯·詹金斯法、西斯金时间序列等。

(三) 因果联系法

因果联系法是假定需求与某些内在因素或周围环境的外部因素有关。常见的因果联系法主要有回归分析、经济模型、投入产出模型等。

(四) 模拟模型

模拟模型允许预测人员对预测的条件做一定程度的假设。

三、目标管理

美国管理大师彼得·德鲁克于 1954 年在其名著《管理实践》中最先提出了"目标管理"(management by objective,MBO)的概念。经典管理理论对目标管理 MBO 的定义为:目标管理是以目标为导向,以人为中心,以成果为标准,而使组织和个人取得最佳业绩的现代管理方法。目标管理又称"成果管理",俗称责任制,是指在企业个体职工的积极参与下,自上而下地确定工作目标,并在工作中实行"自我控制",自下而上地保证目标实现的一种管理办法。

目标管理与传统管理方式相比有着鲜明的特点,具体可概括如下。

(一) 重视人的因素

目标管理是一种参与的、民主的、自我控制的管理制度,也是一种把个人需求与组织目标结合起来的管理制度。在这一制度下,上级与下级的关系是平等、尊重、依赖、支持,下级在承诺目标和被授权之后是自觉、自主和自治的。

(二) 建立目标锁链与目标体系

目标管理通过专门设计的过程,将组织的整体目标逐级分解,转换为各单位、各员工的分目标。从组织目标到经营单位目标,再到部门目标,最后到个人目标。在目标分解过程中,权、责、利三者已经明确,而且相互对称。这些目标方向一致,环环相扣,相互配合,形成协调统一的目标体系。只有每个人员完成了自己的分目标,整个企业的总目标才有完成的希望。

(三) 重视成果

目标管理以确定目标为起点,以目标完成情况的考核为终结。工作成果是评定目标完成程度的标准,也是人事考核和奖评的依据,成为评价管理工作绩效的唯一标志。至于完成目标的具体过程、途径和方法,上级并不过多干预。所以,在目标管理下,监督成分很少,而控制目标实现的能力却很强。

一、课业任务

每位同学根据自己的愿望和条件制定个人在校期间的 3 年规划(或 2 年规划),即大学学习规划。

二、课业目的

理解、巩固规划的概念,掌握规划的编制过程,理解不同层次规划目的的含义,力争每位同学充实、收获满满地度过大学生活。

三、课业要求

回顾自己中学期间的学习经历,总结其中的不足之处或严重问题,确定自己的爱好和将来的从业方向,在校期间计划考取的职业资格证书,参加的职业技能竞赛,从事的学校或社会公益事业活动、勤工助学、社会实践活动等。计划有多少课程成绩获得优秀,计划如何杜绝挂科(不及格),是否有出国深造或专升本打算,进程如何。配合"大学生职业生涯规划"课程的内容,按照规定格式写成书面资料。要求书面资料中包括各项计划的时间进度表,并将资料存于手机中,方便自查和自我提醒。

本章课业的完成时间为2周。

四、理论指导

规划目标的含义和层次、规划种类、中期规划、规划的编制步骤、预算的编制、目标管理。

五、课业操作

(1) 与家长、好友及教师沟通,了解自身的情况和优劣势,多关心社会变化趋势,关心本专业总体教学计划,确定自己将来的努力方向和时间进度。

(2) 按照本课程的理论知识编制大学学习规划初稿和各种计划的时间表。

(3) 与家长或教师、好友讨论,完善规划初稿,直至定稿。

(4) 建立"个人大学学习规划"电子文件夹,里面包含规划文件、各种时间进程表、取得的证书扫描件、个人简历初稿等资料。

(5) 打印以上资料并提交。

六、课业评价标准

本章课业的评价标准如表2-1所示。

表2-1 课业评价标准

评价项目	中学学习回顾	理论运用	分析、评价	书面表达能力
评价标准	选题合理,有创新选择	规划编制过程,目标的层次定位	有逻辑性、挑战性,对自己评价客观,规划能反映个人实际情况和社会需求,时间进程科学合理	语言准确,言简意赅,图文并茂,排版合理
评分比重(%)	20	30	30	20

七、课业范例

课业范例参见"大学生职业生涯规划"课程的要求。此前没有开设此课程的院校由任课教师提供。

规划是组织管理的开始阶段,规划不同于计划、战略等概念。编制规划首先应了解环境,确定目标。目标既要有长期的,也要有短期的。编制规划一定要遵循科学的步骤和流程。规划离不开对环境的预测。规划的实施可采用目标管理的方法,强调"成果为本,自我控制"的理念。

重要概念

规划　计划　目标　愿景　使命　SMART 原则　规划编制　规划种类　目标管理

复习思考题

1. 什么是组织的规划？规划的意义是什么？
2. 组织的目标有哪些不同层次？请举例说明。
3. 规划难免赶不上变化，为什么还要编制规划？
4. 规划有哪些种类？
5. 规划编制的流程是怎样的？
6. 制定组织目标为什么要遵循 SMART 规则？其具体含义是什么？
7. 什么是目标管理？其主要特点是什么？
8. 用所学知识解释以下现象。
（1）采用高科技仍不能准确预测天气。
（2）专家有时预测不出比赛结果（爆冷门）。
（3）几乎没有人能预测股价的涨跌。

案例分析

华为手机为何后来居上？

调研公司 Canalys 报告称,2015 年二季度华为智能手机出货量为 15.7%,位居整个智能手机出货量第二名,与小米(15.9%)仅有 0.2%之差。此前,GFK 数据显示,2015 年一季度全球智能手机销量增长 7%,而华为上半年销量同比增长 39%,跑赢大市,其中荣耀手机更是一举发货 2000 万台,收入 26 亿美元,整体出货量超过 2014 年全年,创造行业传奇。荣耀总裁赵明在接受《通信生活报》采访时,揭开了这个谜底。

1. 双品牌：去运营商化

2007—2008 年,华为欧洲做数据卡业务占据 80%以上市场份额。在智能手机兴起之后,华为对传统运营商的依赖比较强,受运营商补贴/渠道影响,品牌和营收具有很大不确定性。在逐渐淡化运营商业务后,经历了一段波折,到 2013 年才集中爆发。在形成双品牌后,荣耀品牌基于互联网运作模式定位于年轻群体,华为品牌逐渐面向商务人士,这两个品牌已形成互相支撑。

对于荣耀的品牌优势,赵明认为,中国手机市场很大,有 1 亿多部手机是通过互联网进行销售。荣耀品牌面向年轻人,基于互联网"基因"开发智能手机。荣耀销售渠道以线上为主,兼顾一部分线下公司。荣耀一直坚持线上(互联网)运作,70%以上会通过线上销售,荣耀会一直坚持这一互联网"基因"。

2. 大梦想:余承东的"堂吉诃德"情怀

华为消费者业务 CEO 余承东是一个很偏执的人,不管在哪个领域都想挑战"世界第一"。华为内部有时候也在说,老余确实是一个"堂吉诃德"式的人物。做华为无线时,余总就说无线要超过爱立信。到了终端之后,他就想让华为超越三星和苹果。现在来看,超越三星和苹果还有距离,但华为终端一直有这样的追求。

3. 评苹果:满足人们情感需求

"华为应向苹果学习。"赵明认为,苹果没有提出极致性价比概念,不以低价抢占市场。华为手机价格是最高的,但大家还是趋之若鹜,为什么?因为它在用户体验或者个人情感等方面满足了消费者的需要。

聚焦用户的体验,聚焦产品与服务,聚焦品质,这是中国手机行业发展的一个方向。很多人说,苹果手机第一眼看上去感觉很一般,但是时间长了,越看越有感觉。这是苹果的独到之处。

4. "口水战":让产品为你说话

在荣耀品牌独立的第一天,华为终端公司董事长余承东就声称:"小米手机太烫了,荣耀专为退烧而来。"赵明认为,荣耀的团队不允许在互联网上跟对手掐架,清者自清,浊者自浊,要敢于让产品为自己说话。

以前做 B2B 业务时,华为很少与媒体沟通。现在做 B2C 业务,还是要敢于开放自己,让自己的产品宣传能够脱颖而出。

5. 国际化:掌握专利的游戏规则

小米等国产手机进军印度等市场并非一帆风顺,甚至遭到讼诉。赵明认为,在走向国际化的进程中,华为尊重知识产权,尊重全球专利游戏规则。

财报显示,2014 年华为全球销售收入 2882 亿元,同比增长 20.6%;净利润 279 亿元,同比增长 32.7%。其中海外主体业务收入超过 1700 亿元。值得注意的是,2014 年在全球所有 LTE 网络中,华为建了超过 174 个 4G 网络,建网数量世界第一,占 46% 市场份额。同时,在全球所有核心 4G 专利中,华为拥有的数量占比达 25%。而华为自有的授权专利已达 38825 件,其中 90% 以上为发明专利。

目前,荣耀已进入全球 74 个国家和地区,海外目标是销售 600 万台智能手机,全球计划 4000 万台,海外占比 15% 左右。华为会重点发展一些国家和地区,如印度、墨西哥、印度尼西亚和欧洲几大国,以及日本等。

6. 价格战:违背了商业原则

几年前,国产手机大搞"价格战",余承东当时提出精品计划还遭到了诸多质疑。而今天,看到华为转型精品战略成功,许多企业放弃"小米模式"开始追赶华为。对此,赵明认为"低价竞争的策略违背了商业原则"。

赵明说:"所谓的良性竞争,就是产品的质量和产品的服务能够给客户带来一些非常好的体验。"他举例子说,今年"6·18"网购节荣耀获得销售双料冠军,就是很好的证明。在"6·18"有一篇文章《致消费者的一封信》,希望荣耀能够给手机行业加一份荣耀,就是希望未来能够避免价格战。因为"价格战"最终损害的是对产品的投入,希望整个手机行业能够促进良性竞争。

(资料来源:毛启盈.专访荣耀总裁赵明:华为手机为何后来居上.搜狐网,2015-08-05,http://www.sohu.com/a/25845055_115186)

思考题:
1. 列举案例中提到的华为的企业规划,它们分别是哪一类型的规划?
2. 华为每次规划的目标是什么?为什么华为要确立这样的目标?
3. 华为要继续发展壮大,赶超苹果公司,你认为下一步应做怎样的长期规划?

第三章 战略与决策

名人名言

中国企业里面往往是精明的人太多,高明的人太少,英明的人基本上没有。

——汪中求

学习目标

1. 区别战略和战术的概念;
2. 解释战略管理的含义;
3. 了解战略管理的不同层次;
4. 理解决策的含义及其重要性;
5. 理解决策的类型。

 选择

有甲、乙、丙三人要被关进监狱三年,监狱长允许他们每人提一个要求。甲爱抽雪茄,要了三箱雪茄。乙最浪漫,要一个美丽女子相伴。而丙说,要一部与外界沟通的电话。

三年过后,第一个出来的是甲,嘴里塞满了雪茄,大喊道:"给我火,给我火!"原来他忘了要打火机。接着出来的是乙,只见他手里抱着一个小孩子,美丽女子手里牵着一个小孩子,肚子里还怀着第三个。最后出来的是丙,他紧紧握住监狱长的手说:"这三年来我每天与外界联系,我的生意不但没有停顿,反而增长了200%,为表示感谢,我送你一辆劳斯莱斯!"

这个故事告诉我们,什么样的选择决定什么样的生活。今天的生活是由过去的选择决定的,而今天的选择将决定未来的生活。企业也一样,什么样的选择决定什么样的发展趋势,这就是战略。

第二章讲了组织管理的起点——规划,本章继续这个话题,重点讲解企业的战略和战略管理,其次还涉及与企业规划和战略有关的决策方面的内容。

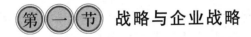 战略与企业战略

一、战略、战术与规划

战略(strategy)一词最早是军事方面的概念。战略的特征是发现智谋的纲领。在西方,strategy一词源于希腊语strategies,意为军事将领、地方行政长官。后来演变成军事术语,是指军事将领指挥军队作战的谋略。在中国,战略一词历史久远,"战"指战争,"略"指"谋略""施诈"。

(一) 战略与战术

战略和战术(tactics)经常对比并用,两者的主要区别如下:战略是一种从全局考虑谋划实现全局目标的规划和总体设想,战术只是实现战略的手段之一。实现战略胜利,往往有时候要牺牲部分利益。战略是一种长远的规划,是远大的目标。"争一时之长短",用战术就可以达到。如果是"争一世之雌雄",就需要从全局出发规划,这就是战略。

(二) 战略与规划

1. 战略与规划的区别

战略与规划之间存在较大的区别。归纳起来,两者主要有以下三大区别。

(1) 在概念的层次上,战略高于规划,战略强调的是思想,是涉及组织或者事业发展的思路。战略是制定规划的指导思想,任何一个组织的规划都是在既定的战略指导下形成的。

(2) 在形成的时序上,战略先于规划。如果一个国家、一个地区、一个企业没有既定的战略思路,就很难制定发展规划。因此,一个国家、地区、企业组织,或者一个事业,要制定发展规划,必须先着手研究发展战略,在战略的指导下再编制发展规划。

(3) 在具体内容上,战略又"软"于规划。战略是规划的抽象原则,规划是战略的具体体现。从某种意义上说,战略是规划的纲要,规划是战略实现的蓝图。

2. 战略与规划的相似之处

(1) 两者涉及的对象是相同的。战略与规划都是针对一个组织(公司)或者一项事业的全局的问题,又都涉及一个组织或者一种事业的未来长期发展的问题。因此,战略与规划既有涉及国家、地区、企业等组织的发展战略与规划,又有涉及某种事业(如教育、科技、文化等)的发展战略与规划。

(2) 两者都具有全局性、长远性、前瞻性等特点,也都希望具有可操作性的要求。由于战略与规划具有相同的主体和类似的性质与要求,因此,两者彼此间是互相联系,密不可分的。

二、企业战略的类型

企业战略是一个战略体系。在这个战略体系中,有竞争战略、发展战略、技术开发战略、市场营销战略、信息化战略、人才战略,还有其他战略。

(一) 竞争战略、蓝海战略与发展战略

美国著名战略学家迈克尔·波特提出竞争战略有三种基本形式:成本领先战略、差异化战略和集中化战略。

韩国战略学家W.钱·金教授和美国战略学家勒妮·莫博涅教授2005年提出了蓝海战略的理念。"蓝海"是相对"红海"而言。传统的竞争极端激烈的市场是"红海",而"蓝海"是一个未知的市场空间,是没有竞争的领域。企业可以通过价值创新手段得到崭新的市场领域,获得更快的增长和更高的利润。经过七八年实践,蓝海战略并不能有效建立竞争对手的进入壁垒。所谓"蓝海",只能在竞争对手未进入的那一刻出现,但很快竞争对手进入,"蓝海"快速地变成"红海"。蓝海战略只能短期改善企业的竞争状况。

我国著名战略专家唐东方2009年在其《战略规划三部曲》中提出了一种全新的战略理论,即发展战略理论,之后又在《战略选择》中补充和完善了发展战略理论体系。从发展战略理论看,企业首要关注应该是企业的发展,而不应是企业的竞争,竞争应该是企业发展的一种有效手段。当然,还有合作战略、避开竞争战略等手段。

(二) 资源战略、技术战略和市场战略

资源战略、技术战略和市场战略分别建立在以下三种理念之上:合理保护和利用资

源；进行技术研发推动产品更新；以满足消费者需求提升市场占有率。例如，山西省和内蒙古自治区煤炭储量巨大，当地政府就制定资源战略，靠合理开采煤炭，就近火力发电，再将电力输出获得收入。又如，美国苹果公司建立庞大的研发团队，同时大量收购技术和专利，靠手机硬件和软件的不断更新赢得市场。再如，早期日本各大汽车厂商靠低廉的成本大举进军发展中国家市场，进而在全球汽车整车市场赢得一席之地，靠的就是市场战略。

（三）公司战略、事业部战略和经营战略

公司战略、事业部战略和经营战略是企业尤其是大公司不同层级的战略。公司战略是整个公司最高层级的战略。事业部（division）是指以某个产品、地区或顾客为依据，将相关的研发、采购、生产、销售等部门结合成一个相对独立的企业内部单位。事业部战略是大公司第二层级的战略。经营战略是针对企业具体的经营活动的战略，是第三层级的战略。经营战略包括营销战略、品牌战略、人才战略等不同的职能战略。

（四）其他战略

其他战略包括全球化战略、本土化战略、环境友好战略（绿色战略）、产品多元化战略、单一产品战略、低价战略、高端化战略、大众化战略等。

三、战略的制定

战略制定是指确定企业任务，认定企业的外部机会与威胁，认定企业内部优势与弱点，建立长期目标，制定供选择战略，以及选择特定的实施战略。战略制定是企业基础管理的一个组成部分，是科学化加艺术化的产物，需要不断完善。在战略制定过程中，必须考虑技术因素所带来的机会与威胁。技术的进步可以极大地影响到企业的产品、服务、市场、供应商、竞争者和竞争地位。这些战略的决定因素详见第十四章。

 战 略 管 理

一、战略管理的含义

战略管理是指企业确定其使命，根据组织外部环境和内部条件设定企业的战略目标，为保证目标的正确落实和实现进行谋划，并依靠企业内部能力将这种谋划和决策付诸实施，以及在实施过程中进行控制的一个动态管理过程。

战略管理不仅涉及战略的制定和规划，还包含将制定的战略付诸实施的管理，因此是一个全过程的管理。战略管理不是静态的、一次性的管理，而是一种循环的、往复性的动态管理过程。战略管理是需要根据外部环境的变化、企业内部条件的改变，以及战略执行结果的反馈信息等，重复进行新一轮战略管理的过程，是不间断的管理。

二、战略管理的层次

(一) 总体层战略

总体层战略又称公司战略,是企业最高层次的战略,是企业整体的战略总纲。在存在多个经营单位或多种经营业务的情况下,企业总体战略主要是指集团母公司或者公司总部的战略。总体战略的目标是确定企业未来一段时间的总体发展方向,协调企业下属的各个业务单位和职能部门之间的关系,合理配置企业资源,培育企业核心能力,实现企业总体目标。它主要强调两个方面的问题:一是"应该做什么业务",即从公司全局出发,根据外部环境的变化及企业的内部条件,确定企业的使命与任务、产品与市场领域;二是"怎样管理这些业务",即在企业不同的战略事业单位之间如何分配资源以及采取何种成长方向等,以实现公司整体的战略意图。

(二) 业务层战略

业务层战略又称经营单位战略。现代大型企业一般都同时从事多种经营业务,或者生产多种不同的产品,有若干个相对独立的产品或市场部门,这些部门即事业部或战略经营单位。由于各个业务部门的产品或服务不同,所面对的外部环境(特别是市场环境)也不相同,企业能够对各项业务提供的资源支持也不同,因此,各部门在参与经营过程中所采取的战略也不尽相同,各经营单位有必要制定指导本部门产品或服务经营活动的战略,即业务层战略。业务层战略是企业战略业务单元在公司战略的指导下,经营管理某一特定的战略业务单元的战略计划,具体指导和管理经营单位的重大决策和行动方案,是企业的一种局部战略,也是公司战略的子战略,它处于战略结构体系中的第二层次。业务层战略着眼于企业中某一具体业务单元的市场和竞争状况,相对于总体战略有一定的独立性,同时又是企业战略体系的组成部分。业务层战略主要回答在确定的经营业务领域内,企业如何展开经营活动;在一个具体的、可识别的市场上,企业如何构建持续优势等问题。其侧重点在于以下几个方面:贯彻使命;业务发展的机会和威胁分析;业务发展的内在条件分析;业务发展的总体目标和要求等。对于只经营一种业务的小企业,或者不从事多元化经营的大型组织,业务层战略与公司战略是一回事。所涉及的决策问题是在既定的产品与市场领域,在什么样的基础上开展业务,以取得顾客认可的经营优势。

(三) 职能层战略

职能层战略是为贯彻、实施和支持公司战略与业务战略而在企业特定的职能管理领域制定的战略。职能战略主要回答某职能的相关部门如何卓有成效地开展工作的问题,重点是提高企业资源的利用效率,使企业资源的利用效率最大化。其内容比业务战略更为详细、具体,其作用是使总体战略与业务战略的内容得到具体落实,并使各项职能之间协调一致,通常包括营销战略、人事战略、财务战略、生产战略、研发战略等方面。公司层战略倾向于总体价值取向,以抽象概念为基础,主要由企业高层管理者制定;业务层战略主要就本业务部门的某一具体业务进行战略规划,主要由业务部门领导层负责;职能层战略主要涉及具体执行和操作问题。

公司层战略、业务层战略与职能层战略一起构成了企业战略体系。在企业内部,企业战略管理各个层次之间是相互联系、相互配合的。企业每一层次的战略都为下一层次战略提供方向,并构成下一层次的战略环境;每层战略又为上一级战略目标的实现提供保障和支持。所以,企业要实现其总体战略目标,必须将三个层次的战略有效地结合起来。

三、战略管理的过程

战略管理的过程一般包括 9 个步骤,如图 3-1 所示。

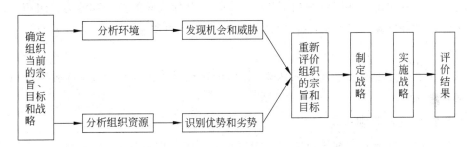

图 3-1　战略管理的过程

(一) 确定组织当前的宗旨、目标和战略

定义公司的宗旨旨在促使管理当局仔细确定公司的产品和服务范围,对"我们到底从事的是什么事业"的理解关系公司的指导方针。如一些学者指出,美国铁路公司之所以不景气,是因为他们错误地理解了自己所从事的事业。在 20 世纪三四十年代,美国铁路公司如果认识到他们从事的是运输事业而不仅仅是铁路事业,命运也许会完全不同。

当然,管理当局还必须搞清楚组织的目标以及当前所实施的战略的性质,并对其进行全面而客观的评估。

(二) 分析环境

分析环境是战略管理过程的关键环节和要素。组织环境在很大程度上决定了管理当局可能的选择。成功的战略大多是那些与环境相适应的战略。松下电器是家庭娱乐系统的主要生产商,自 20 世纪 80 年代中期开始,在微型化方面出现了技术突破,同时家庭小型化趋势使对大功率、高度紧凑的音响系统的需求剧增。松下家庭音响系统的战略的成功,就是因为松下及早地认识到环境中正在发生的技术和社会变化。

管理当局应很好地分析公司所处的环境、了解市场竞争的焦点、了解政府法律法规对组织可能产生的影响,以及公司所在地的劳动供给状况等。其中,环境分析的重点是把握环境的变化和发展趋势。关于环境的信息可以通过各种各样的外部资源来获取。

(三) 发现机会和威胁

分析了环境之后,管理当局需要评估环境中哪些可以利用的机会,以及组织可能面临的威胁。机会和威胁都是环境的特征。威胁会阻碍组织目标的实现,而机会则相反。

分析机会和威胁时,以下几个因素是关键的:竞争者行为、消费者行为、供应商行为和劳动力供应。技术进步、经济因素、法律与政治因素以及社会变迁等一般环境虽不对组织构成直接威胁,但作为一种长期计划,管理者在制定战略时也必须慎重考虑。分析机会和威胁还必须考虑压力集团、利益集团、债权人、自然资源以及有潜力的竞争领域。如某公司发现竞争对手在开发新产品并削减价格,该公司所做的反应首先应是加强广告宣传,提高其品牌的知名度。

(四) 分析组织资源

这一分析将视角转移到组织内部:组织雇员拥有什么样的技巧和能力?组织的现金状况怎样?在开发新产品方面一直很成功吗?公众对组织及其产品或服务的质量的评价怎样?

这一环节的分析能使管理当局认识到,无论多么强大的组织,都在资源和能力方面受到某种限制。

(五) 识别优势和劣势

优势是组织可资开发利用以实现组织目标的积极的内部特征,是组织与众不同的能力(distinctive competence),即决定作为组织竞争武器的特殊技能和资源;劣势则是抑制或约束组织目标实现的内部特征。经理们应从市场、财务、产品、研发等方面评价组织的优势和劣势。内部分析同样也要考虑组织结构、管理能力和管理质量,以及人力资源、组织文化。

管理者可以通过各种各样的报告获得有关企业内部优势和劣势的信息。

(六) 重新评价组织的宗旨和目标

按照SWOT(strengths-weaknesses-opportunities-threats)分析和识别组织机会的要求,管理当局应重新评价公司的宗旨和目标。

(七) 制定战略

战略需要分别在公司层、事业层和职能层设立。在这一环节,组织将寻求组织的恰当定位,以便获得领先于竞争对手的相对优势。

(八) 实施战略

无论战略制定得多么有效,如果不能恰当地实施,仍不可能保证组织的成功。另外,在战略实施过程中,最高管理层的领导能力固然重要,中层和基层管理者执行计划的主动性也同样重要。管理当局需要通过招聘、选拔、处罚、调换、提升乃至解雇职员以确保组织战略目标的实现。

(九) 评价结果

战略管理过程的最后一步是评价结果,如战略效果如何?需要做哪些调整?这涉及控制过程。

第三节 决策过程与类型

一、决策的含义与本质

（一）决策的含义

决策（decision making）是指作出决定或选择，日常生活中就是拿主意的意思。目前对决策概念的界定未形成统一的看法，诸多界定归纳起来，基本有以下三种理解。

（1）把决策看作一个包括提出问题、确立目标、设计和选择方案的过程。这是广义的理解。

（2）把决策看作从几种备选的行动方案中作出最终抉择，是决策者的拍板定案。这是狭义的理解。

（3）认为决策是对不确定条件下发生的偶发事件所做的处理决定。这类事件既无先例，又没有可遵循的规律，作出选择要冒一定风险。也就是说，只有冒一定风险的选择才是决策。这是对决策概念最狭义的理解。

以上对决策概念的解释是从不同的角度作出的，要科学地理解决策概念，有必要考察决策专家赫伯特·西蒙在决策理论中对决策内涵的看法。

（二）决策的本质

一般理解，决策就是作出决定的意思，即对需要解决的事情作出决定。正确理解决策概念，应把握以下几层意思。

1. 决策要有明确的目标

决策是为了解决某一问题，或是为了达到一定目标。确定目标是决策过程的第一步。决策所要解决的问题必须十分明确，所要达到的目标必须十分具体。没有明确的目标，决策将是盲目的。

2. 决策要有两个以上备选方案

决策实质上是选择行动方案的过程。如果只有一个备选方案，就不存在决策的问题。因而，至少要有两个或两个以上方案，人们才能从中进行比较、选择，最后选择一个满意方案为行动方案。

3. 选择后的行动方案必须付诸实施

如果选择后的方案被束之高阁，不付诸实施，这样的决策等于没有决策。决策不仅是一个认识过程，也是一个行动过程。

二、决策的过程

（一）确定决策目标

决策目标是指在一定外部环境和内部环境条件下，在市场调查和研究的基础上所预测达到的结果。决策目标是根据所要解决的问题来确定的，因此，必须把握住所要解决问题的要害。只有明确了决策目标，才能避免决策失误。

（二）拟定备选方案

决策目标确定以后，就应拟定达到目标的各种备选方案。拟定备选方案，第一步是分析和研究目标实现的外部因素和内部条件、积极因素和消极因素，以及决策事物未来的运动趋势和发展状况；第二步是在此基础上，将外部环境的不利因素和有利因素、内部业务活动的有利条件和不利条件等，同决策事物未来趋势和发展状况的各种估计进行排列组合，拟定出实现目标的方案；第三步是将这些方案同目标要求进行粗略的分析对比，权衡利弊，从中选择出若干个利多弊少的可行方案，供进一步评估和抉择。

（三）评价备选方案

备选方案拟定以后，随之便是对备选方案进行评价，评价标准是看哪一个方案最有利于达到决策目标。评价的方法通常有三种：经验判断法、数学分析法和试验法。

（四）选择方案

选择方案就是在对各种备选方案进行总体权衡后，由决策者挑选一个最好的方案。

（五）执行方案

任何方案只有真切地得到实施后才有实际意义，执行方案是决策的落脚点。

（六）回馈评估方案

通过对决策的追踪、检查和评价，可以发现决策执行的偏差，以便采取措施对决策进行控制。

三、决策的类型

现代企业经营管理活动的复杂性、多样性，决定了经营管理决策有多种不同的类型。

（一）按决策的影响范围和重要程度分类

按决策的影响范围和重要程度不同，决策可分为战略决策和战术决策。

1. 战略决策

战略决策是指对企业发展方向和发展远景作出的决策，是关系企业发展的全局性、长远性、方向性的重大决策。如对企业的经营方向、经营方针、新产品开发等决策。战略决策由企业最高层领导作出。它具有影响时间长、涉及范围广、作用程度深刻的特点，是战术决策的依据和中心目标。它的正确与否，直接决定企业的兴衰成败，决定企业的发展前景。

2. 战术决策

战术决策是指企业为保证战略决策的实现而对局部的经营管理业务工作作出的决策。如企业原材料和机器设备的采购，生产、销售的计划，商品的进货来源，人员的调配等都属此类决策。战术决策一般由企业中层管理人员作出。战术决策要为战略决策服务。

（二）按决策的主体分类

按决策的主体不同，决策可分为个人决策和集体决策。

1. 个人决策

个人决策是由企业领导者凭借个人的智慧、经验及所掌握的信息进行的决策。其特点是决策速度快、效率高，适用于常规事务及紧迫性问题的决策。个人决策的最大缺点是带有主观和片面性，因此，对全局性重大问题则不宜采用。

2. 集体决策

集体决策是指由会议机构和上下相结合的决策。会议机构决策是通过董事会、经理扩大会、职工代表大会等权力机构集体成员共同作出的决策。上下相结合决策则是领导机构与下属相关机构结合、领导与群众相结合形成的决策。集体决策的优点是能充分发挥集团智慧，集思广益，决策慎重，从而保证决策的正确性、有效性。缺点是决策过程较复杂，耗费时间较多。它适宜于制定长远规划、全局性的决策。

（三）按决策是否总是重复分类

按决策是否总是重复，决策可分为程序化决策和非程序化决策。

1. 程序化决策

程序化决策是指决策的问题是经常出现的问题，已经有了处理的经验、程序、规则，可以按常规办法来解决。故程序化决策也称为常规决策。例如，企业生产的产品质量不合格如何处理，商店销售过期的食品如何解决等，就都属于程序化决策。

2. 非程序化决策

非程序化决策是指决策的问题是不常出现的，没有固定的模式、经验去解决，要靠决策者作出新的判断。非程序化决策也叫非常规决策。如企业开辟新的销售市场，商品流通渠道调整，选择新的促销方式等，就都属于非常规决策。

（四）按决策问题所处条件分类

按决策问题所处条件不同，决策可分为完全确知条件下的决策、风险型决策、未完全确知条件下的决策。

1. 完全确知条件下的决策

完全确知条件下的决策是指决策过程中提出各个备选方案，在确知的客观条件下每个方案只有一种结果，比较其结果优劣作出最优选择的决策。完全确知条件下的决策是一种肯定状态下的决策。决策者对被决策问题的条件、性质、后果都有充分了解，各个备选的方案只能有一种结果。这类决策的关键在于选择肯定状态下的最佳方案。

2. 风险型决策

风险型决策是指在决策过程中提出各个备选方案,每个方案都有几种不同的结果,每种结果发生的概率可以测算,这种条件下的决策就是风险型决策。例如,某企业为了增加利润,提出两个备选方案:一个方案是扩大老产品的销售;另一个方案是开发新产品。不论哪一种方案都会遇到市场需求高、市场需求一般和市场需求低三种不同的可能性,它们发生的概率都可测算,市场需求低,企业就要亏损。因而在上述条件下的决策,带有一定的风险性,故称为风险型决策。风险型决策之所以存在,是因为影响预测目标的各种市场因素是复杂多变的,因而每个方案的执行结果都带有很大的随机性。决策中,不论选择哪种方案,都存在一定的风险性。

3. 未完全确知条件下的决策

未完全确知条件下的决策是指在决策过程中提出各个备选方案,每个方案有几种不同的结果,但每一种结果发生的概率无法知道,这种条件下的决策就是未完全确知条件下的决策。它与风险型决策的区别在于:风险型决策中,每一个方案产生的几种可能结果及其发生概率都知道,而未完全确知条件下的决策只知道每一个方案产生的几种可能结果,但并不知道发生的概率。这类决策是由于人们对市场需求的几种可能客观状态出现的随机性规律认识不足,因而增大了决策的不确定性。

第四节 决策方法与决策失误

一、决策方法

(一) 定量技术

定量技术主要包括确定型决策方法、不确定型决策方法和风险型决策方法。这类决策方法因为比较复杂,超越本教材定位,故略去。

(二) 定性方法

1. 头脑风暴法

头脑风暴法的创始人是英国心理学家奥斯本。该决策方法的四项原则是:①各自发表自己的意见,对别人的建议不作评论;②建议不必深思熟虑,越多越好;③鼓励独立思考、奇思妙想;④可以补充完善已有的建议。头脑风暴法的特点是:针对解决的问题,相关专家或人员聚在一起,在宽松的氛围中,敞开思路,畅所欲言,寻求多种决策思路。倡导创新思维。时间一般在1~2小时,参加者以5~6人为宜。

2. 名义小组技术

在集体决策中,如果大家对问题性质的了解程度有很大差异,或彼此的意见有较大分歧,直接开会讨论效果并不好,可能争执不下,也可能权威人士发言后大家随声附和。

这时,可以采取名义小组技术。管理者先选择一些对要解决的问题有研究或有经验的人作为小组成员,并向他们提供与决策问题相关的信息。小组成员各自先不通气,独立地思考,提出决策建议,并尽可能详细地将自己提出的备选方案写成文字资料。然后召集会议,让小组成员陈述自己的方案。在此基础上,小组成员对全部备选方案投票,产生大家最赞同的方案,并形成对其他方案的意见,提交管理者作为决策参考。

3. 德尔菲法

德尔菲法是兰德公司提出的,用于听取专家对某一问题意见的决策方法。运用这一方法的步骤是:①根据问题的特点,选择和邀请做过相关研究或有相关经验的专家;②将与问题有关的信息分别提供给专家,请他们各自独立发表自己的意见,并写成书面材料;③管理者收集并综合专家们的意见后,将综合意见反馈给各位专家,请他们再次发表意见;④如果分歧很大,可以开会集中讨论,否则,管理者分头与专家联络;⑤如此反复多次,最后形成代表专家组意见的方案。

二、决策失误

没有人希望决策失误,不等于决策的制定就不失误。决策的制定是否会发生失误,并不是由决策制定人的主观愿望决定的,而是在企业决策的制定过程中有五个导致决策失误的因素在不断起作用。如果不消除或扼制这五个因素的作用,企业决策的制定就不可避免地会发生失误,至少会造成决策的低质量。可能造成决策失误的五个因素如下。

(一) 缺乏赖以决策的信息

制定决策就是谋求一种优化选择,即根据所掌握的信息对自己的活动目标和方式进行选择,以使自己的活动能最大限度地达成自己所寻求的目标。但是,如果决策信息不充分,也就无法进行这种优化选择,或者所做的优化选择根本不优。这或者是因为重要的约束条件信息没有掌握,致使其约束作用在制定决策时被遗漏,从而最终因为被遗漏的约束条件的限制而导致决策制定的最终结果与决策所寻求的目标发生偏差,甚至背离。这或者是因为还有重要的、有助于所寻求的价值目标实现的资源和环境条件被遗漏,使这种资源和环境条件所构成的机遇没有抓住。

(二) 决策制定人的情绪波动

情绪是人的心理对外部世界的特定事件和变化的一种不自主的反应,具体表现为喜、怒、哀、乐、忧、惧六种心理状态,以及由相应心理状态反应出现的身体状态。人在这六种不同的心理状态下,对所面对的问题,会因为心理状态本身的不同特点而作出完全不同的选择。

(三) 决策制定人的情感纠葛

情感是人的意志行为指向发生固着和黏附的一种心理表现。它让人不能及时地根据外部环境的变化而调整自己的目标指向和行为选择。影响决策的极端情感有两种:一是爱；二是恨。爱会让人不顾实际情况的限制,图谋让所爱的对象顺利而圆满地存在和发展,以使之获得价值。恨则相反,会让人不顾实际情况的限制,图谋让所恨的对象尽可能快地消失,尽可能大地遭受损失。

（四）决策制定人的价值偏好

价值偏好也就是决策制定人仅仅根据自己的偏好判定什么是真、善、美,什么是假、恶、丑,并固守这种一成不变的价值观念,不知道根据社会外部环境的发展变化而调整改变。任何一个人都会有自己的价值观念,并且都会以自己的这种价值观念作为判断事物和对事物进行取舍的标准和依据。如果决策制定人所固守的价值观念,与社会发展的实际不相容,或者与社会共同的价值取向有差异和矛盾。而他又想当然地按照所固守的价值观念对社会进行假设,把这种价值观念强加给企业和社会,并作为制定决策的根据和标准时,企业的决策质量的降低和失误也就不可避免了。社会是一个整体,有其共同的价值观念和行为准则,脱离这种共同的价值观念和行为准则,会直接使自己的决策所依据的条件不现实、不恰当,从而使决策失去现实性和可行性,导致建立在这种与社会共同的价值观念所不同的价值观念上的选择成为非优化的错误选择。

（五）决策制定人的思维惯性

思维惯性又称思维定式,是由个人的以往成功经验和受挫经历,沉淀形成的一种惯常的思考问题的方式、方法。它一经形成,就会使人对于外部环境的变化和时代的变化信息的敏感度下降,甚至变得迟钝,忽视这种变化,直接把过去思考问题的方式、方法,套用到新形势、新情况下的问题分析上,直接沿用过去应对问题的对策措施解决新形势、新情况下的新问题。结果是,决策的制定仅仅按照一个固定不变的模式进行取舍选择,从而直接导致选择的结果与所寻求的价值目标发生背离,使应该避免的风险不能避免,应该抓住的机会不能抓住,降低决策的质量,甚至直接失误。

一、课业任务

假设你要更换手机,按照所学知识,详细写出你的决策过程。

二、课业目的

理解、巩固所学的概念,提升学生日常生活中的决策(拿主意)能力,锻炼学生自主决策习惯,避免随大流或盲从。

三、课业要求

按照决策的每个步骤,考虑更换手机的目的和功能价格定位,收集资料,选出3~

4个备选方案,按照规定格式写成书面资料,再根据书面材料制作演示文稿(PPT)。教师抽查学生演示,演示时间为10分钟。

四、理论指导

战略的含义,决策的含义,决策的过程。

五、课业操作

个人作业,仔细理解决策的每个步骤,必要时可以进行一定的市场调查和实地体验,记录体验感受。除了更换手机的决策,也可以选择其他决策,如购买计算机、辅修其他专业、专升本、出国留学等。要求同上,完成时间为1周。

六、课业评价标准

本章的课业评价标准如表3-1所示。

表3-1　课业评价标准

评价项目	课业选题	理论运用	设计、分析、评价	书面表达能力
评价标准	选题合理,挑战性强	理论运用得当	有逻辑性,评价客观,信息掌握全面充分	语言准确,言简意赅,图文并茂,PPT设计合理
评分比重(%)	20	30	30	20

七、课业范例

"畅玩5X""荣耀6P""荣耀7"的选择依据

推荐手机的几个原则如下。

(1)现在操作系统和软件都需要占用较多内存,建议手机内存至少3G。

(2)尽量选带指纹功能的手机,比如解锁系统不用输密码,支付宝付款不用输密码,通过指纹锁可以呼出通知栏,可以清除通知。

(3)屏幕多大好?看个人喜好。5.5寸和6.0寸的屏幕太大,不适合单手操作,放口袋也不方便。习惯双手操作或者经常看视频的,建议选择5.5寸。

根据以上原则,推荐如下。

(1)如果预算在1000元左右,建议选"畅玩5X",3G内存＋指纹＋5.5寸屏幕＋金属机身,该有的都有了。"畅玩"系列的定位就是高性价比。

(2)如果预算在2000元左右,建议选"荣耀7"或"荣耀6P"。"荣耀7"是3G内存＋指纹＋金属机身,CPU比"畅玩5X"强,不过屏幕是5.2寸的。"荣耀6P"是3G内存,5.5寸屏幕,没有指纹功能。但是,"荣耀6P"的拍照功能很好,依赖于背后的双摄像头,能随手拍出背景非常虚化的照片。

(3)"荣耀6"就不考虑了,手机买新不买旧,"荣耀6"都上市很久了,比"荣耀6P"差远了,而且还没有指纹功能。

所以,在"荣耀6P""畅玩5X"和"荣耀7"里选择。如果看重照相功能,选择"荣耀6P"。如果图方便,1000元预算选择"畅玩5X",2000元预算选择"荣耀7"。

性能不用纠结,CPU谁比谁高一些无所谓,正常使用都够用。

散热也一样,一直看视频或打游戏,所有手机都发热,但也不会到烫伤的地步。至于是否烫手,看个人感受了。如果只是看小说,几乎没有发热。

本章小结

战略是一种从全局考虑谋划实现全局目标的规划和总体设想,战术只为实现战略的手段之一。

企业战略是一个战略体系。在这个战略体系中,有竞争战略、发展战略、技术开发战略、市场营销战略、信息化战略、人才战略,还有其他战略。

战略制定是指确定企业任务,认定企业的外部机会与威胁,认定企业内部优势与弱点,建立长期目标,制定供选择战略,以及选择特定的实施战略。

战略管理不仅涉及战略的制定和规划,而且包含将制定出的战略付诸实施的管理,因此是一个全过程的管理。

战略管理过程一般包括9个步骤。

决策是作出决定的意思,即对需要解决的事情作出决定。现代企业经营管理活动的复杂性、多样性,决定了经营管理决策有多种不同的类型。

重要概念

战略 战术 企业战略 战略制定 战略管理 决策 战略决策 战术决策 个人决策 集体决策 风险型决策 头脑风暴法 德尔菲法

复习思考题

1. 战略和战术分别是什么?两者有何区别与联系?
2. 什么是企业战略?制定企业战略需要考虑哪些因素?
3. 战略管理的含义是什么?它有哪些不同层级?
4. 简述战略管理的过程。
5. 怎样理解决策?决策有哪些类型?
6. 描述决策的基本过程。
7. 简述决策的主要方法。

8. 导致决策失误的原因有哪些？结合你的决策失误经历进行说明。

案例分析

沃尔玛中国变阵：边关店边开店　17年策略多摇摆

据全球零售巨头沃尔玛(中国)投资有限公司计划，2013年在中国各地被关闭的沃尔玛门店，数量将达到15~30家。一位已从沃尔玛离职、不愿透露姓名的前高管介绍，情况并非公开宣布的那么简单，沃尔玛内部已明确在2013—2015年，陆续关闭100家盈利状况不佳的门店。

与此同时，沃尔玛又宣布将在未来三年，在中国三四线城市连续开设100家新店。专家认为，沃尔玛一边关店，一边开店，是对中国市场策略摇摆不定、始终没有成型的反映。拨开店面开开关关的迷雾，实质上是沃尔玛对中国市场判断失误，不断试错的结果。

1. 17年策略多摇摆

沃尔玛视中国市场为美国市场之外最大的单一市场，但中国市场对沃尔玛的业绩贡献比例仅为2%。此种结果，与沃尔玛对中国市场始终吃不透，市场策略一直摇摆不定有直接关系。

广州采纳企业管理顾问有限公司负责人陈宏，长期专注连锁商业研究，他对本报记者分析道："沃尔玛一直以来奉行低价策略，但决定低价的采购策略到底应该怎么做，一直以来没有定型。"

1997年，沃尔玛进入中国，实施的是在美奉行的直购原则。当时其在中国直接采购的比例一度达到80%。2002年后，随着门店的增加，迫于越来越多中小供应商的不合作，这一比例才开始逐年降低。

2007年，陈耀昌正式接任沃尔玛中国区总裁兼首席执行官职务。他改变了沃尔玛在中国市场长期坚持的中央集权管理模式，学习竞争对手家乐福适当放权。针对中国供应商数量多、规模小、信息化水平低的现状，沃尔玛逐步开始与中间商合作。分店开始拥有更多的供应商选择权和商品定价权。

此外，陈耀昌还推出1000种特惠商品的"天天低价"政策。

但是在2010年，沃尔玛又曾试图扩大直接采购比例，减少供应商或第三方采购等中间环节。但由于中国经销商和中间商状况，及大量中小规模供应商的存在，这样的调整始终难以实现。

2012年，沃尔玛再次调整中国市场策略，回收采购权，由原来的"三级"采购压缩成"二级"。采购系统架构由原来的28个城市都有专门的采购，到全国的采购办公室合并缩减为8个，分别位于深圳、大连、北京、上海、武汉、成都、厦门和昆明8个城市。

始终不定型并左摇右摆的采购策略，最终导致沃尔玛采购出现纰漏，发生了重庆"绿色猪肉事件"：沃尔玛在渝企业以普通猪肉冒充绿色猪肉，并以虚假的商品说明欺诈消费者。最终沃尔玛重庆门店停业,不久之后,陈耀昌离职。

白冀民认为,除采购政策外,从沃尔玛开设新店的市场策略看,同样存在着摇摆。沃尔玛进入中国初期,采取的是配送中心建设在前,店铺发展在后的方式。这一方式和沃尔玛在美国获得成功的标准模式相同,但此模式会带来较高的营运成本,同时制约跨区域门店发展速度,直接导致沃尔玛进入中国时间虽早,但发展速度却较为缓慢,被家乐福等零售业企业赶超。起了个大早,赶了个晚集。

经过调整,沃尔玛加大了开设新店的速度。在选址上,沃尔玛也放弃了郊区化模式,向市区繁华地区发展。2009年,沃尔玛从20家新增门店飙升至51家,随后的2010年、2011年,沃尔玛继续以外资最大规模的开店数量圈地,分别新开47家和43家新店。与之相比,家乐福年均开店数为25家左右。

但快速扩张导致的结果却是单店盈利效益欠佳,终于引发沃尔玛在2012年对经营不善的门店实行关店措施。

2. 关店三大主因

沃尔玛密集关店,其掌门人高福澜给出的解释是,"必须关闭的门店出自销售预期不达、商圈变动、业主变动、场址冲突等多种因素"。

其中最重要原因则是销售预期不达、业主变动和门店场址冲突。对于第一点,王山认为,沃尔玛过去快速密集开店,虽然完成了市场布局,但是主要在一二线城市,房租及人工等直接成本压力很大,导致单店盈利能力下降。

因此,这些被关停的门店,并未显著影响沃尔玛中国的销售业绩。数据显示,被关店数占沃尔玛中国区总门店的9%,但销售额仅占总销售额的2%~3%。

因业主变动、租约到期而关店的并不限于沃尔玛,家乐福也面临同样的问题。王山分析称,沃尔玛1997年进入中国市场,长租约下,租金相对便宜。近几年沃尔玛早期开设的门店都面临租约到期的局面,续约往往会伴有租金上涨,于是沃尔玛不得不另外选址新建。

门店场址冲突,则主要指的是收购的好又多连锁。王山表示,沃尔玛在2007年并购好又多时,一些门店与沃尔玛原有门店离得很近,店址冲突影响销售业绩,同时两家整合一直不成功,这对于两家企业都有影响。这次关闭的门店中,有一些是好又多原来的门店。

3. 下沉三四线城市

沃尔玛即将开设的新门店,主要集中于河北、河南、湖北、湖南、四川、江西、山西、广东、广西、福建、云南、辽宁等省份,这表明沃尔玛中国市场战略悄然发生改变,首要的变化即为:从一二线城市战略收缩,到三四线城市的全面布局。而在此之前,沃尔玛在中国开设的门店主要集中在一二线城市,对三四线城市关注度较低。

中国百货商业协会主任白冀民认为,在国内一二线城市,大型连锁超市竞争激烈,不仅有国外巨头,国内也有许多知名企业进入,市场划分已经成型。他说:"沃尔玛选择三四线城市开新店,是在选择有利于自己的地方,能够发挥优势。"

中国连锁经营研究院执行院长韩买红分析称:一二线城市商圈饱和、物业租金上涨幅度超出预期,不断挤压掉零售业的盈利空间,也使国内零售业竞争格局变得十分微妙。

4. 增强电子商务

另一布局变化是对电子商务的重视。沃尔玛总部曾预计,其 2015 财年电子商务带来的营收将达 130 亿美元,而 2013 年约为 90 亿美元。

2012 年中国电子商务市场交易规模高达 8.1 万亿元,市场前景广阔。由此,沃尔玛中国将会加强电子商务的布局,强化线上线下的相互融合。在此之前,沃尔玛的电子商务在中国的发展一直不温不火,远远被竞争对手家乐福等超越。

2010 年,沃尔玛深圳店率先开办电子商务平台。随后,沃尔玛相继收购 1 号店 51% 的股权、在上海设立沃尔玛电子商务中国总部,并借助沃尔玛北京山姆会员店平台正式开通了北京区的网购业务。沃尔玛高层曾表示,这使它在市场潜力方面获得了只有美国才能与之匹敌的立足之地。

(资料来源:孟繁勇.沃尔玛中国变阵:边关店边开店 17 年策略多摇摆[N].企业观察报,2013-12-16)

思考题:

1. 请根据材料梳理 17 年间沃尔玛分别采取的战略和战术。
2. 沃尔玛为什么作出向三四线城市发展的决策,请简要描述该决策的过程。
3. 上网了解近期沃尔玛电子商务发展情况,评价其增强电子商务战略的效果。

第四章 市场营销

名人名言

花一天就可以学到营销,掌握它却需要一辈子。

——[美] 菲利普·科特勒

学习目标

1. 理解市场及市场营销的含义;
2. 区别市场营销和销售的含义;
3. 描述市场营销组合模型及其构成要素;
4. 比较市场营销组合 4P、4C、4R 模型的异同;
5. 描述市场调研对于市场营销的重要意义;
6. 描述广告和公共关系对于市场营销的重要意义;
7. 区别几种主要的销售方式。

导入案例 把梳子卖给和尚

有一个营销经理想考考他的手下,就给他们出了一道题:把梳子卖给和尚。

第一个人出了门就骂,什么狗经理,和尚都没有头发,还卖什么梳子!找个酒馆喝闷酒,睡了一觉,回去告诉经理,和尚没有头发,梳子无法卖!经理微微一笑,和尚没有头发还需要你告诉我?

第二个人来到一座寺庙,找到和尚,对和尚说,我想卖给你一把梳子。和尚说,我没用。那人就把经理的作业说了一遍,说如果卖不出去,就会失业,你要发发慈悲啊!和尚就买了一把。

第三个人来到一座寺庙卖梳子。和尚说,真的不需要。那人在庙里转了转,对和尚说,拜佛是不是要心诚。和尚说,是的。心诚是不是需要心存敬意?和尚说,要有敬意。那人说,你看,很多香客从很远的地方来这里,他们十分虔诚,却风尘仆仆,蓬头垢面,如何对佛敬?如果庙里买些梳子,给这些香客使用,让他们把头发梳整齐了,把脸洗干净了,不是对佛的尊敬?和尚说,此话有理。就买了10把。

第四个人来到一座寺庙卖梳子。和尚说,真的不需要。那人对和尚说,如果庙里备些梳子作为礼物送给香客,又实惠又有意义,香火会更旺的。和尚想了想说,有道理。就买了100把。

第五个人来到一座寺庙卖梳子。和尚说,真的不需要。那人对和尚说,你是得道高僧,书法甚有造诣,如果把您的字刻在梳子上,刻些"平安梳""积善梳"送给香客,是不是既弘扬了佛法,又弘扬了书法。老和尚微微一笑说,无量佛!就买了1000把梳子。

讲完战略与决策后,本章介绍另一个与组织规划一样重要的管理概念——市场营销。市场营销不仅仅是销售产品,也不是生产完成之后的活动,而是企业生产之前就要规划好的一项内容。

第一节 市场营销概述

一、市场的含义

市场起源于古时人类对于固定时段或地点进行交易的场所的称呼,是指买卖双方进行交易的场所。发展到现在,市场具备了两种意义:一种是交易场所,如传统市场、股票市场、期货市场等;另一种是交易行为的总称,即市场一词不仅仅指交易场所,还包括所有的交易行为。故当谈论市场大小时,并不仅仅指场所的大小,还包括消费行为是否活跃。

根据杰罗姆·麦卡锡《基础营销学》的定义,市场是指一群具有相同需求的潜在顾客,他们愿意以某种有价值的东西来换取卖主所提供的商品或服务,这样的商品或服务是满足需求的方式。

市场的基本要素包括买方、卖方和商品。商品包含有形的物品和无形的服务(也称无形商品)。

市场一般要遵守平等原则、自愿原则、公平原则和诚实信用原则。

在市场经济条件下,商品日渐丰富,市场日渐繁荣,商家竞争越来越激烈,市场也逐渐成为发现需求、创造需求的主要场所。

二、市场营销的含义

现代社会早已不再商品匮乏。随着科技的进步,市场的发展和竞争的加剧,再加上人们生活水平的提高以及个性的解放,人类社会进入一个商品空前丰富,人们越来越追求个性消费,产品处于供过于求的时代。市场营销的概念应运而生。

美国市场营销协会(American Marketing Association)认为,市场营销(marketing)是在创造、沟通、传播和交换产品中,为顾客、客户、合作伙伴以及整个社会带来价值的一系列活动、过程和体系。

当今社会,市场营销的功能日渐强大,不仅满足企业销售产品的要求,而且能让消费者普遍感到越来越满意。市场营销还帮助企业发现市场、挖掘客户、改进产品。当然,随着信息化技术的飞速发展,市场营销花样百出,这也加剧了市场的竞争,甚至产生了不正当竞争和恶意竞争,使商家和消费者受到损失。市场营销的多样性和复杂性越来越让它成为一项充满技巧和魅力的活动,正像开篇案例讲的那样。市场营销已成为高等院校和培训机构的主要内容和模块,还延伸出了如汽车营销、旅游营销、赛事营销、网络营销、国际营销等新兴专业。

三、市场营销和销售的区别

市场营销不同于我们传统的销售,主要区别有以下三个方面。

(1) 就像传统定义讲的,市场营销是一个比销售更为复杂的系统性活动,销售仅仅是其中的一个方面。

(2) 市场营销是以满足客户需求为本的,所有活动都基于对客户的了解和发现,而销售仅仅是将商品提供或交付给客户的过程。

(3) 市场营销是一个企业经营的逆过程,企业首先了解市场、了解客户的需求,再结合自身的能力和愿望组织生产经营,最后将产品提供给客户。而销售只是将生产出来的产品卖出去即可,是一个企业经营活动的顺过程的结束。因此可以说,市场营销几乎涉及企业活动的所有方面。

现代社会营销的概念已远远超出企业管理的范围,比如一个求职的学生要向用人单位推销自己时要学会自我营销。一个组织内部,员工要善于向领导营销自己的新方案、新理念。

四、市场营销战略

市场营销战略(marketing strategy)是指企业在现代市场营销观念下,为实现其经营目标,对一定时期内市场营销发展的总体设想和规划。

市场营销战略是企业市场营销部门根据战略规划,在综合考虑外部市场机会及内部资源状况等因素的基础上,确定目标市场,选择相应的市场营销策略组合,并予以有效实施和控制的过程。

市场营销战略有五种模式。

(1) 稳定型:维持产品市场现状。
(2) 反应型:在稳定基础上进行变革。
(3) 先导型:向有联系的产品市场发展。
(4) 探索型:向新产品领域和海外市场发展。
(5) 创造型:以我为主开发新产品,拓展新市场。

第二节 市场营销组合

一、市场营销组合的含义

市场营销组合(marketing mix)是企业市场营销战略的一个重要组成部分,是指将企业可控的基本营销措施组成一个整体性活动。市场营销的主要目的是满足消费者的需要。这一概念是由美国哈佛大学教授尼尔·鲍顿于1964年最早采用的。它是制定企业营销战略的基础,做好市场营销组合工作可以保证企业从整体上满足消费者的需求。此外,它也是企业对付竞争者强有力的手段,是合理分配企业营销预算费用的依据。

1960年,麦卡锡(E. J. McCarthy)在《基础营销》一书中提出了著名的4P组合。麦卡锡认为,企业从事市场营销活动,一方面要考虑企业的各种外部环境,另一方面要制定市场营销组合策略,通过策略的实施,适应环境,满足目标市场的需要,实现企业的目标。

麦卡锡绘制了一幅市场营销组合模式图(见图4-1)。图4-1的中心是某个消费群,即目标市场,中间一圈是四个可控要素:产品(product)、渠道(place)、价格(price)、促销(promotion),即4P组合。在这里,产品是考虑为目标市场开发适当的产品,选择产品线、品牌和包装等;价格是考虑制定适当的价格;地点是要通过适当的渠道安排运输、储藏等,把产品送到目标市场;促销是考虑如何将适当的产品,按适当的价格,在适当的地点通知目标市场,包括销售推广、广告、培养推销员等。图4-1的外圈表示企业外部环境,包括各种不可控因素,如经济环境、社会文化环境、政治法律环境等。麦卡锡指出,4P组合的各要素将要受到这些外部环境的影响和制约。

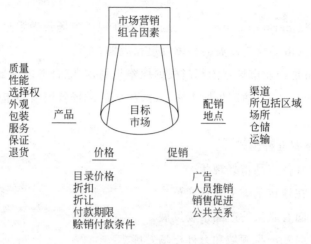

图 4-1　市场营销组合模式

二、市场营销组合的扩展

市场营销组合由 4P 发展为 6P。6P 是由科特勒提出的,是在 4P 的基础上再加政治(politics)和公共关系(public relations)。6P 组合主要应用于实行贸易保护主义的特定市场。

科特勒又进一步把 6P 发展为 10P。他把已有的 6P 称为战术性营销组合,新提出的 4P 包括:研究(probing);划分(partitioning),即细分(segmentation);优先(prioritizing),即目标选定(targeting);定位(positioning),称为战略营销。他认为,战略营销计划过程必须先于战术性营销组合的制定,只有在搞好战略营销计划过程的基础上,战术性营销组合的制定才能顺利进行。菲利浦·科特勒在讲到战略营销与战术营销的区别时指出:"从市场营销角度看,战略的定义是企业为实现某一产品市场上特定目标所采用的竞争方法,而战术则是实施战略所必须研究的课题和采取的行动。"现在,战略营销与战术营销的界线已日趋明朗化,通用汽车公司等已按这两个概念分设了不同的营销部门。

20 世纪 90 年代,又有人认为,包括产品、价格、销售渠道、促销、政治力量和公共关系的 6P 组合是战术性组合。企业要有效地开展营销活动,既要有为人们(people)服务的正确的指导思想,又要有正确的战略性营销组合的指导。这种战略的 4P 营销组合与正确的指导思想和战术性的 6P 组合就形成了市场营销的 11P 组合。

三、市场营销组合的演变

（一）4C 组合

20 世纪 90 年代，美国市场学家罗伯特·劳特伯恩（Robert Lauterborn）提出了以 "4C" 为主要内容的作为企业营销策略的市场营销组合，即 4C 组合：顾客（customer）、成本（cost）、便利（convenience）、沟通（communication）。针对产品策略，提出应更关注顾客的需求与欲望；针对价格策略，提出应重点考虑顾客为得到某项商品或服务所愿意付出的代价；并强调促销过程应用是一个与顾客保持双向沟通的过程。

4P 与 4C 的相互对照关系如表 4-1 所示。

表 4-1 4P 与 4C 的相互对照关系

类别	4P		4C	
阐释	产品（product）	服务范围、项目，服务产品定位和服务品牌等	客户（customer）	研究客户需求和欲望，并提供相应产品或服务
	价格（price）	基本价格、支付方式、佣金折扣等	成本（cost）	考虑客户愿意付出的成本、代价是多少
	渠道（place）	直接渠道和间接渠道	便利（convenience）	考虑让客户享受第三方物流带来的便利
	促销（promotion）	广告、人员推销、营业推广和公共关系等	沟通（communication）	积极主动与客户沟通，寻找双赢的认同感

（二）4R 组合

21 世纪初，美国学者唐·舒尔茨（Don Shultz）提出了基于关系营销的 4R 组合理论（The Marketing Theory of 4Rs），受到广泛关注。4R 阐述了一个全新的市场营销四要素，即关联（relevancy）、反应（response/reaction）、关系（relationship）和回报（return/reward），分别指的是与顾客建立关联、提高市场反应速度、关系营销越发重要、回报是营销的源泉。4R 理论以竞争为导向，在新的层次上概括了营销的新框架，体现并落实了关系营销的思想。

4R 组合理论所包括的营销四要素详述如下。

1. 关联

企业与顾客是一个命运共同体，建立并发展与顾客之间的长期关系是企业经营的核心理念和最重要的内容。

2. 反应

在相互影响的市场中，对经营者来说最难实现的不在于如何控制、制订和实施计划，而在于如何站在顾客的角度及时地倾听和促使商业模式转移成为高度回应需求的商业模式。

3. 关系

在企业与客户的关系发生了本质性变化的市场环境中,抢占市场的关键已转变为与顾客建立长期而稳固的关系。与此相适应产生了5个转向:①从一次性交易转向强调建立长期友好合作关系;②从着眼于短期利益转向重视长期利益;③从顾客被动适应企业单一销售转向顾客主动参与生产过程;④从相互的利益冲突转向共同的和谐发展;⑤从管理营销组合转向管理企业与顾客的互动关系。

4. 回报

任何交易与合作关系的巩固和发展,都是经济利益问题。因此,一定的合理回报既是正确处理营销活动中各种矛盾的出发点,也是营销的落脚点。

第三节 市场调研与广告

一、市场调研的含义

市场调研(market research)也叫市场调查,是指运用科学的方法,有目的地、系统地搜集、记录、整理有关市场营销信息和资料,分析市场情况,了解市场的现状及其发展趋势,为市场预测和营销决策提供客观的、正确的资料。不做系统客观的市场调研与预测,仅凭经验或不够完备的信息,就作出种种营销决策是非常危险的,也是十分落后的行为。

市场调查的内容很多,包括:①市场环境调查,包括政策环境、经济环境、社会文化环境的调查;②市场基本状况的调查,主要包括市场规范、总体需求量、市场的动向、同行业的市场分布占有率等;③销售可能性调查,包括现有和潜在用户的人数及需求量、市场需求变化趋势、本企业竞争对手的产品在市场上的占有率、扩大销售的可能性和具体途径等;④还可对消费者及消费需求、企业产品、产品价格、影响销售的社会和自然因素、销售渠道等开展调查。

二、市场调研的方法与流程

市场调研的方法有不同的分类标准。按照方法属性,可分为定量研究、定性研究;按照研究领域,可分为渠道研究或零售研究、媒介和广告研究、产品研究、价格研究等;按行业属性,可分为商业研究和工业研究。此外,还包括针对少数民族和特殊群体的研究、民意调查以及桌面(案面)研究等相对独立的研究。

随着互联网的发展和新技术的应用,市场调研往往借助专业在线调查收集信息,处理数据。

市场调研的流程大致分为11个步骤。

(1) 确定市场调研的必要性。

(2) 定义问题。

(3) 确立调研目标。

(4) 确定调研设计方案。

(5) 确定信息的类型和来源。

(6) 确定收集资料。

(7) 问卷设计。

(8) 确定抽样方案及样本容量。

(9) 收集资料。

(10) 分析资料。

(11) 撰写调研报告。

三、广告与公共关系

(一) 广告

广告(advertising)是为某种特定的需要,通过一定形式的媒体,并消耗一定的费用,公开而广泛地向公众传递信息的宣传手段。广告的英文原意为"注意""诱导",即"广泛告知"的意思。广告有广义和狭义之分。广义广告包括非经济广告和经济广告。非经济广告是指不以营利为目的的广告,如政府行政部门、社会事业单位乃至个人的各种公告、启事、声明等。狭义广告仅指经济广告,又称商业广告,是指以营利为目的的广告,通常是商品生产者、经营者和消费者之间沟通信息的重要手段,或企业占领市场、推销产品、提供劳务的重要形式。因此,广告也是一种主要的市场营销方法。

广告之所以存在是有特殊意义的,它可以传达出平面的信息、品牌、形象,从而吸引消费。广告的作用具体包括以下几个方面。

1. 准确表达广告信息

广告设计是一门实用性很强的学科,有明确的目的性,准确传达广告信息是广告设计的首要任务。现代商业社会中,商品和服务信息绝大多数都是通过广告传递的,平面广告通过文字、色彩、图形将信息准确表达,而二维广告则通过声音、动态效果表达信息,通过以上各种方式商品和服务才能被消费者接受和认识。由于文化水平、个人经历、受教育程度、理解能力的不同,消费者对信息的感受和反应也会不一样,所以设计时需仔细把握。

2. 树立品牌形象

企业的形象和品牌决定了企业和产品在消费者心中的地位,这一地位通常靠企业的实力和广告战略进行维护和塑造。在平面广告中,报纸广告、杂志广告由于受众广、发行量大、可信度高,因此具有很强的品牌塑造能力。而结合二维广告,则可以使塑造力大大增强。

3. 引导消费

平面广告一般可以直接传递到消费者手中,且信息详细具体,因此如购物指南、房产广告、商品信息等都可以引导消费者购买产品。二维广告则可以通过动态效果的影响,促使消费者消费。

4. 满足消费者

一幅色彩绚丽、形象生动的广告作品,能以其非同凡响的美感力量增强广告的感染力,使消费者沉浸在商品和服务形象给予的愉悦中,从而自觉接受广告的引导。因此广告设计时物质文化和生活方式的审美再创造,通过夸张、联想、象征、比喻、诙谐、幽默等手法对画面进行美化处理,使之符合人的审美需求,可以激发消费者的审美情趣,可以有效地引导消费者在物质文化和生活方式上的消费观念。

(二) 公共关系

公共关系(public relations,PR)简称"公关",是指组织机构与公众环境之间的沟通与传播关系。关于公共关系的各种定义很多,一般是指一个社会组织用传播手段使自己与相关公众之间形成双向交流,使双方达到相互了解和相互适应的管理活动。这个定义反映了公共关系是一种传播活动,也是一种管理职能。

1. 公共关系与市场营销的联系

公共关系与市场营销的关系是紧密的。在市场营销学体系中,公关关系是企业机构唯一一项用来建立公众信任度的工具。

公共关系工作在企业中,几乎与市场营销融合在一起。换言之,企业的公共关系工作几乎完全为市场营销活动服务。英国公关专家弗兰克·杰夫金斯说:"销售中的每一个因素都需要公关人员来加强、完善。"因此,公共关系可以涉及市场营销的各个角落。它们的联系主要在:共同的产生条件——商品生产的高度发展;共同的指导思想——用户第一,社会效益第一;相似的传播媒介——大众传播媒介;市场营销把公共关系作为组成部分。

2. 公共关系与市场营销的区别

公共关系与市场营销的区别主要表现在以下几个方面。

(1) 范围不同。市场营销仅限于企业生产流通领域,最多不过是经济领域内,但公共关系所涉及的是社会任何组织与公众的关系。除企业外,公共关系还涉及政府、学校、医院等各种组织,远远超出经济领域。公共关系比市场营销更有广泛的社会性,学科应用范围也更为广阔。

(2) 目的不同。市场营销的直接目的是销售产品,从而进一步扩大盈利,产生企业效益;公共关系的目的是树立组织形象,产生良好的公众信誉,从而使组织获得长足的发展。

(3) 手段不同。市场营销所采用的手段是价格、推销、广告、包装、商标、产品设计、分销等。这些手段都紧紧围绕产品销售的目的。而公共关系所采用的手段是宣传资料、各种专题活动,如记者招待会、社会赞助、典礼仪式、危机处理等活动。

(4) 目标不同。市场营销是在一个长期的基础上,吸引和满足顾客,以便赢得一个组织的经济目标。市场营销的基本责任是建立和维护一个组织的产品或服务市场。公共关系通过长期努力,赢得组织的良好形象,而并非仅仅是经济利益,还包括社会方面的利益。公共关系的基本责任是建立和维护组织与公众之间的互惠互利关系。

(5) 聚焦不同。市场营销主要聚焦于顾客的交换关系,其基本过程是通过交换既满足顾客需要又赢得经济利益。而公共关系涉及范围广泛的各类公众,包括顾客公众和非顾客公众,如雇员、投资者、政府、特殊利益集团。

(6) 公共关系和市场营销在范围上不存在谁包含谁的问题。有效的公共关系通过维护和谐的社会关系和政治环境促进市场营销工作,而成功的市场营销同样有助于建立和维护组织与公众之间的良好关系。

(三) 关系营销

关系也称人际关系、人际网络、人脉。关系可分为正式关系和非正式关系,非正式关系较正式关系更为古老和普遍。现代管理理论的奠基人巴纳德指出,即使在正式的组织中,个体仍然是社会人。自20世纪30年代以来,在包括政治学、社会学、经济学及管理学等众多学科中,关系的非正式性受到了越来越多的重视。

庸俗关系就是平常所说的"拉关系""走后门"等庸俗的社会现象,它是一种非正常的、不健康的、庸俗化的人际关系。它以损公肥私、侵占他人利益及危害社会利益为特征,是一种赤裸裸的私利关系。

从表面上看,庸俗关系与公共关系的协调沟通是一致的,目的都是解决问题或获取利益。因此,有人一听说公共关系就联想到这种不正当的庸俗关系,认为公共关系就是教人花言巧语,搞不正当交易。其实这是一种极大的误解,在很多时候败坏了公共关系的名声。

1985年,美国著名学者、营销学专家巴巴拉·本德·杰克逊(Barbara B. Jackson)提出了关系营销的概念。杰克逊认为,"关系营销就是指获得、建立和维持与产业用户紧密的长期关系。"拓展开来,关系营销就是把营销活动看成一个企业与消费者、供应商、分销商、竞争者、政府机构以及其他公众发生互动的过程,其核心是建立、发展、巩固企业与这些组织和个人的关系。

 销　　售

一、销售的含义

销售是指以售出、租赁或其他任何方式向第三方提供产品或服务的行为,包括为促

进该行为进行的有关辅助活动,例如广告、促销、展览、服务等活动。或者说,销售是指实现企业生产成果的活动,是服务于客户的一场活动。

销售,说大不大,说小不小。小可做一针一线,大可做跨国集团。但究其本质,都是相似的。行动决定报酬。你可以成为一个高收入的辛勤工作者,也可以成为一个收入最低的轻松工作者。这一切完全取决于你对销售工作是怎么看、怎么想、怎么做的。

站在顾客的立场,就是这下面最简单的五句话:买得明白、买得放心、买得满意、买得舒服、买得有价值。

销售是时间的积累、专业知识的积累、实战经验的积累、行业人脉的积累。它打破了传统的生存手段,打破了固有的工作模式,以一种完全崭新的面貌,记入经济发展的史册。

二、销售的主要方式

销售方式多种多样,每个企业都要从自身特点与市场竞争的实际出发,选择恰当的销售方式。从销售渠道、环节和销售的组织形式来看,销售方式有直销、代销、经销、经纪销售与联营销售等方式。

(一) 直销

直销是工业生产企业自己直接把商品销售给最终的目标市场(即消费者),而无须通过任何中间商的销售方式。批发就是最常见的直销形式。

直销可以通过自己设立的专卖店或特许经营连锁专卖店进行,也可以自己找零售商,设立店中店或专柜直销。直销有利于减少销售环节,降低销售价格,并能及时地反馈市场信息;但也分散了工业企业的精力,增加了工业企业的投入。

(二) 代销

代销是工业生产企业将自己的经营商品委托其他中间商代理销售的方式。一般代销商不承担资金投入和销售风险,只按协议领取代销佣金。

(三) 经销

经销是一种商业企业向工业企业买断产品,开展商业经营的销售方式。零售就是主要的经销方式。

(四) 经纪销售

经纪销售是供货商与销售商利用经纪人或经纪行沟通信息,达成交易的方式。经纪方不直接管理商品,更不承担风险,只是通过为供、销双方牵线搭桥,以收取"佣金"。

(五) 联营销售

联营销售是由两个或两个以上不同经营单位按自愿互利的原则,通过一定的协议或合同,共同投资建立联营机构,联合经营某种销售业务,按投资比例或协议规定的比例分配销售效益。联销各方共同拥有商品的所有权。

另外,从销售活动的地点与方式结合看,销售可采取办事处销售、门市或门店(销售中心)销售、人员推销、会议展销、邮购式销售、电话销售、电视销售、网上销售、集市销售与流动销售等方式。

一、课业任务

以小组为单位做一次市场调研,了解在校生(南方院校)冬季使用暖手宝的情况。调查几个常见品牌在校园里的市场份额,并撰写调查报告。

二、课业目的

理解市场营销、营销组合、市场调查等概念,考查学生实际动手能力和团队合作精神。

三、课业要求

以小组(5人为宜)为单位确定调研对象和目标,设计调研计划和方案,通过现场问卷和网络二手资料两种方式获得信息,以本校和附近的一所高校为调查范围,有效问卷数量不能少于100份,分析收集到的问卷和二手资料,最后写成调研报告。时间为2周。

四、理论指导

学习并理解市场调研的内容、方法与流程等。

五、课业操作

自愿组队,每5人1组,每个小组选出一名组长。

5个小组成员要进行严密分工,各自完成自己的任务,组长负责总协调。

调查报告主要反映两所高校当年暖手宝使用现状,采取定量分析和定性分析相结合的方法进行分析,合理穿插表格和图形,最后打印提交。

六、课业评价标准

本章课业标准如表4-2所示。

表4-2 课业标准

评价项目	课业选题	理论运用	设计、分析、评价	书面表达能力
评价标准	调研目的合理,有创新选择	理论运用得当,有针对性选择	有逻辑性、创新性,评价客观,数据计算准确	语言准确,言简意赅,图文并茂,排版合理
评分比重(%)	20	30	30	20

七、课业范例

问卷格式参考"关于大学生对于购买充电宝消费情况的调查",网址为 http://www.sojump.com/m/2941342.aspx/。

本章小结

市场起源于古时人类对于固定时段或地点进行交易的场所的称呼,是指买卖双方进行交易的场所。在市场经济条件下,商品日渐丰富,市场日渐繁荣,商家竞争越来越激烈,市场也逐渐成为发现需求、创造需求的主要场所。

市场营销是在创造、沟通、传播和交换产品中,为顾客、客户、合作伙伴以及整个社会带来价值的一系列活动、过程和体系。市场营销战略是指企业在现代市场营销观念下,为实现其经营目标,对一定时期内市场营销发展的总体设想和规划。

市场营销组合是企业市场营销战略的一个重要组成部分,是指将企业可控的基本营销措施组成一个整体性活动。它包括四个可控要素:产品、渠道、价格、促销,即4P组合。后来有被演绎成4C组合和4R组合。

市场调研也叫市场调查,是指运用科学的方法,有目的地、系统地搜集、记录、整理有关市场营销信息和资料,分析市场情况,了解市场的现状及发展趋势,为市场预测和营销决策提供客观的、正确的资料。市场调研流程大致分为11个步骤。广告与公共关系是常见的企业宣传促销手段。

销售是指以售出、租赁或其他任何方式向第三方提供产品或服务的行为,包括为促进该行为进行的有关辅助活动,例如广告、促销、展览、服务等活动。或者说,销售是指实现企业生产成果的活动,是服务于客户的一场活动。

销售方式多种多样,每个企业都要从自身特点与市场竞争的实际出发,选择恰当的销售方式。从销售渠道、环节和销售的组织形式来看,销售方式有直销、代销、经销、经纪销售与联营销售等方式。

重要概念

市场　市场营销　市场经济　市场营销组合　市场调研　广告　公共关系　关系营销　销售

复习思考题

1. 解释市场、市场经济的概念,为什么说市场经济是当今社会发展的潮流?
2. 区别市场营销和销售的概念。

3. 描述市场营销组合的 4P 组合、4C 组合和 4R 组合。
4. 什么是市场调研？怎样进行一项市场调研？
5. 区别直销、代销、经销、经纪销售与联营销售等概念。
6. 如何理解关系营销？请结合现实生活中的事例进行利弊分析。

案例分析

2016 年海尔蝉联全球 8 连冠背后的 5 个引领

2017 年 1 月 10 日，世界权威市场调查机构欧睿国际（Euromonitor）正式签署发布的 2016 年全球大型家用电器调查数据报告显示：海尔大型家用电器品牌零售量占全球的 10.3%，连续 8 年蝉联全球第一。业内专家对此表示，随着以海尔为代表的中国白色家电企业在全球范围内市场份额的快速增长，全球白电产业的主导权已经完成交接，白电已经进入海尔主导时间。纵观 2016 年海尔的发展可以发现，有 5 驾马车（整体厨房、冰箱、洗衣机、冷柜和酒柜）正在带领着全球家电行业的前进步伐。

1. 发明原创家电，引领中国家电走向世界

2016 年，海尔持续颠覆，发明原创多款产品和技术，填补行业空白的同时，实现全面引领。比如，压缩机是制冷家电的"心脏"，无论冰箱、空调、酒柜制冷、制热系统都要用到压缩机。海尔无压机固态制冷酒柜，首创固态制冷技术，整机无运动部件，实现了颠覆引领。此外，"几乎不用水"的净水洗洗衣机基于"一桶洗"的原理做到水循环利用，实现节水 70%，成为全球节水技术分水岭；帝樽四代空调，首创 6 项专利自清洁技术，室内机室外机都能自清洁，保证室内空气健康的同时让空调保持高效运行等，海尔用一款款原创产品引领着全球家电的创新进程。

2. 互联互通，物联网时代智慧家庭的引领者

2016 年，海尔智慧家庭战略继续发酵，推出了全球首个多入口、全场景的智慧家庭操作系统 UHomeOS，基于 U＋云平台、大数据以及 U＋大脑，以海尔智慧家电为载体，通过底层及应用层协议打通，以及 4U 接口开放，不仅实现网器与网器的互联互通，而且实现了人与网器、网器与外部资源的互联互通、无缝对接。目前，海尔已经构建起智慧厨房、浴室、客厅等 5 大智慧生活场景，实现了智慧场景的互联互通。

3. 八大互联工厂投产，实现产销合一

互联网时代对企业最大的压力就是一定要满足用户的需求。企业应从大规模制造变成大规模定制，而大规模定制在海尔的表现就是互联工厂。10 月 27 日，海尔第 8 大互联工厂在青岛西海岸新区中德生态园正式投产，至此，海尔已经建成了包含空调、洗衣机、冰箱在内的多产品线互联工厂，完成了由大规模制造向大规模定制的转变，并将用户、研发资源、供应商和创客整合到一个共创共赢生态圈中，迅速响应用户的个性化需求。从原来为库存生产转变成为用户个性化而创造，让他们从"消费者"变成生产和消费合一的"产消者"。

4. 一个隐形互联工厂与全球十大研发中心

颠覆性爆品频频推出的背后必然有一套颠覆性的产品创生体系。海尔一直坚持"世界就是我的研发部",利用全球的资源为用户提供最佳解决方案。一方面海尔搭建起开放创新平台 HOPE,致力于打造全球最大的创新生态系统和全流程创新交互社区。另一方面还在全球建立起中国、美国、亚洲、欧洲、澳洲等十大研发中心,每个研发中心都是一个连接器和放大器,可以和当地的创新伙伴合作,形成了一个遍布全球的网络,孕育出一个个全球领先的产品。

从四入太空的航天冰箱到无压缩酒柜、几乎不用水的洗涤技术,海尔正在将用户的需求、创意转化成可以应用的技术,然后通过实体互联工厂制造出层出不穷的爆品。而 43 项国标标准、14 次国家科技进步奖,领先对手 3 倍的专利授权,专利运营收入超过对手 180 倍……这些数据也鲜明地表达了海尔创新发展的力量。

5. 六大品牌实现全球化布局

2008 年国际金融危机爆发以来,世界经济格局孕育着重大变化,经济全球化、区域一体化、全球价值链革命正在成为不可逆转的大趋势。在巨大的市场机遇下,很多企业铆足了劲要"走出去",但是国内外市场之间存在较大的文化和生活方式差异,导致消费趋势难以完全趋同。作为最早走出国门的企业之一,海尔一直始终坚持实践在海外市场本土化研发、本土化制造、本土化营销的"三位一体"的运营模式。而今年随着美国传统家电巨头 GEA 加入海尔大家庭中,海尔已经形成了以海尔、卡萨帝、GEA、斐雪派克、AQUA、统帅六大品牌为核心的全球化品牌体系,辐射范围覆盖全球五大洲。

当前,全球家电格局不断发生变化,日系企业的持续衰微,欧美白电企业和日系企业的全球市场份额不断下滑,在全球的影响力也持续减弱。事实上,作为全球最大的家电制造基地与消费市场,中国已经成为推动智能家电发展的最主要力量。而在此情况下,海尔作为全球 8 连冠的得主,将成为全球白电产业发展的主导者,领导中国企业稳住领先地位。

(资料来源:佚名.2016 年海尔蝉联全球 8 连冠背后的 5 个引领.太平洋电脑网,http://family.pconline.com.cn/876/8761719.html,2017-01-13)

思考题:

1. 结合本案解释什么是市场营销。
2. 海尔首席执行官张瑞敏曾经说过:"只有淡季的思想,没有淡季的市场。"请谈谈你对这句话的理解。
3. 互联网时代,海尔也曾经进入手机和计算机为代表的数码家电领域,但效果远远不及联想和华为,你如何看待这一现象?

第五章 组　　织

名人名言

管理就是界定企业的使命,并激励和组织人力资源去实现这个使命。界定使命是企业家的任务,而激励与组织人力资源是领导力的范畴,二者的结合就是管理。

——[美]彼得·德鲁克

学习目标

1. 理解动态的组织的含义;
2. 描述组织安排活动应遵循的原则;
3. 解释组织结构的含义及主要的类型;
4. 区别组织结构集权和分权各自的利弊;
5. 归纳不同类型组织结构的优缺点;
6. 解释商务策划的含义以及商务策划书的作用。

 懒蚂蚁

只要你稍微观察一下蚂蚁群,就能发现一些懒蚂蚁:它们无所事事、东张西望,而不像大多数蚂蚁那样忙碌地寻找、搬运食物。日本北海道大学进化生物研究小组对懒蚂蚁的活动进行了研究,结果发现在缺少懒蚂蚁的情况下,蚁群会失去寻找食物的能力,而当懒蚂蚁挺身而出时,就能迅速带领蚁群找到食物。相比之下,蚁群中的"懒蚂蚁"更重要。

这个案例启示我们,在做人员管理工作的时候,要更加重视那些注意观察市场、研究市场、分析市场、把握市场的人。在用人的时候,既要选择脚踏实地、任劳任怨的"勤蚂蚁",也要任用运筹帷幄、对大事大方向有清晰认识的"懒蚂蚁"。这些"懒蚂蚁"不被杂务缠身,可以有更多的时间思考前进的方向,想大事,想全局,想未来。

不同的蚂蚁有不同的作用,人也是这样。本章从动态的组织的含义开始,讲述组织的重要性。然后介绍组织结构的含义、构成要素、设计原则。随后讲述了常见的几种企业组织结构。最后详细介绍了与组织密切相关的另一个概念——策划方面的知识,包括策划的含义、商业策划的种类以及商业策划书的撰写。

第一节 动态的组织

一、动态的组织概念

组织一般有两种含义:一种是动词(动态的);另一种是名词(静态的)。本书第一章主要讲了静态组织的概念,本章主要讲动态的组织。它是管理的主要职能之一。

动态的组织(organizing)也叫安排(arrange)、装配(assemble)或筹备(prepare),是指有目的地、有系统地集合起来,安排分散的人或事物的过程。这种安排使组织(静态的)具有一定的系统性或整体性。

二、组织(安排)的重要性

组织活动的安排对于组织运行来说非常重要,直接决定了组织运行的效率和组织目标的实现。具体表现为以下几个方面:实现组织目标;建立权力体系和等级关系;合理利用资源,提高工作效率和质量;促进沟通,提升士气;培育团队能力。

三、组织(安排)的原则

组织安排具体活动时应遵循一些基本原则:权利和责任统一的原则;单一指令原则;

等级原则;控制范围原则;结构原则(集权或分权,高耸或扁平);部门化原则(职能、产品、客户、地域、流程)。

组织安排的运行重点是对人员的安排,即人力资源的安排,目的是保证人与人之间高度的凝聚力和团队精神。这两部分内容将放在后续章节介绍。

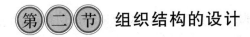 组织结构的设计

组织结构(organizational structure)是指对于工作任务如何进行分工、分组和协调合作,是表明组织各部分排列顺序、空间位置、聚散状态、联系方式以及各要素之间相互关系的一种模式,是整个管理系统的"框架"。

管理者在进行组织结构设计时,必须正确考虑6个关键因素:工作专业化、部门化、命令链、控制跨度、集权与分权、正规化。

一、工作专业化

工作专业化的实质是:一个人很难完成一项工作的全部,要分解成若干步骤,每一步骤由一个人独立去做。

工作都是通过工作专业化来完成的。管理人员认为,这是一种最有效地利用员工技能的方式。在大多数组织中,有些工作需要技能很高的员工完成,有些则不经过训练就可以做好。如果所有的员工都参与组织制造过程的每一个步骤,就要求所有的人不仅具备完成最复杂的任务所需要的技能,而且要具备完成最简单的任务所需要的技能。结果,除了从事需要较高的技能或较复杂的任务以外,员工有部分时间花费在完成低技能的工作上。由于高技能员工的报酬比低技能的员工高,而工资一般反映一个人最高的技能水平,因此,付给高技能员工高薪,却让他们做简单的工作,这无疑是对组织资源的浪费。

通过实行工作专业化,管理层还寻求提高组织在其他方面的运行效率。通过重复性的工作,员工的技能会有所提高,在改变工作任务或在工作过程中安装、拆卸工具及设备所用的时间会减少。同样重要的是,从组织角度看,实行工作专业化,有利于提高组织的培训效率。挑选并训练从事具体的、重复性工作的员工比较容易,成本也较低。对于高度精细和复杂的操作工作尤其是这样。

二、部门化

一旦通过工作专业化完成任务细分之后,就需要按照类别对它们进行分组以便使共同的工作可以进行协调。工作分类的基础是部门化(departmentalization)。

对工作活动进行分类主要是根据活动的职能。制造业的经理通过把工程、会计、制

造、人事、采购等方面的专家划分成共同的部门组织工厂。当然,根据职能进行部门的划分适用于所有的组织。只有职能的变化可以反映组织的目标和活动。一个医院的主要职能部门可能有研究部、护理部、财会部等;而一个职业足球队则可能设球员人事部、售票部门、旅行及后勤部门等。这种职能分组法的主要优点在于,把同类专家集中在一起,能够提高工作效率。职能性部门化通过把专业技术、研究方向接近的人分配到同一个部门,实现规模经济。

工作任务也可以根据组织生产的产品类型进行部门化,这样的大型部门叫事业部。例如,在太阳石油产品公司(Sun Petroleum Products)中,三大主要领域(原油、润滑油和蜡制品、化工产品)各置于一位副总裁统辖之下,这位副总裁是本领域的专家,对与他的生产线有关的一切问题负责。每一位副总裁都有自己的生产和营销部门。

这种分组方法的主要优点在于:提高产品绩效的稳定性,因为公司中与某一特定产品有关的所有活动都由同一主管指挥。如果一个组织的活动是与服务而不是产品有关,每一种服务活动就可以自然地进行分工。

还有一种事业部部门化方法,即根据地域来进行部门划分。例如,就营销工作来说,根据地域,可分为东、西、南、北 4 个区域,分片负责。实际上,每个地域是围绕这个地区而形成的一个部门。如果一个公司的顾客分布地域较宽,这种部门化方法就有其独特的价值。

过程部门化方法适用于产品的生产,也适用于顾客的服务。

最后一种部门化方法是根据顾客的类型来进行部门化。例如,一家销售办公设备的公司可下设 3 个部门:零售服务部、批发服务部、政府部门服务部。再如,比较大的法律事务所可根据其服务对象是公司还是个人分设部门。

根据顾客类型划分部门的理论假设是,每个部门的顾客存在共同的问题和要求,因此通过为他们分别配置有关专家,能够满足他们的需要。

大型组织进行部门化时,可能综合利用上述各种方法,以取得较好的效果。例如,一家大型的日本电子公司在进行部门化时,根据职能类型来组织各分部;根据生产过程组织制造部门;把销售部门分为 7 个地区的工作单位;又在每个地区根据顾客类型分为 4 个顾客小组。20 世纪 90 年代以来,为了更好地掌握顾客的需要,并有效地对顾客需要的变化作出反应,许多组织更多地强调以顾客为基础划分部门。

三、命令链

命令链是组织设计的基石,但今天它的重要性大大降低。不过在决定如何更好地设计组织结构时,管理者仍需考虑命令链。

命令链(chain of command)是一种不间断的权力路线,从组织最高层扩展到最基层,澄清谁向谁报告工作。它能够回答员工提出的这种问题:"我有问题时,去找谁?""我对谁负责?"

在讨论命令链之前,应先讨论两个辅助性概念:权威和命令统一性。权威(authority)是指管理职位所固有的发布命令并期望命令被执行的权力。为了促进协作,每个管理职位在命令链中都有自己的位置,每位管理者为完成自己的职责任务,都要被授予一定的权威。命令统一性(unity of command)原则有助于保持权威链条的连续性。它意味着一个人应该对一个主管,且只对一个主管直接负责。如果命令链的统一性遭到破坏,一个下属可能就不得不穷于应付多个主管不同命令之间的冲突或优先次序的选择。

时代在变化,组织设计的基本原则也在变化。随着计算机技术的发展和给下属充分授权的潮流的冲击,命令链、权威、命令统一性等概念的重要性大大降低。比如生产线上的一名工人有权检查核对货物运送情况,安排自己的工作负荷,并经常从事以前属于管理人员领域的工作。

随着计算机技术的发展,一个基层雇员能在几秒钟内得到以前只有高层管理人员才能得到的信息,日益使组织中任何位置的员工都能同任何人进行交流,而不需通过正式渠道。而且,权威的概念和命令链的维持越来越无关紧要,因为原本只能由管理层作出的决策,授权给了操作员工自己作决策。除此之外,随着自我管理团队、多功能团队和包含多个上司的新型组织设计思想的盛行,命令统一性的概念越来越无关紧要。当然,有许多组织仍然认为通过强化命令链可以使组织的生产率最高,但今天这种组织越来越少了。

四、控制跨度

一个主管可以有效地指导多少个下属?这种有关控制跨度(span of control)的问题非常重要,因为在很大程度上,它决定组织要设置多少层次,配备多少管理人员。在其他条件相同时,控制跨度越宽,组织效率越高,这一点可以举例证明。

假设有两个组织,基层操作员工都是4096名,如果一个控制跨度为4,另一个为8,那么控制跨度宽的组织比控制跨度窄的组织在管理层次上少2层,可以少配备800人左右的管理人员。如果每名管理人员年均薪水为40000美元,则控制跨度宽的组织每年在管理人员薪水上就可省3200万美元。显然,在成本方面,控制跨度宽的组织效率更高。但是,在某些方面宽跨度可能会降低组织的有效性。也就是说,如果控制跨度过宽,由于主管人员没有足够的时间为下属提供必要的领导和支持,员工的绩效会受到不良影响。

控制跨度窄也有好处,把控制跨度保持在5~6人,管理者就可以对员工实行严密的控制。但控制跨度窄主要有3个缺点:①正如前面所指出的,管理层次会因此而增多,管理成本会大大增加;②使组织的垂直沟通更加复杂,管理层次增多也会减慢决策速度,并使高层管理人员趋于孤立;③控制跨度过窄易造成对下属监督过严,妨碍下属的自主性。

近几年的趋势是加宽控制跨度。例如,在通用电气公司和雷诺金属公司这样的大公司中,控制跨度已达10~12人,是15年前的2倍。汤姆·斯密斯是卡伯利恩公司

(Carboline Co.)的一名地区经理,直接管辖 27 人,如果是在 20 年前,处于他这种职位的人,通常只有 12 名下属。

加宽控制跨度,与各个公司努力降低成本、削减企业一般管理费用、加速决策过程、增加灵活性、缩短与顾客的距离、授权给下属等的趋势是一致的。但是,为避免因控制跨度加宽而使员工绩效降低,各公司都大大加强了员工培训的力度和投入。管理人员已认识到,当下属充分了解工作后,或者有问题能够从同事那得到帮助时,他们就可以驾驭宽跨度的控制问题。

五、集权与分权

在有些组织中,高层管理者制定所有的决策,低层管理人员只管执行高层管理者的指示。另一种极端情况是,组织把决策权下放到最基层管理人员手中。前者是高度集权式的组织,而后者则是高度分权式的,如图 5-1 所示。

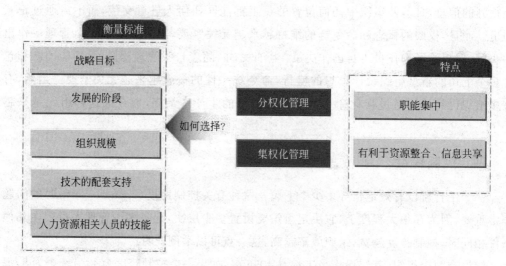

图 5-1 集权与分权示例

集权化(centralization)是指组织中的决策权集中于一点的程度。这个概念只包括正式权威,也就是说,某个位置固有的权力。一般来讲,如果组织的高层管理者不考虑或很少考虑基层人员的意见就决定组织的主要事宜,则这个组织的集权化程度较高。相反,基层人员参与程度越高,或他们能够自主地作出决策,组织的分权化(decentralization)程度就越高。

集权式与分权式组织在本质上是不同的。在分权式组织中,采取行动、解决问题的速度较快,更多的人为决策提供建议,所以,员工与那些能够影响他们的工作生活的决策者隔膜较少,或几乎没有。

企业所必须制定的主要战略决策与组织结构的集权或分权程度有关。这通常取决于企业所处的特殊行业、环境和采用的技术。

集权式组织的优点主要有以下几个方面：①易于协调各职能间的决策；②对报告线的形式进行了规范，比如利用管理账户；③能与企业的目标达成一致；④危急情况下能进行快速决策；⑤有助于实现规模经济；⑥这种结构比较适用于由外部机构（比如专业的非营利性企业）实施密切监控的企业，因为所有的决策都能得以协调。

与此同时，集权式组织的缺点也是比较突出的，主要有以下几个方面：①高级管理层可能不会重视个别部门的不同要求；②由于决策时需要通过集权职能的所有层级向上汇报，因此决策时间过长；③对级别较低的管理者而言，其职业发展有限。

分权式决策的趋势比较突出，这与使组织更加灵活和主动地作出反应的管理思想是一致的。在大公司中，基层管理人员更贴近生产实际，对有关问题的了解比高层管理者更翔实。因此，像西尔斯和盘尼(J.C. Penny)这样的大型零售公司，在库存货物的选择上，就对他们的商店管理人员授予了较大的决策权。这使他们的商店可以更有效地与当地商店展开竞争。与之相似，蒙特利尔银行把它在加拿大的1164家分行组合成236个社区，即在一个有限地域内的一组分行，每个社区设一名经理，他在自己所辖各行之间可以自由巡视，各个分行之间最长距离不过20分钟的路程。他对自己辖区内的问题反应远远快于公司总部的高级主管，处理方式也会更得当。IBM的欧洲总监瑞纳托·瑞沃索采取类似的办法把欧洲大陆的公司分成200个独立自主的商业单位，每个单位都有自己的利润目标、员工激励方式、重点顾客。"以前我们习惯于自上而下的管理，像在军队中一样。"瑞沃索说，"现在，我们尽力使员工学会自我管理。"

六、正规化

正规化(formalization)是指组织中的工作实行标准化的程度。如果一种工作的正规化程度较高，就意味着做这项工作的人对工作内容、工作时间、工作手段没有多大自主权。人们总是期望员工以同样的方式投入工作，能够保证稳定一致的产出结果。在高度正规化的组织中，有明确的工作说明书，有繁杂的组织规章制度，对于工作过程有详尽的规定。而正规化程度较低的工作，相对来说，工作执行者和日程安排就不是那么僵硬，员工对自己工作的处理许可权就比较宽。由于个人许可权与组织对员工行为的规定成反比，因此工作标准化程度越高，员工决定自己工作方式的权力就越小。工作标准化不仅减少了员工选择工作行为的可能性，而且使员工无须考虑其他行为选择。

组织之间或组织内部不同工作之间正规化程度差别很大。一种极端情况是，众所周知，某些工作正规化程度很低，如大学书商（向大学教授推销公司新书的出版商代理人）工作自由许可权就比较大，他们的推销用语不要求标准划一。在行为约束上，不过就是每周交一次推销报告，并对新书出版提出建议。另一种极端情况是，那些处于同一出版公司的职员与编辑位置的人。他们上午8点要准时上班，否则会被扣掉半小时工资，而且，他们必须遵守管理人员制定的一系列详尽的规章制度。

第三节 组织结构的类型

一、直线制组织结构

直线制是一种最早也是最简单的组织结构,如图5-2所示。它的特点是企业各级行政单位从上到下实行垂直领导,下属部门只接受一个上级的指令,各级主管负责人对所属单位的一切问题负责。厂部不另设职能机构(可设职能人员协助主管人工作),一切管理职能基本上都由行政主管亲自执行。

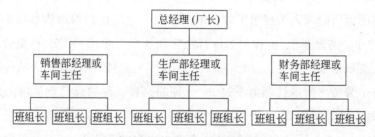

图5-2 直线制组织结构

直线制组织结构的优点是结构比较简单、责任分明、命令统一,缺点是要求行政负责人通晓多种知识和技能,亲自处理各种业务。在业务比较复杂、企业规模比较大的情况下,把所有管理职能都集中到最高主管一人身上,显然是难以胜任的。因此,直线制只适用于规模较小、生产技术比较简单的企业,对生产技术和经营管理比较复杂的企业并不适宜。

二、职能制组织结构

职能制组织结构是指各级行政单位除主管负责人外,还相应地设立一些职能机构,如在厂长下面设立职能机构和人员,协助厂长从事职能管理工作,如图5-3所示。

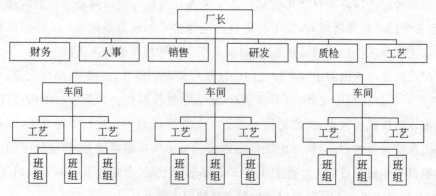

图5-3 职能制组织结构

职能制结构要求行政主管把相应的管理职责和权力交给相关的职能机构,各职能机构有权在自己业务范围内向下级行政单位发号施令。因此,下级行政负责人除了接受上级行政主管人指挥外,还必须接受上级各职能机构的领导。

职能制组织结构的优点是能适应现代化工业企业生产技术比较复杂,管理工作比较精细的特点;能充分发挥职能机构的专业管理作用,减轻直线领导人员的工作负担。但缺点也很明显:它妨碍了必要的集中领导和统一指挥,形成了多头领导;不利于建立和健全各级行政负责人和职能科室的责任制,在中间管理层往往会出现有功大家抢、有过大家推的现象;另外,在上级行政领导和职能机构的指导和命令发生矛盾时,下级就无所适从,影响工作的正常进行,容易造成纪律松弛,生产管理秩序混乱。由于这种组织结构存在明显的缺陷,现代企业一般都不采用职能制。

三、事业部制组织结构

事业部制组织结构最早是由美国通用汽车公司总裁斯隆于1924年提出的,故有"斯隆模型"之称,也叫"联邦分权化",是一种高度(层)集权下的分权管理体制,如图5-4所示。

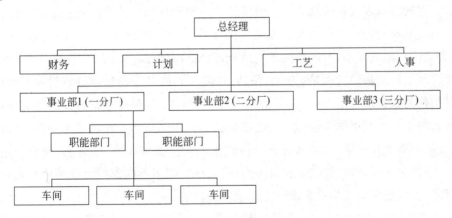

图 5-4　事业部制组织结构

事业部制组织结构适用于规模庞大、品种繁多、技术复杂的大型企业,是国外较大的联合公司所采用的一种组织形式。近几年,中国一些大型企业集团或公司也引进了这种组织结构形式。事业部制是分级管理、分级核算、自负盈亏的一种形式,即一个公司按地区或按产品类别分成若干个事业部,从产品设计、原料采购、成本核算、产品制造,一直到产品销售,均由事业部及所属工厂负责,实行单独核算,独立经营。公司总部只保留人事决策、预算控制和监督大权,并通过利润等指标对事业部进行控制。也有的事业部只负责指挥和组织生产,不负责采购和销售,实行生产和供销分立,但这种事业部正在被产品事业部所取代。还有的事业部按区域划分。

四、矩阵制组织结构

在组织结构上,把既有按职能划分的垂直领导系统,又有按产品(项目)划分的横向领导关系的结构,称为矩阵制组织结构,如图 5-5 所示。

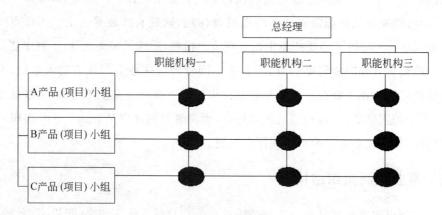

图 5-5　矩阵制组织结构

矩阵制组织结构是为改进直线职能制横向联系差、缺乏弹性的缺点而形成的一种组织形式。它的特点表现在围绕某项专门任务成立跨职能部门的专门机构上,例如组成一个专门的产品(项目)小组从事新产品的开发工作,在研究、设计、试验、制造各个不同阶段,由有关部门派人参加,力图做到条块结合,以协调有关部门的活动,保证任务的完成。

矩阵制组织结构的优点是:机动、灵活,可随项目的开发与结束进行组织或解散;由于这种结构是根据项目组织的,任务清楚,目的明确,各方面有专长的人都是有备而来,因此在新的工作小组里能沟通、融合,能把自己的工作同整体工作联系在一起,为攻克难关,解决问题而献计献策,由于从各方面抽调来的人员有信任感、荣誉感,使他们增加了责任感,激发了工作热情,促进了项目的实现;它还加强了不同部门之间的配合和信息交流,克服了直线制组织结构中各部门互相脱节的现象。

矩阵制组织结构的缺点是:项目负责人的责任大于权力,因为参加项目的人员都来自不同部门,隶属关系仍在原单位,只是为"会战"而来,所以项目负责人对他们管理困难,没有足够的激励手段与惩治手段,这种人员上的双重管理是矩阵结构的先天缺陷;由于项目组成人员来自各个职能部门,当任务完成以后,仍要回原单位,因而容易产生临时观念,对工作有一定影响。

矩阵结构适用于一些重大攻关项目。企业可用来完成涉及面广的、临时性的、复杂的重大工程项目或管理改革任务。特别适用于以开发与实验为主的单位,例如科学研究,尤其是应用性研究单位等。

五、其他类型结构

根据组织结构的层次多少,可分为扁平结构和高耸结构。最扁平的组织结构叫作比萨结构。

根据组织对各部门单位控制的力量大小,可分为松散结构和紧密结构。

根据组织权力的大小,可分为集权结构和分权结构。

还有一种特殊的组织机构叫虚拟结构,是指组织各个部门或单位通过互联网联系在一起形成的组织框架,如网络购物平台、电子银行等,如图5-6所示。

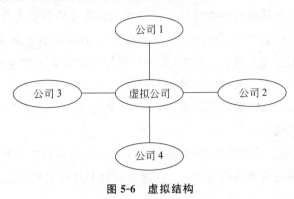

图 5-6　虚拟结构

第四节　商务策划

一、策划的含义

策划也叫企划,是指个人、企业、组织结构为达到一定的目的,充分调查市场环境及相关联的环境的基础之上,遵循一定的方法或者规则,对未来即将发生的事情进行系统、周密、科学的预测,并制订科学的可行性的方案。在现代生活中,策划常用于形容做一件事的计划,或是一种职位的名称,如营销策划师、首席广告策划等。

策划从动态角度讲就是做策划的过程。策划和规划有些类似,但区别是策划多数情况下指的是短期的、具体的活动或者是临时项目的计划,如商务策划、会展策划、房地产策划、婚庆策划等。从这个角度讲,策划带有安排或组织的含义。但策划和组织仍不能等同。组织强调的是安排、组合、配置,不强调执行细节和目标的实现,而策划既强调计划又强调执行和完成,因此,策划是具体的计划和执行。

企业的规划和组织是复杂的管理活动,而具体事务的计划和执行往往是统一安排、组织的。从事这类事务的过程就属于策划的范畴,如企业参加或举办一个展销会,为期只有几天,不需要复杂的研究表决和评估,只要报个方案,说明展会的意义、经费预算、如何操作、安全有保障就可以。这种对计划和执行的安排就属于策划活动。

二、商务策划的含义

商务策划是以获得社会交换中的更多优势和利益为目标,通过创造性思维的有效整合,形成完整执行方案的过程。

商务策划一词是著名学者、现代策划理论奠基人史宪文教授于1996年在其专著《商务策划》一书中首次提出的。1998年成立的WBSA(World Business Strategist Association)被翻译为"世界商务策划师联合会","商务策划"从此成为世界性学术概念。

商务策划的学术概念很多,最为权威的是WBSA核心课教程中的定义:经济组织为了获得必要的竞争优势或最佳生存环境而采取的创新性或精密型决策思维方式。

商务策划是执行性强的活动和岗位,这方面人才的需求越来越大。商务策划与外语、计算机、驾驶三项技能并列为人生的"第四项修炼",对提高大学生就业竞争力作用十分明显。商务策划从本质上来说是一种创新型的思维活动,从商战进入高校说明策划科学已经形成。2006年3月,经教育部批准,第一个商务策划管理本科专业在重庆工商大学商务策划学院正式设置。

根据新经济、新职业的发展趋势,商务策划专业应当着重培养学生的三个能力:①以已有思维成果为基础的决策理解能力;②以理论模型为基础的思维嫁接能力;③以创意方法为基础的决策创新能力。

商务策划的四大特征:①一定的虚构性;②相对的新颖性或精密性;③相对的超前性;④可操作性。

商务策划的五大原则:①利益主导原则;②创意创新原则;③整体策划原则;④客观可行原则;⑤随机制宜原则。

三、商务策划的运用领域

商务策划在市场经济环境下的应用领域非常广泛,以为策划主体创造更多利益和优势为目标,而商务策划的主体主要包括社会经济生活中的组织和个人。

以个人为主体的商务策划,主要领域有生涯策划、职场升迁策划、项目策划其至婚礼策划等。

按照WBSA的理论,企业策划一般划分为五大领域:①战略策划;②生态策划;③融资策划;④管理策划;⑤营销策划。

五大领域下分25个分领域,再下分113个支领域。

企业专题策划包括:①广告策划;②品牌策划;③市场定位策划;④销售渠道策划;⑤市场推广策划;⑥产品促销策划;⑦企业公关策划;⑧企业形象策划;⑨企业文化策划;⑩企业重组策划。

其他商业策划,如旅游策划、会展策划、婚庆策划等。

四、商务策划书

商务策划书(business plan)又称商业策划书、商业计划书,是为一个商业发展计划而做的书面文件。一般商业策划书都是以投资人或相关利益载体为目标阅读者,从而说服他们进行投资或合作。

商业计划书是一份全方位的项目计划。它从企业内部的人员、制度、管理以及企业的产品、营销、市场等各个方面对即将展开的商业项目进行可行性分析。商业计划书是企业融资成功的重要因素之一,商业计划书还可以帮助企业有计划地开展商业活动,增加成功概率。

商业计划书的基本内容如下。

(一) 项目简介

一页纸的"项目简介"是商业计划书中最重要、最挑战文笔的内容。好比电视广告,如果不能在10秒钟内引起观众兴趣,观众就会按遥控器换频道。

虽然"项目简介"像是商业计划书的"迷你版",但它并非要包含商业计划书的每一个方面。

用一句话清晰地描述商业模式,即产品或服务。

用一句话明确表述为什么你的创新及时解决了用户的问题,填补了市场的空缺。

用一句话(包括具体数字)描述巨大的市场规模和潜在的远景。

用一句话概括竞争优势。

用一句话形容你和你的团队是一个"成功组合"。

用一句话(包括具体数字和时间)概述你将如何在最短时间内让投资人赚翻。

用一句话陈述你希望融多少钱,主要用来干什么。

(二) 产品和服务

产品和服务是你的商业模式,也是将来公司赚钱的依据?

别说什么"我们要成为中国最大的……",也别说自己是"最好的……",最忌讳空洞的语言,要具体数字说话。

这部分主要论述:产品和服务的描述;客户利益;科技。

(三) 开发市场

市场可以从三个方面看:宏观的市场;微观的市场;自己的市场。

对于宏观的市场,如果你所能得到的宏观市场数据是从互联网上下载的免费报告,这一类的信息的使用要适可而止,因为风险投资人也都在浏览互联网。重要的是与你的产品直接相关的市场数据,即你的微观市场、你力所能及的市场,这些数据越详细越好。如果没有这些数据,就购买专业机构的相关报告。即使你没有这些数据,投资人也会自己去找的。

然后,要说明你如何行之有效地做市场,别斗胆说你需要1000万元做媒体广告建立企业品牌……初创公司是没钱玩那些奢侈游戏的。不如说"我们已经和海尔达成意向,通过他们的渠道进行捆绑在全国推广……"。

(四) 竞争情况分析(详见第十四章)

任何一家公司都有竞争对手。例如,你研发了一种全新的节能空调,风险投资人就会去行业大佬那里打听,看看海尔是不是有同类产品,或者问问海尔为什么自己不研发这类产品,再让海尔谈谈对这类产品的看法和观点……

如果竞争对手也是创业公司,你应该做得比他们更好。只要你的产品比竞争对手更先进,投资者会支持你,到时候也许投资者把对手给收购了,这就解决了竞争的问题。

(五)团队成员

团队中每个人的工作经历都是重要的内容,要是团队成员在大公司如 Google、微软工作过,那也是加分项。

如果你既没有进过名牌大学,也没有在大公司工作过,千万不要失落。你最好不要含糊其词说"我经验丰富,曾在某某公司工作……"。你可以具体挖掘一下你的真实才能,你是学习什么专业的,曾在公司里担任什么职务,做过哪些项目……团队是风险投资人重点关注的内容。除了包装自己外,别忘了把团队成员也详细介绍。

(六)收入

创建公司就像盖一座高楼,什么时候地基落成、什么时候封顶、什么时候交钥匙都是工程中的关键节点。

对于早期的创业公司来说,投资者最关心的是什么时候公司的产品能够顺利通过各种测试推向市场?什么时候公司账上开始有收入进来?什么时候公司达到盈亏平衡?

当然,盈亏平衡并不是投资者的最终目的。但是,公司收支打平了,投资者就有信心给你更多的钱去扩大规模,进一步发展。创业者们应该明白,无论你创立什么样的公司,越早实现盈亏平衡越好。一个公司开始有收入了,说明公司的产品有市场价值;一个公司盈亏平衡了,说明是有盈利潜力的。只有具有盈利能力的公司,才是真正有价值的公司,才会有更多的投资者青睐。

(七)财务计划

财务预测是商业计划书中最重要的部分之一。通常风险投资人对有兴趣的项目一定会要求详细的财务介绍。记住至少做 3 年的财务计划,最好做 5 年,把重点放在第一年。内容包括一些重要假设、利润表、资产负债表、盈亏平衡分析、预期利润、预期现金流、业务比率、保险要求等。

一、课业任务

假定你要在校内开一间图文社,为同学们提供打印、复印、制图、装订论文等服务。校外附近已经有一家类似的图文社,但收费太贵。你现在需要说服校领导提供一处场地以及购买设备的借款,据此写一份商务策划书。

二、课业目的

理解、巩固所学的知识,练习商务策划书的撰写方法。

三、课业要求

收集资料,按照规定格式写成书面资料。

四、理论指导

学习并理解商业策划书的内容及写作要求。

五、课业操作

个人作业,打印提交。

六、课业评价标准

本章课业标准如表 5-1 所示。

表 5-1 课业标准

评价项目	项目基本情况	主要管理者、工作人员介绍	服务描述(服务内容、基本定价)	行业及市场调研	客户定位	存货管理制度	周转金使用计划和还款计划	通篇文字整合能力
评价标准	描述清楚,言简意赅,要素齐全	定位合理,分工明确	产品类型,定价原理	调查数据,数据分析,结论分析	定位原理,针对性分析	管理制度,安全措施,成本控制方法	资金规模,详细计划	术语使用准确,语言表达专业,文献引用得当,段落合理,布局图文并茂
评分比重(%)	10	10	15	15	15	15	10	10

七、课业范例

商业计划书的通用格式包括以下内容。

(1)项目基本情况。

(2)主要管理者、工作人员介绍。

(3)服务描述(服务内容、基本定价)。

(4)行业及市场调研。

(5)服务范围。

(6)内部管理制度。

(7) 借款使用计划和还款计划。

(8) 附件。

动态的组织也叫安排、装配或筹备,是指有目的地、有系统地集合起来,安排分散的人或事物的过程。组织活动的安排对于组织运行非常重要,直接决定了组织运行的效率和组织目标的实现。

组织结构是指对于工作任务如何进行分工、分组和协调合作,是表明组织各部分排列顺序、空间位置、聚散状态、联系方式以及各要素之间相互关系的一种模式,是整个管理系统的"框架"。

管理者在进行组织结构设计时,必须正确考虑6个关键因素:工作专业化、部门化、命令链、控制跨度、集权与分权、正规化。组织结构类型主要有直线制组织结构、职能制组织结构、事业部制组织结构、矩阵制组织结构、虚拟结构等。

商务策划是以获得社会交换中的更多优势和利益为目标,通过创造性思维的有效整合,形成完整执行方案的过程。

商业策划书也称作商业计划书,是指为一个商业发展计划而做的书面文件。一般商业策划书都是以投资人或相关利益载体为目标阅读者,从而说服他们进行投资或合作。

动态的组织　组织结构　命令链　事业部制组织结构　矩阵制组织结构　虚拟结构　商务策划　商业策划书

复习思考题

1. 分别解释静态的组织和动态的组织的含义。
2. 组织安排活动应遵循的原则有哪些?
3. 画表格比较主要组织结构的含义、优缺点及主要的适用范围。
4. 组织结构集权和分权的利弊有哪些?
5. 画出不同类型的组织结构图。
6. 计划、策划、筹备有什么不同的含义?它们之间有什么联系?
7. 商务策划的含义是什么?商务策划书的作用有哪些?
8. 简述商务策划的具体过程。

案例分析

苹果公司的组织结构演变

在乔布斯的时代,乔布斯像太阳神一样让员工围着他转。苹果公司的组织结构实际上是职能化+区域式的组织结构,如图5-7所示。

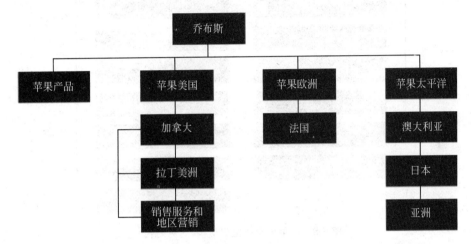

图5-7 苹果公司的区域组织结构(乔布斯时代)

之所以苹果公司能采取并适应这种组织结构,主要原因有三点:①满足批量生产产品的需要;②适应高层(乔布斯)的个人领导风格;③能创造出一种稳定且特定的环境。

苹果公司的组织结构是公司成功创新的因素之一。一个公司的组织结构可以为业务增长创造机会。然而,它也可以限制公司的发展。在苹果的案例中,组织结构主要是传统的层次结构,并包含其他组织结构的一些关键元素。该公司的成功与创新和史蒂夫·乔布斯的领导有关,其组织结构确保对此类领导的支持。

现在,在蒂姆·库克的带领下,苹果在组织结构上做了一些微小的改变,以适应市场和行业的需求。

库克保留了乔布斯传统的层次结构,但是开始向下进行授权,以鼓励不同层次的创新和创造力,如图5-8所示。现在公司的不同部门之间有了更多的合作,比如软件团队和硬件团队。苹果公司的副总裁也开始拥有更多的自主权,但库克依然扮演的还是那个"太阳神"的角色。

库克在组织结构上的另一个改变是基于苹果产品来进行组织划分。它是从组织结构的分区类型中派生出来的元素。在高级副总裁以下,有许多不同产品的副总裁。例如,苹果有iOS应用的副总裁、iPad的副总裁以及消费者应用的副总裁。组织结构的这一变化使苹果能够解决特定的产品方面的问题。

不管是乔布斯时代,还是库克时代,苹果公司的组织结构的优势在于使企业高层领

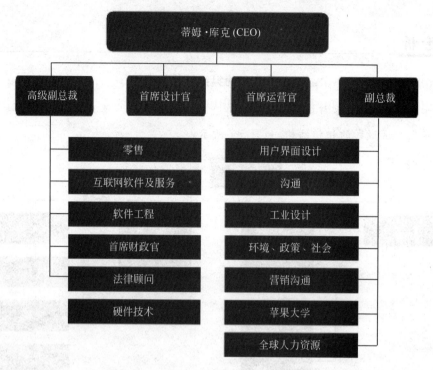

图 5-8 苹果公司的组织结构(库克时代)

导对于公司有着强大的控制能力,确保公司的领导人能掌握组织中的一切。但是这样的组织结构也有着严重的不足,就是缺乏灵活性,过于僵硬的组织无法快速响应市场和客户的需求。

(资料来源:佚名.美国苹果公司组织结构演变:从乔布斯到库克.HR案例网,http://www.hrsee.com/?id=648,2018-2-1)

思考题:
1. 苹果这家大公司的组织结构为什么比较简单?
2. 分别评价乔布斯时代和库克时代苹果公司组织机构的优缺点。

第六章　人力资源管理

名人名言

受过良好教育的职员未必可以让组织变得更聪明。

——[美] 约瑟夫·H.波耶特 & 吉米·T.波耶特

学习目标

1. 理解并区别人力资源、员工、人力资源管理、员工管理等概念；

2. 区别人事管理和人力资源管理；

3. 描述人力资源管理的特征；

4. 描述人力资源管理的六方面主要内容；

5. 分析员工的双重角色及其对人力资源管理的重要性；

6. 比较物质激励和精神激励。

 年终奖

临近春节,各种年终奖PK层出不穷,除送房子、送手机等,自然也少不了各种奇葩年终奖。某日,广州一家移动互联网公司的老板以及高管们甚至为员工送出了"亲手为员工洗脚"的年终奖。说实话,跟媒体报道过的那些奇葩年终奖相比,给员工洗脚算不上最奇葩。不过,与别的奇葩年终奖不同,洗脚只是这位老板送出的额外奖励,人家的年终奖金照常发放,其中优秀员工的年终奖金达6万元人民币。这才是"洗脚年终奖"与其他奇葩年终奖最大的不同。正因为奖金照发,才使奇葩的"洗脚年终奖"有了暖意,让老板的行为显得更加真诚,也更能增进员工与老板之间的感情。

本章从人力资源的含义出发,比较了几个与人力资源相关的概念,然后阐述人力资源管理的特征和重要性,详细介绍人力资源管理的六方面内容,最后初步介绍了对员工激励的不同方式。

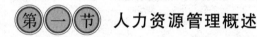 人力资源管理概述

一、人力资源的含义

人力资源(human resources,HR)是指在一个国家或地区中,处于劳动年龄、未到劳动年龄和超过劳动年龄但具有劳动能力的人口之和。也可以理解为一个国家或地区的总人口中减去丧失劳动能力的人口之后的人口。人力资源也是指一定时期内组织中的人所拥有的能够被企业所用,且对价值创造起贡献作用的教育、能力、技能、经验、体力等的总称。狭义讲就是组织单位独立的经营团体所需人员具备的能力(资源),即组织所拥有的用以制造产品和提供服务的人力。

经济学把为创造物质财富而投入于生产活动中的一切要素通称为资源,包括人力资源、物力资源、财力资源、信息资源、时间资源等。其中,人力资源是一切资源中最宝贵的资源,是第一资源。人力资源包括数量和质量两个方面。

通常来说,人力资源的数量是指具有劳动能力的人口数量,其质量是指经济活动人口具有的体质、文化知识和劳动技能水平。一定数量的人力资源是社会生产的必要的先决条件。一般来说,充足的人力资源有利于生产的发展,但其数量要与物质资料的生产相适应,若超过物质资料的生产,不仅会消耗大量新增的产品,且多余的人力也无法就业,对社会经济的发展反而产生不利影响。经济发展主要靠经济活动人口素质的提高,随着生产中广泛应用现代科学技术,人力资源的质量在经济发展中将起着越来越重要的

作用。

具有劳动能力的人,不是泛指一切具有一定的脑力和体力的人,而是指能独立参加社会劳动、推动整个经济和社会发展的人。所以,人力资源既包括劳动年龄内具有劳动能力的人口,也包括劳动年龄外参加社会劳动的人口。

各国社会经济条件不同,劳动年龄的规定不尽相同。一般国家把劳动年龄的下限规定为15岁,上限规定为64岁。我国招收员工规定一般要年满16周岁,员工退休年龄规定男性为60周岁(到60岁退休,不包括60岁),女性为55周岁(不包括55岁),所以我国劳动年龄区间应该为男性16~59岁,女性16~54岁。

人力资源不同于人口资源和人才资源。人口资源是指一个国家或地区所拥有的人口的总量,它是一个最基本的底数,一切人力资源机构、人才资源皆产生于这个最基本的人口资源,主要表现为人口的数量。人才资源是指一个国家或地区中具有较多科学知识、较强劳动技能,在价值创造过程中起关键或重要作用的那部分人。人才资源是人力资源的一部分,即优质的人力资源。

二、人力资源管理的含义与特征

(一) 人力资源管理的含义

人力资源管理(human resource management,HRM)是指根据企业发展战略的要求,有计划地对人力资源进行合理配置。通过对企业中员工的招聘、培训、使用、考核、激励、调整等一系列过程,调动员工的积极性,发挥员工的潜能,为企业创造价值,给企业带来效益,确保企业实现战略目标。

(二) 人力资源管理的特征

人力资源的特殊性决定了人力资源管理具有以下特征。

1. 人本特征

人力资源管理采取人本取向,始终贯彻员工是组织的宝贵财富的主题,强调对人的关心、爱护,把人真正作为资源加以保护、利用和开发。

2. 专业性与实践性

人力资源管理是组织的最重要的管理职能之一,具有较高的专业性,从小公司的多面手到大公司的人力资源专家及高层人力资源领导,都有着很细的专业分工和深入的专业知识。人力资源管理是组织管理的基本实践活动,旨在实现组织目标的主要活动,表现其高度的应用性。

3. 双赢性与互惠性

人力资源管理采取互惠取向,强调管理应该是获取组织的绩效和员工的满意感与成长的双重结果;强调组织和员工之间的"共同利益",并重视发掘员工更大的主动性和责任感。

4. 战略性与全面性

人力资源管理聚焦于组织管理中为组织创造财富、创造竞争优势的人员的管理上，即以员工为基础，以知识员工为中心和导向，是在组织最高层进行的一种决策性、战略性管理。人力资源管理是对于全部人员的全面活动和招聘、任用、培训、发展的全过程的管理。只要有人参与的活动与地方，就要进行人力资源管理。

5. 理论基础的学科交叉性

人力资源管理采取科学取向，重视跨学科的理论基础和指导，包括管理学、心理学、经济学、法学、社会学等多个学科，因此现代人力资源管理对专业人员的专业素质提出了更高的要求。

6. 系统性与整体性

人力资源管理采取系统取向，强调整体对待人和组织，兼顾组织的技术系统和社会心理系统；强调运作的整体性，一方面是人力资源管理各项职能之间具有一致性；另一方面是与组织中其他战略相配合，依靠和支持整个组织的战略和管理。

三、人力资源管理和人事管理的区别

现代人力资源管理，深受经济竞争环境、技术发展环境和国家法律及政府政策的影响。它作为近几十年出现的一个崭新的和重要的管理学领域，远远超出了传统人事管理的范畴。

具体来说，人力资源管理和人事管理存在以下一些区别。

（1）传统人事管理的特点是以"事"为中心，只见"事"，不见"人"，只见某一方面，而不见人与事的整体、系统性，强调"事"的单一方面的静态的控制和管理，其管理的形式和目的是"控制人"。而现代人力资源管理以"人"为核心，强调一种动态的、心理、意识的调节和开发，管理的根本出发点是"着眼于人"，其管理归结于人与事的系统优化，使企业取得最佳的社会和经济效益。

（2）传统人事管理把人设为一种成本，将人当作一种"工具"，注重的是投入、使用和控制。而现代人力资源管理把人作为一种"资源"，注重产出和开发。有学者认为，21世纪的管理哲学是"只有真正解放了被管理者，才能最终解放管理者自己"。

（3）传统人事管理是某一职能部门单独使用的工具，似乎与其他职能部门关系不大。而现代人力资源管理却与此截然不同。实施人力资源管理职能的各组织中的人事部门逐渐成为决策部门的重要伙伴，从而提高了人事部门在决策中的地位。人力资源管理涉及企业的每一个管理者，现代管理人员应该明确，他们既是部门的业务经理，也是这个部门的人力资源经理。人力资源管理部门的主要职责在于制定人力资源规划、开发政策，侧重于人的潜能开发和培训，同时培训其他职能经理或管理者，提高他们对人的管理水平和素质。所以说，企业的每一个管理者，不但要完成企业的生产、销售目标，还要培养一支为实现企业组织目标能够打硬仗的员工队伍。

四、人力资源政策

（一）国家层面的人力资源政策

国家层面的人力资源政策是指国家层面的人力资源管理规定和法规条文的制定和执行等活动的总称，服务于宏观的人力资源管理。它是对社会整体的人力资源的计划、组织、控制，从而调整和改善人力资源状况，使之适应社会再生产的要求，保证社会经济的运行和发展。

人力资源不仅是企业的资源，也是一个国家或地区的战略资源。国家层面的人力资源政策和法规既是国家或地区的关于人力资源管理的基本保证，又是着眼于未来国家和民族强盛的基本战略。

（二）企业层面的人力资源政策

企业层面的人力资源政策是企业为实现目标而制定的有关人力资源的获取、开发、保持和利用的政策规定，服务于微观的人力资源管理。它是通过对企业事业组织的人和事的管理，处理人与人之间的关系、人与事的配合，充分发挥人的潜能，并对人的各种活动予以计划、组织、指挥和控制，以实现组织的目标的一系列制度和规定。

五、战略性人力资源管理

人力资源管理伴随未来组织的网络化、灵活化、多元化和全球化趋势，在管理目标、管理职能、管理技术以及对管理人员的要求方面将会发生新的变化。在管理目标方面，未来的人力资源管理是战略性人力资源管理。

战略性人力资源管理，即围绕企业的战略目标而进行的人力资源管理。人力资源管理开始进入企业决策层，人力资源管理的规划和策略与企业经营战略相契合，不仅使人力资源管理的优势得以充分发挥，更给企业的整个管理注入新的生机和活力。

战略性人力资源管理的特点主要体现在以下几个方面。

（1）在管理理念上，认为人力资源是一切资源中最宝贵的资源，经过开发的人力资源可以升值增值，能给企业带来巨大的利润。

（2）在管理内容上，重点是开发人的潜能，激发人的活力，使员工能积极、主动、创造性地开展工作。

（3）在管理形式上，强调整体开发，要根据企业目标和个人状况，为员工做好职业生涯设计，不断培训，不断调整职位，充分发挥个人才能。

（4）在管理方式上，采取人性化管理，考虑人的情感、自尊与价值。

（5）在管理手段上，在人力资源信息系统等方面均由计算机自动生成结果，及时准确地提供决策依据。

（6）在管理层次上，人力资源管理部门处于决策层，直接参与企业的计划与决策。

六、人力资源管理的职责与任务

（一）人力资源管理的职责

人力资源管理的职责是指人力资源管理者需要承担的责任和任务。加里·德斯勒在他所著《人力资源管理》一书中将一家大公司人力资源管理者在有效的人力资源管理方面所负的责任描述为以下十大方面。

(1) 把合适的人配置到适当的工作岗位上。

(2) 引导新雇员进入组织（熟悉环境）。

(3) 培训新雇员适应新的工作岗位。

(4) 提高每位新雇员的工作绩效。

(5) 争取实现创造性地合作，建立和谐的工作关系。

(6) 解释公司政策和工作程序。

(7) 控制劳动力成本。

(8) 开发每位雇员的工作技能。

(9) 创造并维持部门内雇员的士气。

(10) 保护雇员的健康以及改善工作的物质环境。

（二）人力资源管理的基本任务

人力资源管理的基本任务在于为组织发展提供人力资源上的保证，加里·德斯勒把它概括为以下六个方面。

(1) 通过计划、组织、调配、招聘等方式，保证一定数量和质量的劳动力和专业人才，满足企业发展的需要。

(2) 通过各种方式和途径，有计划地加强对现有员工的培训，不断提高他们的劳动技能和业务水平。

(3) 结合每个员工的职业生涯发展目标，对员工进行选拔、使用、考核和奖惩，尽量发挥每个人的作用。

(4) 协调劳动关系。运用各种手段，对管理者与被管理者、员工与雇主、员工与员工之间的关系进行协调，避免不必要的冲突和矛盾。同时，要考虑到员工的利益，保障员工的个人权益不受侵犯，保证劳动法的合理实施。

(5) 对员工的劳动给予报酬。通过工作分析和制定岗位说明书，明确每个岗位的功能和职责，对承担这些职责的人的工作及时给予评价和报酬。

(6) 管理人员的成长。管理人员的培训和开发是现代人力资源管理的重要内容之一，要保证任何部门、任何位置的负责人随时都有胜任的人来接任。

第二节 人力资源管理的内容

一、人力资源规划

人力资源规划是在最初的人力规划基础上发展起来的。人力资源规划的宗旨是,将组织对员工数量和质量的需求与人力资源的有效供给相协调。需求源于公司运作的现状与预测,供给方面则涉及内部与外部的有效人力资源量。内部供给是近年来组织合理化目标的体现,涉及现有劳动力及其待发挥潜力;外部供给取决于组织外的人员数,受人口趋势、教育发展以及劳动力市场竞争力等多种因素影响。规划活动将概括有关组织的人力需求,并为人员选拔、培训与奖励提供所需信息。

二、人员招聘

人员招聘是指组织及时寻找、吸引并鼓励符合要求的人,到本组织中任职和工作的过程。组织需要招聘员工可能基于以下几种情况:新设立一个组织;组织扩张;调整不合理的人员结构;员工因故离职而出现的职位空缺,等等。

招聘之前要做工作分析。在此过程中,要对某一岗位的员工职责进行仔细分析,并作出岗位描述,然后确定应聘该岗位的候选人应具备的能力。应根据对应聘人员的吸引程度选择最合适的招聘方式,如报纸广告、职业介绍所、人才交流会等。

在初选的基础上,需要对余下的应聘者进行材料审查和背景调查,并在确认之后进行细致的测试与评估。

三、人员选拔

人员选拔有多种方法,如求职申请表、面试、测试和评价中心等,可用于从应聘人员中选择最佳候选人。通常是第一步筛选后保留条件较合适者,应聘者较少时这一步骤就不必要了。做选择时需要一些辅助手段,即确定理想候选人标准。

面试是测查和评价人员能力素质的一种考试活动。具体地说,面试是一种经过组织者精心设计,在特定场景下,以考官对考生的面对面交谈与观察为主要手段,由表及里测评考生的知识、能力、经验等有关素质的一种考试活动。

面试是公司挑选职工的一种重要方法。面试给公司和应招者提供了进行双向交流的机会,能使公司和应招者之间相互了解,从而双方都可更准确地作出聘用与否、受聘与否的决定。

"精心设计"使面试与一般性的交谈、面谈、谈话相区别。"在特定场景下"使面试与日常的观察、考察等测评方式相区别。日常的观察、考察,虽然也少不了面对面的观察与交谈,但那是在自然场景下进行的。"面对面地观察、交谈等双向沟通方式",不但突出了面试"问""听""察""析""判"的综合性特色,而且使面试与一般的口试、笔试、操作演示、背景调查等人员素质测评的形式也区别开来。

通过面试确定了人选之后,就涉及与员工签订劳动协议或雇用合同,约定员工的权利和义务,以及按照劳动法处理各类员工问题,制定员工投诉制度。人力资源经理还要针对与雇用立法有关的事项提供意见,并应熟知与法律条款适用性有关的实际问题。

员工的人事档案通常由人力资源部门集中管理。人事档案包括最初的应聘材料,以及后续工作中添加的反映员工资历、成绩和潜力的资料。人事档案是人事决策的一项重要依据。随着计算机的普及,许多公司采用了人力资源管理信息系统,用计算机来管理人事档案资料。

四、员工培训

员工培训包括建立何种培训体系,哪些员工可以参加培训等问题。培训种类多样,从在职培训到由组织外机构提供的脱产学习和培训课程。当组织对核心员工在公司内的发展有所计划时,培训与发展的关系就显而易见了,这种情况下管理人员总是努力使公司需要与个人事业发展相协调。

在职培训是指管理者在日常的工作中指导、开发下属技能、知识和态度的一种训练方法。

(1) 培训目标:开发员工潜力,规范员工行为,促使员工成才。

(2) 培训对象:中下层员工。

(3) 培训内容:指导、规范日常工作,教育、激励下属员工。

(4) 培训方式:工作现场的实地演练。

(5) 培训时间:工作时间。

由于在职培训是在日常工作中使用,具有很大的灵活性和实用性,因而得到了很快的发展。现在,人们普遍认为,在职培训是促使员工成才的最有效的手段,它是将培训和工作结合得最好的训练方法。

五、激励与绩效评估

(一) 激励

激励是指组织通过设计适当的外部奖酬形式和工作环境,以一定的行为规范和惩罚性措施,借助信息沟通,激发、引导、保持和归化组织成员的行为,以有效地实现组织及成员个人目标的系统活动。这一定义包含以下几方面的内容。

(1) 激励的出发点是满足组织成员的各种需要,即通过系统的设计适当的外部奖酬形式和工作环境,满足企业员工的外在性需要和内在性需要。

(2) 科学的激励工作需要奖励和惩罚并举,既要对员工表现的符合企业期望的行为进行奖励,又要对不符合企业期望的行为进行惩罚。

(3) 激励贯穿于企业员工工作的全过程,包括对员工个人需要的了解、个性的把握、行为过程的控制和行为结果的评价等。因此,激励工作需要耐心。赫兹伯格说,激励员工要做到锲而不舍。

(4) 信息沟通贯穿于激励工作的始末,从对激励制度的宣传、企业员工的了解,到对员工行为过程的控制和对员工行为结果的评价等,都依赖于一定的信息沟通。企业组织中信息沟通是否通畅,是否及时、准确、全面,直接影响激励制度的运用效果和激励工作的成本。

(5) 激励的最终目的是在实现组织预期目标的同时,也能让组织成员实现其个人目标,即达到组织目标和员工个人目标在客观上的统一。

(二) 绩效评估

绩效评估是一种根据设定目标评价员工业绩的方法,但并未被广泛接受。人事人员往往只参与制定程序,而过程的管理则通常留待部门经理完成。一般是在有关人员填写一系列表格,使有关部门对员工最近一次面试(通常为一年)以来的业绩有一个较好了解后,安排面试。业绩可以用事先设定的指标量化,其结果可用作对员工进行培训,或在某些情况下,作为表彰奖励的依据。

六、薪酬给付

这项工作的范围很广,包括确定工资级别和水平,福利与其他待遇的制定,奖励和惩罚的标准与实施,以及工资的测算方法(如岗位工资、计件工资或绩效工资等),各种补贴和福利安排。

人力资源管理的各项活动之间不是彼此割裂、孤立存在的,而是相互联系、相互影响,共同形成了一个有机的系统。

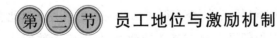
员工地位与激励机制

一、现代企业员工的特点

组织的人力资源落实到具体的人身上就是员工。每个人都是独立的个体,每个员工都有着各自的生活和追求。员工是指企业(单位)中各种用工形式的人员,包括固定工、合同工、临时工,以及代训工和实习生。

现代企业的员工跟以往比较有很大的不同,主要包括以下几个特点。

(1) 创造性强。他们主要依靠自己对新知识的探索和领悟,从而产生对新事物创造的欲望,推动生产的发展、技术的更新、产品的换代,从而使知识资本增值。

（2）独立性强。由于知识型员工掌握企业生产发展所必需的知识,具有某种特殊技能,因此他们更愿意在一个独立的工作环境中工作,不愿受其他事物或人员的牵制。

（3）成就欲强。他们不仅想获得一定的物质报酬,更想获得社会的尊重、上级的器重、个人的声望。

（4）自我完善欲望强。知识型员工对知识不断学习、更新,对新技术不断探索、追求,以期促进自我完善的意识和自觉性。

二、员工的双重角色和员工管理

员工既是单位的雇员,又是所在家庭的成员。员工既追求工作和事业,又要关注自身和家庭生活,特别是独立成家的员工和双职工员工。员工既期望自己事业发展有所成就,也希望单位有好的发展。所以,员工具有生活、收入和发展等方面的双重角色要求。

员工管理就是从关爱角度定位的人力资源管理。它的重点不在于员工才能的发挥和调动,而在于对员工整个人所有方面的关注,比如员工个人和家庭生活、员工的业余爱好和追求、员工个人的发展,以及对特殊员工的关爱。此外,对残疾人员工、危险环境作业员工和"三期"(即孕期、产期、哺乳期)女员工的关爱,不仅要严格执行国家和行业的规定,更要结合组织具体情况给予更完善的照顾。对员工的关爱,既是组织人力资源管理的需要,又体现了组织的伦理道德和社会责任意识。

中国的工会组织在关心员工家庭生活和个人需求方面起到了重要作用。工会组织成为单位管理员工的主要管理部门。人事部门、工会、妇联等机构共同构成了组织的人力资源管理体系。

三、员工的激励策略

（一）精神物质相结合

知识型人才需要精神和物质的混合激励因素。对于企业来说,将两者有机地结合尤为重要。如果仅靠物质方面的激励,企业很快就会失去吸引力。因此企业就要注意到知识型员工的特点,既要对他们进行物质方面的激励,也要给予他们适当的精神激励。企业可以提供一份与工作成绩和生产率相挂钩的报偿体系,把员工的贡献收益与企业的发展前景紧紧捆绑在一起。目前许多公司所尝试的购股权、知识参与分配等方法,就可以作为范例。提高关键员工的薪金待遇,比其他普通员工要高,使他们不仅体会到工作的回报,同时感到自己在企业中受到重视。

物质利益固然是发挥积极性的基本因素,精神需求也是一种巨大的推动力,是较物质需求更高层次的需求,可以持久地起作用。因此,在提高知识型员工的综合待遇时,要侧重他们工作方面的满足感,包括工作的挑战性和趣味性,允许他们发挥创造性,实现个人满足。

（二） 长期短期相结合

企业在发挥员工积极性的同时，还要注意对他们的长期培养，不能只顾眼前利益而忽视了长远发展。在知识经济时代，知识型员工对知识不断学习、更新，对新技术不断探索、追求，以期促进自我完善。这种自愿"充电"的动力是自我发展欲望的自我暗示和激励的结果。知识型员工自我发展的欲望的目标绝非仅仅满足于对现有职务或现有工作的胜任，而是为未来职业发展打下基础，创造条件。所以，企业在人员较少的情况下，可以集中精力和资金为知识型员工制定一套切实可行的职业发展体系。这一职业发展体系的主要内容是员工职务或职称的晋升机制，此外还包括员工培训体系，以及用人制度等。

（三） 个人组织相结合

营造相互尊重、和谐的工作环境，实行弹性工作制，是企业为知识型员工所能提供的最好条件。如果企业人员较少，灵活的工作时间不会产生太大的问题。知识型员工更多地从事思维性工作，僵硬的工作规则对他们没有多大的意义。知识型员工更喜欢工作富有自主性和挑战性，更喜欢自由安排时间，以求在自己状态最好的时候创造最佳的工作成绩。因此，组织中的工作设计应注意考虑到他们的特点，尽可能为知识型员工创造一个既安全又舒畅的工作环境，在不断扩大工作范围，丰富工作内容，使工作多样化、完整化的同时，逐步实行弹性工作制，加大工作时间的可伸缩性和工作地点的灵活多变，并建立以团队友谊为重的企业风格和企业文化，使员工觉得工作本身就是一种享受。

（四） 薪酬制度扁平化

目前，西方企业普遍采取薪酬等级的"宽波段化"，又称为薪酬扁平化。将工资级别减少，由原来的十几个、二十几个减少至七八个，将同一级别的工资线延长，即扩大同一级别薪酬的幅度。处于同一薪酬级别的员工数量增加，但同一级别员工的薪酬数额相差幅度变大。一些下属可以和主管享受一样的工资待遇，当下属的技能水平和知识技能超过主管时，下属的工资甚至有可能超过主管。"宽波段"的薪酬制度比较灵活，每一名员工的具体收入可根据当年的业绩弹性处理，有利于员工创新性地发挥，激发员工不断开发自我潜能的积极性。

对员工进行激励的其他内容将在第十章进行详述。

一、课业任务

班内大辩论：国有企业办社会合理吗？

正方：国有企业办社会可以强化员工管理，对企业有利。

反方：国有企业办社会会加重企业管理负担，对企业不利。

二、课业目的

理解、巩固所学知识,锻炼个人思维能力和口头表达能力。

三、课业要求

收集资料,结合理论知识和现实生活情况,课堂上分正反两组进行辩论。时间为2课时。辩论后,每位同学都要整理大家的辩论理由和证据。

四、理论指导

学习并理解人力资源管理的概念,员工管理的概念,员工关爱,员工的双重角色,人力资源政策等。

五、课业操作

课堂布置,1周时间准备,每人自己选择正反方,教师按照辩论场景布局。每位同学都要陈述观点。辩论结束由教师点评,结合表现和参与度给出分数。

六、课业评价标准

本章课业评价标准如表6-1所示。

表6-1 课业评价标准

评价项目	辩论表现	理论引用	辩论技巧	辩论稿整理
评价标准	积极发言	有逻辑性、创新性	语言准确,旁征博引	按时完成
评分比重(%)	20	30	30	20

七、课业思路

辩论稿结构如下。

(1)我的观点。

(2)辩论材料:丰富翔实的实例。

(3)对对方观点、材料的反驳。

(4)总结陈词。

本章小结

人力资源是指在一个国家或地区中,处于劳动年龄、未到劳动年龄和超过劳动年龄但具有劳动能力的人口之和。

人力资源管理是指根据企业发展战略的要求,有计划地对人力资源进行合理配置。

人力资源的特殊性决定了人力资源管理具有人本特征、专业性与实践性、双赢性与互惠性、战略性与全面性、系统性和整体性等特征。人力资源管理的内容包括人力资源规划、人员招聘、人员选拔、培训、激励与绩效评估、薪酬给付六个方面。

组织的员工具有双重角色,既是家庭成员,又是组织成员。

员工管理就是从关爱角度定位的人力资源管理。它的重点不在于员工才能的发挥和调动,而在于对员工整个人所有方面的关注,比如员工个人和家庭生活、员工的业余爱好和追求、员工个人的发展,以及对特殊员工的关爱。

重要概念

人力资源　人力资源管理　人力资源规划　人员招聘　人员选拔　培训　激励绩效考核　员工管理

复习思考题

1. 人力资源管理、人事管理和员工管理有什么相同点和不同点?
2. 一般来说,人力资源是怎样界定的?
3. 人力资源管理的主要特征是什么?
4. 简述人力资源管理的主要内容。
5. 员工的双重角色指的是什么?它对人力资源管理的重要性是什么?
6. 你认为对员工物质激励和精神激励哪个更重要?为什么?
7. 有一些企业的女员工不敢结婚,不敢生育,害怕因此失去工作,你怎样看这种现象?
8. 我国已经制定了延长职工退休年龄的政策,试分析此政策对国家和企业的利弊。

案例分析

通用电气(GE)成功的人力资源管理

GE的历史可追溯到托马斯·爱迪生,他于1878年创立了爱迪生电灯公司。1892年,爱迪生通用电气公司和汤姆森—休斯顿电气公司合并,成立了GE。目前,GE是世界上最大的多元化服务性公司,同时也是高质量、高科技工业和消费产品的提供者。

1. GE的招聘

GE在甄选人才时有两个最基本的要求:一是具备某个职位专业技能;二是个人价值观与GE价值观要相吻合。如果雇员个人的价值观与GE的价值观不一致,在GE是不能成功的。而如何保证个人价值观与GE价值观吻合呢?主要是在发布招聘信息或者进行招聘宣传时,把GE价值观作为宣传中重要的一部分,让受众了解GE价值观在GE

中的地位以及认同企业价值观对于个人在 GE 中职业生涯发展的重要性。GE 非常重视校园招聘,建立了一套完善的运营体制,把每个业务部门的 CEO 都委任为某个大学的 CEO,他们必须参与 GE 的校园招聘活动,为大学生介绍 GE 的价值观,介绍业务集团的情况,展示在 GE 的发展前景,以及他们需要哪些人才。另外,GE 也组织在 GE 工作的同事到他们曾经读过书的母校以自己的发展为例,向大学生展现 GE 的魅力。每年,GE 都在一些大学开展实习活动,并且根据实际需要,设计一些实习项目,组织优秀的学生到 GE 实习。

招聘的标准主要是快速招聘、成本最低、质量最好。

GE 采用 DMADV 方式来管理招聘工作。

(1) 定义(define)。核心内容是发现存在的问题,并设定新的目标,以及确定由谁来负责组建团队实施这一项目并实现目标。

(2) 测量(measure)。专职人员将对现有的案例和数据进行综合衡量,分析对招聘周期产生影响的因素。

(3) 分析(analyze)。对新的职位数据进行分析,与现有的数据和案例进行比较,找出影响招聘流程中存在的问题。

(4) 设计(design)。设计最佳招聘方案与程序。

(5) 检验(verify)。验证新的流程和程序是否可行,是否能真正缩短招聘周期、提高招聘质量。

如今,GE 正逐步建立拥有丰富招聘案例的历史数据库,供人力资源部来做系统的分析。GE 希望能够有更多的历史数据帮助人力资源部门建立科学的衡量体系,界定每一个招聘环节所用的时间,确定误差范围。

2. GE 的培训体系

GE 领导人大部分时间用来教导、发展、评估和提拔人才,堪称业界最为严谨的人才发展流程。GE 的培训体系分为基础培训、职业发展培训、专业技能知识培训以及领导力培训四大部分。

(1) 基础培训。基础培训包括新雇员入职培训、诚信观培训、六西格玛培训等内容。新雇员入职培训让新雇员了解 GE 的企业文化与价值观,了解 GE 的业绩评估标准、好雇员的标准,以及 GE 的宏观管理体系。入职培训的重要内容之一是让新雇员了解 GE 的文化与价值观,这是在 GE 发展事业至关重要的一点。

(2) 职业发展培训。作为职业生涯的设计者,员工要具备沟通能力与技巧、指导能力与技巧、管理项目与程序的能力与技巧。这些能力与技巧是 GE 所有业务集团、所有职能部门员工都要具备的。所以,GE 通过职业发展培训帮助员工提高综合职业发展能力。

(3) 专业技能知识培训。专业技能知识培训主要是针对不同的职能岗位进行的培训。GE 要求每一名雇员都能够跨部门、跨业务领域、跨文化开展工作,要求每一名 GE 人都能成为"多面手",能够随时接受挑战,满足 GE 业务发展的需要。

(4) 领导力培训。GE 的领导力培训课程享誉全球,是 GE 开发的一套最完善的企业领导人培训体系。GE 位于美国纽约克罗顿维尔的企业高管培训中心被誉为"企业界的哈佛商学院"。

3. GE 的培训中心

为了保证企业长盛不衰,永葆活力,GE 建立了极其庞大和完善的人才培训体系,每年用于员工培训的费用高达 10 亿美元。

在克罗顿维尔中心,"行动学习"教学方式是一大特色。它要求学员面对真实的企业管理问题进行探讨和学习。课程都聚焦于一个关键国家或地区、GE 某个子公司,或者是公司执行某项政策、改革或计划的进展情况,如质量管理或全球化问题。同时,培训课程还要求学员讲述自己在过去一年工作中遇到的两难问题,并供大家研讨。每一次课程之后,学员们的一些意见和建议会被采纳,并被落实到企业下一步行动。

另一大特色就是拥有众多兼职教师。这些教师全部来自公司的各个领导阶层,其中就包括韦尔奇和伊梅尔特。他们给学员上课,既不像专业商学院的教授讲解一些人所共知的案例,也不是作为一名领导训斥下属或发表内容空泛的演讲,而是把自己在实际工作所遇到困难或问题和盘托出,与学员一起交流各自的看法和解决之道,甚至进行激烈争论。

在 GE 公司,培训管理不仅是人力资源职能培训部门的职责,也是企业领导者要抓的重要工作。除亲自授课外,公司的领导者还要花大量时间参与经理人员的绩效评估,从中挑选有发展潜力的人参加高层培训课程。为保证培训效果,GE 还针对培训课程普遍建立了对照检查行为变化的评估制度,即使用 360°信息反馈收集受训人员在培训前、培训刚结束和培训 6 个月后的行为变化情况,通过对照了解课程的长期效果,不断对课程进行改进。

(资料来源:佚名.人力资源管理成功案例 3 个.学习啦网,http://www.xuexila.com/success/chenggonganli/822476.html)

思考题:
1. 你如何评价 GE 的 DMADV 招聘方式?
2. 结合 GE 的培训中心情况,分析我国为什么有些员工不喜欢企业内部培训。

第七章　团队管理

名人名言

　　一名伟大的球星最突出的能力就是让周围的队友变得更好。

——[美] 迈克尔·乔丹

学习目标

1. 理解协同效应以及企业常见的几种协同效应；
2. 解释团队的含义及其主要特征；
3. 解释团队的五个构成要素；
4. 举例说明团队的不同种类；
5. 描述团队精神及其在组织中的重要性；
6. 利用实例分析团队精神的作用；
7. 描述团队的矛盾管理及其主要方法；
8. 比较团队精神和江湖义气的区别。

> **导入案例** 团队精神

狼不同于虎和豹,它是一种群居动物。狼群狩猎的时候靠集体的力量,既有明确的分工,又有密切的合作,齐心协力战胜比自己强的对手。许多大型动物不怕单独的狼,但一群有着严密组织、配合默契的狼,足以让狮、虎、豹、熊等猛兽色变,足以使任何更为凶猛的猛兽汗颜。让这些猛兽见到野狼也得退避三舍,这就是赫赫有名的狼群杀阵。

正如海尔集团董事会主席张瑞敏所说的,"狼的许多难以置信的做法值得借鉴。最值得称道的是战斗中的团队精神,协同作战,甚至不惜为了胜利粉身碎骨,以身殉职。商战中这种对手最令人恐惧,也最有杀伤力。"我们人类必须多向狼族学习团队精神。

组织是由人构成的群体,每个人的能量有强有弱,团队效率对于组织的意义不亚于狼群的重要性。本章从协同效应的概念出发引出团队的含义,接着讲述团队的特征、重要性、构成要素,最后落实到企业团队精神和团队管理的内容。本章涉及激励沟通方面的内容将在后续章节详细阐述。

第一节 协同效应

一、协同效应的含义

协同效应(synergy effects)原本是一种物理化学现象,又称增效作用,是指两种或两种以上的组分相加或调配在一起,所产生的作用大于各种组分单独应用时作用的总和。这里的组分指混合物(包括溶液)中的各个成分。而其中对混合物产生这种效果的物质称为增效剂(synergist)。协同效应常用于指导化工产品各组分组合,以求得最终产品性能增强。

德国物理学家赫尔曼·哈肯1971年提出了协同的概念,1976年系统地论述了协同理论,并发表了《协同学导论》等著作。协同论认为整个环境中的各个系统间存在着相互影响而又相互合作的关系。社会现象也如此,例如,企业组织中不同单位间的相互配合与协作关系,以及系统中的相互干扰和制约等。

协同效应,简单地说,就是"1+1>2"的效应。协同效应可分外部和内部两种情况,外部协同是指一个集群中的企业由于相互协作共享业务行为和特定资源,因而将比作为一个单独运作的企业取得更高的盈利能力;内部协同则指企业生产、营销、管理的不同环节、不同阶段、不同方面共同利用同一资源而产生的整体效应。

二、协同效应的类型

协同效应有很多种类型,最常见的有经营协同效应、管理协同效应和财务协同效应。

(一) 经营协同效应

经营协同效应(operating synergies)主要是指实现协同后的企业生产经营活动在效率方面带来的变化及效率的提高所产生的效益,其含义为协同改善了公司的经营,从而提高了公司效益,包括产生的规模经济、优势互补、成本降低、市场份额扩大、更全面的服务等。

(二) 管理协同效应

管理协同效应(management synergies)又称差别效率理论。管理协同效应主要是指协同给企业管理活动在效率方面带来的变化及效率的提高所产生的效益。如果协同公司的管理效率不同,在管理效率高的公司与管理效率不高的另一个公司协同之后,低效率公司的管理效率得以提高,这就是所谓的管理协同效应。管理协同效应来源于行业和企业专属管理资源的不可分性。

以并购为例,管理协同效应主要表现在以下几个方面。

(1) 节省管理费用。如开展并购,通过协同将许多企业置于同一企业领导之下,企业一般管理费用在更多数量的产品中分摊,单位产品的管理费用可以大大减少。

(2) 提高企业运营效率。根据差别效率理论,如果 A 公司的管理层比 B 公司更有效率,在 A 公司收购了 B 公司之后,B 公司的效率便被提高到 A 公司的水平,效率通过并购得到了提高,以至于使整个经济的效率水平将由于此类并购活动而提高。

(3) 充分利用过剩的管理资源。

(三) 财务协同效应

财务协同效应(financial synergies)是指协同的发生在财务方面给协同公司带来收益,包括财务能力提高、合理避税和预期效应。例如,在企业并购中产生的财务协同效应就是指在企业兼并发生后通过将收购企业的低资本成本的内部资金投资于被收购企业的高效益项目上,从而使兼并后的企业资金使用效益更为提高。

三、协同效应的作用

成本降低是最常见的一种协同价值,而成本降低主要来自规模经济的形成。如在企业并购行为中,首先,规模经济由于某些生产成本的不可分性而产生,例如人员、设备、企业的一般管理费用及经营费用等,当其平摊到较大单位的产出时,单位产品成本得到降低,可以相应提高企业的利润率。规模经济的另一个来源是由于生产规模的扩大,使劳动和管理的专业化水平大幅度提高。专业化既引起了由"学习效果"所产生的劳动生产率的提高,又使专用设备与大型设备的采用成为可能,从而有利于产品的标准化、系列化、通用化的实现,降低成本,增强获利能力。由企业横向合并所产生的规模经济将降低企业生产经营的成本,带来协同效应。

收入增长是随着规模的扩张而自然发生的,例如,在企业交购中,进行并购之前,两家公司由于生产经营规模的限制都不能接到某种业务,而伴随着并购的发生、规模的扩张,并购后的公司具有了承接该项业务的能力。此外,目标公司的分销渠道也被用来推动并购方产品的销售,从而促进并购企业的销售增长。

 团 队 概 述

一、团队的含义与特征

团队是为实现某一目标而由相互协作的个体所组成的正式群体。团队是由员工和管理层组成的共同体,它合理利用每一个成员的知识和技能协同工作,解决问题,达到共同的目标。

团队具有以下八个基本特征。

(1) 明确的目标。团队成员清楚地了解所要达到的目标,以及目标所包含的重大现实意义。

(2) 相关的技能。团队成员具备实现目标所需要的基本技能,并能够良好合作。

(3) 相互间信任。每个人对团队内其他人的品行和能力都确信不疑。

(4) 共同的诺言。这是团队成员对完成目标的奉献精神。

(5) 良好的沟通。团队成员间拥有畅通的信息交流。

(6) 谈判的技能。高效的团队内部成员间角色是经常发生变化的,这要求团队成员具有充分的谈判技能。

(7) 公认的领导。高效团队的领导往往担任的是教练或后盾的作用,他们对团队提供指导和支持,而不是试图去控制下属。

(8) 内部与外部的支持。既包括内部合理的基础结构,也包括外部给予必要的资源条件。

二、团队的构成要素

团队的构成要素可以总结为5P,分别是目标(purpose)、人(people)、定位(place)、权限(power)、计划(plan)。

(一) 目标

团队应该有一个既定的目标,为团队成员导航,知道要向何处去,没有目标这个团队就没有存在的价值。

自然界中有一种昆虫很喜欢吃三叶草,这种昆虫在吃食物的时候都是成群结队的,第一个趴在第二个的身上,第二个趴在第三个的身上,由一只昆虫带队去寻找食物。这些昆虫连接起来就像一节一节的火车车厢。管理学家做了一个实验,把这些像火车车厢一样的昆虫连在一起,组成一个圆圈,然后在圆圈中放了它们喜欢吃的三叶草。结果,它们爬得精疲力竭也吃不到这些草。这个例子说明,在团队中失去目标后,团队成员就不知道该去何处,最后的结果可能是饿死,这个团队存在的价值可能就要打折扣。

团队的目标必须与组织的目标一致,此外还可以把大目标分成小目标,再具体分到各个团队成员身上,大家合力实现这个共同的目标。同时,目标还应该有效地向大众传播,让团队内外的成员都知道这些目标,有时甚至可以把目标贴在团队成员的办公桌上、会议室里,以此激励所有人为共同目标努力。

(二) 人

人是构成团队最核心的要素。目标是通过人员具体实现的,所以人员的选择是团队中非常重要的一个部分。在一个团队中可能需要有人出主意,有人定计划,有人实施,有人协调不同的人一起去工作,还有人去监督团队工作的进展,评价团队最终的贡献。不同的人通过分工来共同完成团队的目标,在人员选择方面要考虑人员的能力如何,技能是否互补,人员的经验如何。

(三) 定位

定位包含两层意思:一是团队的定位;二是个体的定位。

(1) 团队的定位。团队在发展过程中处于什么位置,由谁选择和决定团队的成员,团队最终应对谁负责,团队采取什么方式激励成员。

(2) 个体的定位。作为成员在团队中扮演什么角色,是定计划还是具体实施或评估。

(四) 权限

团队中领导者的权力大小与团队的发展阶段相关。一般来说,团队越成熟,领导者所拥有的权力相应越小。在团队发展的初期阶段,领导的权力相对比较集中。团队权限关系包括两个方面的内容。

(1) 整个团队在组织中拥有什么样的决定权:财务决定权、人事决定权、信息决定权。

(2) 组织的基本特征。组织的规模多大,团队的数量是否足够多,组织对于团队的授权有多大,它的业务是什么类型。

(五) 计划

团队的计划包括以下两层含义。

(1) 目标最终的实现需要一系列具体的行动方案,可以把计划理解成目标的具体工作的程序。

(2) 提前按计划进行可以保证团队的顺利进度。只有在计划的操作下,团队才会一步一步贴近目标,从而最终实现目标。

三、团队的类型

按照不同的分类标准,可以将团队分为不同的类型。

(一)按照团队存在的目的和形态分类

按照团队存在的目的和形态进行分类,一般可以将团队划分成问题解决型团队、自我管理型团队、多功能团队和虚拟团队。

1. 问题解决型团队

问题解决型团队(problem-solving team)常常是为了解决组织中的某些专门问题而设立的。团队的成员通常每周利用几个小时讨论改进工作程序和工作方法的问题,并提出建议,但他们通常没有权力根据这些建议单方面地采取行动。例如,他们讨论如何提高产品质量、生产效率和改善工作环境等问题。

2. 自我管理型团队

自我管理型团队(self-management team)是与传统的工作群体相对的一种团队形式。传统的工作群体通常是由领导者来决策,群体成员遵循领导的指令。而自我管理型团队则承担了很多过去由他们的领导来承担的职责,如进行工作分配、决定工作节奏、决定团队的质量如何评估,甚至决定谁可以加入团队等。

自我管理型团队能够很好地提高员工的满意度,但是有人发现与传统组织比较起来,自我管理型团队的离职率和流动率较高。

3. 多功能团队

有的团队是由来自组织内部同一层次、不同部门或工作领域的员工组成的,他们合作完成包含多样化任务的一个大型项目,这样的团队就是多功能团队(cross-functional team),也称为跨职能团队。多功能团队打破了部门之间的界限,使来自不同领域的员工能够交流,有利于激发出新观点,协调解决复杂的问题。

近年来,越来越多的组织采用这种跨越部门界限的横向小组。早在20世纪60年代,IBM公司就组建了一个大型的特别任务工作组,它的成员来自公司的各个部门,用于开发后来十分成功的360系统。这个特别任务工作组就是一个临时性的多功能团队。实际工作中被广泛采用的委员会也是一种多功能团队。

4. 虚拟团队

前面的三种团队形式都是基于我们的传统理解的,即团队的活动是面对面进行的。由于现代科技的发展,如互联网、可视电话会议等,使协同性的工作并不需要面对面进行了。这种利用计算机和网络技术把实际上分散的成员联系起来,以实现一个共同目标的工作团队,即为虚拟团队(virtual team)。

虚拟团队可以同样完成传统团队能够完成的所有工作任务,如分享信息、作出决策和完成任务等。与传统团队形式相比,虚拟团队表现出以下三方面的特征:一是缺少副语言和非言语沟通线索;二是有限的社会背景;三是克服了时间和空间上的制约。这些特点既创造了虚拟团队的工作优势,也带来了一些新的问题,如情感问题等。

(二) 按照团队在组织中的功能分类

按照团队在组织中的功能进行分类,可以将团队分为生产服务团队、行动磋商团队、计划发展团队、建议参与团队。

1. 生产服务团队

生产服务团队通常是由专职人员组成的,从事的工作是按部就班的,很大程度上是自我管理的。例如,生产线上的装配团队、民航客机的机组人员、计算机数据处理团队等。

2. 行动磋商团队

行动磋商团队由一些拥有较高技能的人员组成,共同参与专门的活动,每个人的作用都有明确的界定。这种团队以任务为中心,具有不同专门技能的团队成员都对成功完成任务作出贡献。团队面临的任务十分复杂,有时是不可预测的。例如,医疗团队、乐队、谈判团队、运动团队。

3. 计划发展团队

计划发展团队是由技术十分娴熟的科技人员或专业人员组成,并且团队人员来自不同的专业。这类团队的工作时间跨度一般较长。他们可能需要很多年才能完成一项发展计划,例如设计一种新型汽车,他们也可能是组织中承担研究工作的永久团队。常见的计划发展团队有科研团队、生产研发团队等。

4. 建议参与团队

建议参与团队主要是提供组织性建议和决策的团队。大多数建议参与团队的工作范围都比较窄,不占用大量的工作时间,成员在该组织中还有其他任务。例如,董事会、人事或财务的专业顾问团队、质量控制小组。

第三节 团队精神

一、团队精神的含义

所谓团队精神,简单来说就是大局意识、协作精神和服务精神的集中体现。团队精神的基础是尊重个人的兴趣和成就,核心是协同合作,最高境界是全体成员的向心力、凝聚力,反映的是个体利益和整体利益的统一,并进而保证组织的高效率运转。团队精神的形成并不要求团队成员牺牲自我,相反,挥洒个性、表现特长保证了成员共同完成任务目标,而明确的协作意愿和协作方式则产生了真正的内心动力。团队精神是组织文化的一部分,良好的管理可以通过合适的组织形态将每个人安排至合适的岗位,充分发挥集体的潜能。如果没有正确的管理文化,没有良好的从业心态和奉献精神,就不会有团队精神。

团队精神建设的重要性体现在以下几个方面。

(一) 团队精神能推动团队运作和发展

在团队精神的作用下,团队成员产生了互相关心、互相帮助的交互行为,显示出关心团队的主人翁责任感,并努力自觉地维护团队的集体荣誉,自觉地以团队的整体声誉为重来约束自己的行为,从而使团队精神成为公司自由而全面发展的动力。

(二) 团队精神能培养团队成员之间的亲和力

一个具有团队精神的团队,能使每个团队成员显示高涨的士气,有利于激发成员工作的主动性,由此形成集体意识、共同的价值观、高涨的士气、团结友爱的氛围,团队成员才会自愿地将自己的聪明才智贡献给团队,同时也使自己得到更全面的发展。

(三) 团队精神有利于提高组织整体效能

通过发扬团队精神、加强团队建设,能进一步节省内耗。如果总是把时间花在怎样界定责任,应该找谁处理,让客户、员工团团转,这样就会减弱企业成员的亲和力,损伤企业的凝聚力。

二、团队精神的功能

(一) 目标导向功能

团队精神的培养,使组织内的员工齐心协力,拧成一股绳,朝着一个目标努力。对单个员工来说,团队要达到的目标即是自己所努力的方向,团队整体的目标顺势分解成各个小目标,在每个员工身上得到落实。

(二) 凝聚功能

任何组织群体都需要一种凝聚力,传统的管理方法是通过组织系统自上而下的行政指令,淡化了个人感情和社会心理等方面的需求,而团队精神则通过对群体意识的培养,通过员工在长期的实践中形成的习惯、信仰、动机、兴趣等文化心理,来沟通人们的思想,引导人们产生共同的使命感、归属感和认同感,反过来逐渐强化团队精神,产生一种强大的凝聚力。

(三) 激励功能

团队精神要靠员工自觉地要求进步,力争与团队中最优秀的员工看齐。通过员工之间正常的竞争可以实现激励功能,而且这种激励不仅单纯停留在物质的基础上,还能得到团队的认可,获得团队中其他员工的尊敬。

(四) 控制功能

员工的个体行为需要控制,群体行为也需要协调。团队精神所产生的控制功能,是通过团队内部所形成的一种观念的力量、氛围的影响,去约束、规范、控制职工的个体行为。这种控制不是自上而下的硬性强制力量,而是由硬性控制向软性内化控制;由控制职工行为,转向控制职工的意识;由控制职工的短期行为,转向对其价值观和长期目标的控制。因此,这种控制更为持久有意义,而且容易深入人心。

三、团队精神与企业制度的关系

团队精神与企业制度的关系体现在以下几个方面。

(一) 企业方针、制度的决策和形成应当融入团队精神

按照现代公司法原理,形成公司的各股东或利益集团均由公司以法人的身份进入市场从事各种商业行为,从企业的方针、战略的制定到具体措施的实施均体现企业的整体利益,因此在相当程度上,公司法人具有了商事人格权。作为法人授权的具体的执行者及其领导团队,也就应当以整体的姿态出现在商场,这是现代企业制度原理和市场运作规律对企业的必然要求,团队精神的融入和渗透无疑是符合这一内在规律的。

企业制度的形成应当是一个科学、民主的决策过程,是一个集思广益、发挥众人智慧和力量的过程,是综合指挥员的经验和众多战斗员的丰富实践的过程,很难想象在一个宁静的港湾潜心研究出的企业制度能够自如地应对瞬息万变、暗礁密布的市场状况。我们的企业往往各种规章制度并不少见,但常常是束之高阁,究其原因,其中很重要的一点就是制度本身严重脱离实际,自然就形同虚设。

(二) 企业目标的实现需要有团队精神

索尼公司是世界知名企业,之所以能有今天的巨大成就,与其"家庭式"的管理方法是分不开的。在索尼公司,每一个员工都被视为大家庭的一分子,每个员工都能够发表自己独特的观点,但是,又强调员工之间要像在一个家庭中生活一样互相配合、协调。公司的每一位员工由于受到了充分的尊重,才华得到充分的发挥。最后,公司得到了员工们同等的回报——积极工作并对公司忠诚,于是索尼公司获得了巨大的、可持续的事业成功。

成功的团队并非以压抑个性为代价,相反,成功的团队十分尊重成员的个性,重视成员的不同想法,真正使每一个成员参与到团队工作中,风险共担,利益共享,相互配合,完成团队工作目标。

团队精神可以通过各种形式进行倡导,但以制度形式将其固定或者在制度中体现团队精神的要义必不可少,这样才能达到二者之间的良性互动。

(三) 团队精神是制度创新的巨大动力

人是各种资源中唯一具有能动性的资源。企业的发展必须合理配置人、财、物,而调动人的积极性和创造性是资源配置的核心,团队精神就是将人的智慧、力量、经验等资源进行合理的调动,使之产生最大的规模效益。

谈及团队精神,我们往往只认识到团队精神所体现的凝聚力对企业制度、企业文化的影响力,然而在全球知识经济和中国日益融入国际市场的背景下,尤其要认识到团队精神对企业制度创新的巨大意义。

（四）制度建设是团队精神的有力体现和保障

一方面，我们要把在新形势下团队精神的具体内涵反映到制度上，不断进行充实、修正。另一方面，我们要重新检讨奖惩机制、分配机制，确定是不是真正做到了权、责、利相统一。

例如，通畅、透明、多向、经常性的信息交流体现了一个企业团结一致、信息共享的良好团队精神，这种信息交流机制在日本已成为企业极为重要的管理制度。可是，在我国的不少企业中，信息交流并没有形成有效机制，无论是领导外出参观、交流，还是业务人员因公出差或后勤职能部门外出履行职责时，因而采集到与企业有关的有价值的信息，大多未形成书面报告，分类归档，更难谈得上横向交流和支持相应的调研。久而久之，一些有价值的信息就渐渐从记忆中流失了，决策的依据有时就只剩下了"好像""大概"甚至是伪证，同样是一次观摩、一次学习、一次差旅、一次谈判，我们能为企业所作的贡献远远小于日本人。再例如，自律精神是团队精神的精髓之一，在我们的商业应酬中，考虑到下午仍有工作，午间应当禁止饮酒，而我们的不少领导和业务员仍喝得大醉，自然影响到下午的工作，但我们的制度却没有这方面的规定。

 团队管理的内容与方法

一、团队管理的内容

在现代企业中，团队是以部门的形式出现的，也可以将公司比作一个大的团队，老板就是这个团队的领导者。团队是由不止一个人的成员组成，因此团队的成员在性格和思维模式上、才能上、行为方式上等都会不一样。事实上，企业管理者也很难得看到各方面因素都相同的成员组成的团队。下面简单介绍企业管理者应如何做好团队管理工作。

（1）各成员定位和职责要分清楚。这样可以避免团队成员之间职能混乱、工作交叉干预、重复建设的情况出现。定位和职责要尽可能量化，具体到单项工作。特别是一些部门组织架构复杂的企业，如果职责和职能定位模糊，很容易造成踢皮球和工作的重复建设等。例如，一个团队中，既有企划，也有策划，还有策略、文案，这些岗位工作内容相似，企业管理者如果不明确好职责和职能，那么就有可能出现成员工作积极性不高、工作方向盲目、重复建设严重等问题。

（2）要了解每个成员的性格、才能。要用好人，必须得了解这个人能做什么，有什么特长，有哪些行为方式和特征。企业管理者可以从生活和工作中去了解，生活中当然是闲聊、娱乐、吃饭等，工作中可以从对成员以往工作经历、谈吐、工作表现等方面入手。经验丰富的企业管理者在经过短暂的接触和沟通后，很快便能一清二楚地了解团队成员的性格和才能。

(3) 团队目标引导。团队要有清晰的定位,团队存在的目的是什么,围绕什么事情运行。如果是单个项目组成的团队,企业管理者应该清楚地向团队阐述项目的目标。

(4) 要有一套管理制度和工作流程。俗话说,"不成规矩无以成方圆",团队应有大家都遵循的规章制度。很多企业管理者比较讨厌管理制度建设,觉得多余。其实不然,企业管理制度是一个附属的判断标准和工作有序进行的保障体系。智能化的机器没有人操作也会自行处理,这是因为植入了固定程序操作的指引系统,有了制度的团队也是一样。

(5) 要有一套合适的绩效激励体系。每个企业的管理模式都不同,但要驱动团队成员前进,得有动力。值得注意的是,绩效激励体系必须是个性化的。用市场的角度看,就是要将团队成员看成企业管理者的"消费者",每个"消费者"的需要是不一样的,因此绩效激励体系也应该是在了解成员需要的基础上制定。

二、团队激励

(一) 善于尊重

"己所不欲,勿施于人。"管理者要学会尊重下属,热情帮助下属,奉献赞美,主动关心下属的工作和生活,例如下属过生日号召时,全体团队成员都主动送上祝福卡片或其他礼物,让团队中的每个人都能感受到归属和爱的存在。

(二) 善于倾听

管理者要经常认真倾听下属的意见、想法并善于正面引导,要与下属交朋友,通过沟通了解下属将来的打算,尽己所能满足。要倾听下属的苦闷,做好一个被宣泄的对象。当下属对工作和前途感到希望渺茫时,主动进行安慰和开导,帮助他消除顾虑和压力。

(三) 善于授权

管理者要在明确的目标要求下,让下属有能力与权力去做事,并对结果负责。但是,授权要注意监控,当下属专业知识和业务能力不足时,要言传身教,提升下属的操作和管理市场的能力。

(四) 善于激励

激励就是力量,激励可以诱之以利,也可以惧之以害。但是,最有威力的激励是改变心态。一个人不断成长的关键是心态。要以结果为导向,善于引导下属将思想、注意力集中于光明前景。

(五) 树立标杆

团队中成员素质、能力参差不齐,管理者不但要帮助能力弱、业绩差的"短板"成员来提升整个团队的业绩,更要注重培养工作业绩、学习意识等各项综合表现突出的下属,将他们树为标杆,介绍推广他们的优秀业绩和成功经验,以提振整个团队的士气。

(六) 营造学习氛围

学习最主要的是静下心来去除浮躁,一个人从来心都静不下来,哪有智慧?人在焦躁的情况下作出的决定往往是错误的。领导者要善于营造学习氛围,引导团队成员主动学习,增强本领。

三、团队矛盾管理

管理者要善于管理团队中可能发生的各种矛盾。

(一) 包容个体的不同,达到集体的一致和目标

团队的有效性常常需要混合不同的个体。团队为了从多样性中获益,必须具有允许不同声音——观点、风格、优先权——表达的过程。这些不同的声音实际上带来了开放,这不可避免地就有冲突,甚至有团队成员之间的竞争。过多的冲突和竞争会导致一个"胜负"的问题,而不是合作解决问题的方法。这样做的目的是集合个体的不同,从而激励他们追求团队的共同目标。有效的团队允许个体的自由和不同,但是所有团队成员都必须遵守适当的下级目标或团队日程安排。

(二) 鼓励团队成员之间的支持和对抗

如果团队成员的多样性得到承认,不同的观点被鼓励,团队需要发展一种成员之间互相激励和支持的文化。在这种文化环境下,团队成员之间有一种内聚性。他们对其他人的想法真正感兴趣,他们想听到并且区分谈论的内容。他们愿意接受其他具有专长、信息或经验和当前的任务或决策相关人员的领导和影响。但是,如果团队成员太过于互相支持,他们会停止互相对抗。在内聚力非常强的团队中,当反对不同意见时,保护和谐与友好关系的强硬的规范会发展成为"整体思想"。成员将会抑制他们个人的想法和感受,不会再互相批评对方的决策和行动,这时需要付出相当大的个人成本。团队决策时将不会出现不同意见,因为没有一个人想制造冲突。如果持续出现这种情况,团队成员很可能产生压抑的挫折感,他们将只是想"走自己的路",而不是真正解决问题。有效的团队要想办法允许冲突,而又不至于因此而受损。

(三) 注意业绩、学习和发展

管理者不得不在"正确的决策"和未来的经验积累的支出之间选择。犯错误应该认为是学习付出的成本,而不是作为惩罚的原因,这将鼓励发展和革新。

(四) 在管理者权威和团队成员的判断力和自治之间取得平衡

管理者不能推脱团队业绩最终的责任,授权并不意味着放弃控制。给团队成员越多的自治,他们遵守共同的日程就显得越重要。有效的团队是灵活的,他们可以在管理者权威和最适合的团队解决方案之间取得平衡。实际上,在功能完善的团队,成员之间高度的互相信任,管理者在作出某些决定时不必讨论,也不必解释。相反,在无效的团队中缺乏信任感,即使管理者做最明白的事情或无关紧要的建议,团队成员都要提出疑问。

(五) 维护关系三角

对于管理者来说,由于他们最终具有正式的权威,而不是团队成员,所以他们理解这

一点非常重要。团队管理者的作用是管理关系三角：管理者、个体、团队。三者处于等边三角形的三个顶点。管理者必须关心三方面的关系：他们和每一个团队成员个体的关系；他们和作为整体的团队的关系；每一个团队成员个体和团队整体的关系。任何一条关系都受其他两条关系影响。当管理者不能很好地管理这个关系三角求得平衡时，团队成员之间的不信任和不良影响将呈螺旋式向下蔓延。

（六）团队管理的挑战

由于团队的复杂性，很多团队常常不能充分发挥潜能。有效的团队不是自然形成的，管理者必须提前把团队成员团结在一起。很多管理者逐渐明白如果他们在管理团队过程中和团队成员分担责任与权威——从管理团队边界到管理团队本身，团队会更有效。如果所有团队成员齐心协力，将取得有效的团队业绩。我们又一次看到，授权是管理者面对竞争现实可以依赖的工具。一位优秀的团队管理者发现："我最终认识到我的责任包括把优秀的人员集合起来，创造良好的环境，然后制定出解决问题的方案。"当然，在事情进展过程中，肩负起这个责任说起来容易，做起来难。

四、团队文化管理

中国的企业必须抛弃国外的团队文化管理模式，按照中国自己的市场环境、社会环境和文化环境来思考问题，创造适合自己的团队文化管理模式。

（一）团队江湖

所谓江湖气息，就是人际关系中最简单、最原始的论资排辈、同甘共苦思想，是为达目的使用各种手段的竞争文化，更是中国老百姓一直默许的"义气"和"强者生存之道"。

《三国演义》中，刘备、张飞、关羽、赵云、诸葛亮等人组成的蜀国就是一个团队，但更是一个充满江湖气息的帮派。刘关张唯刘备马首是瞻，后来诸葛亮的加入打破了这一平衡，但是老大就是老大，一声令下，要人给人，要权给权，要资源给资源，才有诸葛亮火烧新野、博望坡、赤壁，并且最终建立蜀国的神话。

刘备是当之无愧的管理奇才，三顾茅庐可见求贤若渴，知人善用方能纵横捭阖，张飞、关羽不可谓不是能人，但是"刘备坐着他们站着，刘备吃着他们看着"，在那样一个诞生英雄的时代，三驾马车稳步前行。

管理的真谛就是正确的决策和100％的服从意识，刘备给了人们最好的启示。谁说团伙就是贬义，如果企业董事长没有核心骨干，估计这个董事长就离下野不远了。相反，今天的很多管理团队，各怀心思，尔虞我诈，注定了不能走远。

（二）团队沟通

老板想如何发展？企业有什么规划？老板对团队有什么期望和看法？员工怎样看待老板？这些问题都是中国团队成员的心结。

一个开放的老板，一个优秀的企业家自然会提供良好的沟通平台。当然，这个平台不是中国20世纪80年代的"厂长经理信箱"，从建厂到倒闭从来没有开启过。在网络时代,沟通是一种必需,也是一种艺术。

诚然,一个团队要实现 100% 沟通是有很大难度的,尤其是大企业。但是,网络最大的特点,就是沟通和互动性。今天很多大型企业都设立了经销商专区,使经销商能够和企业进行资料获取和信息交流,但是这还远远不够。一个现代化的团队必须自问是否实现了如下的沟通状态。

(1) 员工是否知道总裁的电子信箱(或手机号码)?

(2) 是否有专人处理总裁信箱并且归类交给总裁(按紧急程度或者级别)?

(3) 企业是否每月(季度)有沟通见面会(公司制度或者重大事情处理)?

(4) 核心骨干和老板之间是否能做到无障碍交流(开诚布公、彼此信任)?

(5) 企业和供应商、经销商之间是否有沟通平台(网络论坛或者管理终端)?

(6) 除了公司会议室,骨干之间还有其他沟通场所吗(咖啡厅、茶馆或者郊游途中或者某一方的家中)?

(7) 下属是否有主动沟通的习惯(下属会主动给你发邮件汇报工作进展或者主动请缨)?

(8) 当团队内部对某件事情抱有重大异议时,是否为了团队利益有人作出重大退让,而且这种退让是由衷的,或者是牺牲个人利益的?

(9) 个人出现工作之外的困难或者重大变故时,团队会不会成为最有力的支撑?

(10) 企业出现困难时,团队会不会协调一致,共同渡过难关?

对照自己的团队,如果符合 8 条以上,团队就是良性的,是开放型的、紧密型的;相反,如果只符合 5 条或更少,你的团队沟通和凝聚力就肯定有问题。

松下幸之助就是一个善于沟通的高手,他只要在公司,就会每天去工厂和车间,而且能叫出每个员工的名字。如此高明的沟通手段,使只有小学水平的他管理着 3000 名硕士和博士,也使松下集团成为世界最知名的公司之一。

一、课业任务

回顾一个你曾经经历过的团队,例如某一次老师布置的小组项目,某一次全家外出旅游或同学结伴旅游,某一场记忆深刻的集体项目比赛(篮球、排球等),某一次学校或社区的公益活动等。结合团队具体情况,将你对团队的理解制作成 PPT,在课上进行交流。

二、课业目的

理解、巩固所学知识,练习 PPT 制作技巧,提升个人团队意识。

三、课业要求

收集相关资料,结合团队管理理论知识和团队具体情况,总结当初的团队精神,制作PPT,课堂交流。

四、理论指导

学习并理解团队的含义、团队的作用、团队构成要素、团队精神、团队管理方法等。

五、课业操作

每人回顾一次有意义的团队活动,总结团队精神和启发,最后整理成PPT,打印提交大纲,课堂交流(或抽查)。

六、课业评价标准

本章课业评价标准如表7-1所示。

表7-1 课业评价标准

评价项目	团队介绍	理论运用	PPT设计	演示表达
评价标准	团队典型性,成员情况	理论运用得当,有针对性选择	设计技巧,内容有价值	演示技巧,个人收获
评分比重(%)	20	30	30	20

七、课业思路

PPT内容应包括团队名称、团队成员、成员特长、团队目的、团队计划、成员分工、激励措施、团队精神和启发等。

协同效应又称增效作用,是指两种或两种以上的组分相加或调配在一起,所产生的作用大于各种组分单独应用时作用的总和。协同效应,简单地说,就是"1+1>2"的效应。

团队是为实现某一目标而由相互协作的个体所组成的正式群体。团队具有明确的目标、相关的技能、相互间信任、共同的诺言、良好的沟通、谈判的技能、公认的领导、内部与外部的支持八个基本特征。团队的构成要素包括目标、人、定位、权限、计划。

团队精神就是大局意识、协作精神和服务精神的集中体现。团队精神的基础是尊重个人的兴趣和成就。其核心是协同合作,最高境界是全体成员的向心力、凝聚力,反映的是个体利益和整体利益的统一,并进而保证组织的高效率运转。

团队精神的功能包括目标导向功能、凝聚功能、激励功能、控制功能。团队管理工作需要各成员定位和职责要分清楚,要了解每个成员的性格、才能,团队自己要有一个清晰的定位,要有一套管理制度和工作流程,需要有一套合适的绩效激励体系。

团队工作是一个管理矛盾的过程,管理者必须理解、接受,并尽可能地平衡团队工作过程中的各种矛盾。

重要概念

协同效应　团队　团队构成要素　团队精神　团队管理

复习思考题

1. 理解协同效应的含义,举例说明企业常见的几种协同效应。
2. 什么是团队?其主要特征是什么?
3. 一个团队通常由哪些要素构成?
4. 举出至少5个你经历的团队,说说它们分别属于哪种类型。
5. 简述团队精神的含义,团队精神在企业管理中的重要性有哪些。
6. 简述团队精神与企业制度之间的关系。
7. 什么是团队管理?为什么说团队管理是一种矛盾管理?
8. 如何对待团队管理中的江湖义气?
9. 从团队管理角度探讨以下两句话的含义。
(1) 三个臭皮匠,顶个诸葛亮。
(2) 一个和尚挑水喝,两个和尚抬水喝,三个和尚没水喝。

案例分析

如何让一家濒临倒闭的创业公司起死回生

"硅谷教父"史蒂夫·布兰克曾经在20世纪80年代给一家几乎倒闭的公司做咨询,他的建议不仅拯救了那家公司,而且使它业绩上涨,市场份额大增。这家公司名叫SuperMac,是一家专门为苹果Mac计算机提供外设的厂商,产品有彩色显示器以及外接磁盘。当时Mac计算机外设产品市场基本上被其他两家公司垄断,SuperMac只能在这两个巨头的夹缝中生存,一度濒临倒闭破产。

1. 公司的职位不代表你的工作内容

布兰克先是找来公司各部分的负责人,询问他们各自部门为产品营销做了什么贡献,这个时候各个团队负责人的回答让布兰克很无语。

展会经理就像看着白痴一样看着布兰克:"你难道不知道我的工作就是到交易会布

置展台吗?"类似地,产品营销负责人说自己就是收集数据的,网络部门说自己就是做网站的。最令人"印象深刻"的当属公关经理了。他的回答很简单:"我们在这里是为了写新闻稿。如果有媒体打电话来,我们就接电话。"他们的回答听起来是如此合情合理,理直气壮。甚至这些负责人还会反问布兰克,"我们的工作就是那样啊?难道不是吗?"在布兰克看来,各个部门的负责人犯了一个错误:把他们的头衔和他们应该为公司作出的贡献混淆了。头衔虽然会印在他们的名片上,但头衔并不是他们的工作。头衔不等同于工作。这是一个很重要的观念。

这个问题是公司管理层之前没有意识到的。管理者没有和市场营销部的人坐到一起,去定义这个部门的使命是什么。

一般公司都会有一个文件来说明公司里每个部门的工作职责。大多数公司花费了很长时间来写这份文档,里面定义了一个部门的职责。

不过书面上的语言如何才能转化为实际的行动呢?具体到部门和每个人,应该怎么去实现这份文档?这是许多创业公司一直都没有思考过的问题。

布兰克提醒当时 SuperMac 的管理者:应该为营销人员定义日常工作,让每个人有一个清晰的目标。所以,除了写一份关于部门的职责文档,还应该为部门写一个书面的目标,这个目标应该是营销人员工作的出发点。布兰克给 SuperMac 的建议是制定一个"部门使命声明",让大家明白他们为什么来这里上班,他们需要做什么事情,怎样才知道他们做得好还是不好。而且其中还要提到 SuperMac 营销活动的两个关键词:营收和利润。

2. 订立一个简洁有力的年终目标

除了制定部门的日常目标,布兰克还和管理层确定了公司年终销售目标:2500 万美元的销售额,毛利率达 45%。

这对于当时的 SuperMac 来说几乎很难想象,让人无从下手。为了实现这个目标,布兰克根据 SuperMac 公司的整体情况,把大的目标细分为:营销部门需要为销售部门提供 4 万个活跃有效的销售线索,在 SuperMac 的目标市场上把公司和产品的知名度提高到 65% 以上,每季度 SuperMac 的产品需要获得五个正面的测评,让产品的市场份额达到 35%,部门人数控制在 20 人,成本费用不高于 400 万美元。

再从不同部门来看,要完成这样一个目标,公司的各个部门都要参与进来,不同部门(广告、公关、会展、研讨会、网络等部门)需要明确自己在这个目标实施中的定位以及需要:激发最终用户需求(以配合我们的营收目标),把这种需求导流到我们的销售渠道中,给产品制定合理的价格,来实现我们的营收和利润目标(创造高价值),教育我们的用户,帮助工程部门了解客户需求。

3. 当计划赶不上变化的时候

刚才说的年终目标"要达到 2500 万美元,毛利率要达到 45%",如果员工了解这个年终目标,他们就会齐心协力实现,甚至员工会带着激情完成。

但是,有时候计划赶不上变化。很多时候促销方案和营销计划因为各种各样的因素需要变更。那怎样才能实现年终目标呢?

实际上,可以另辟蹊径解决问题。如果营销方案需要更改,那么更改时每个部门都需要问自己一个问题:为了让公司能够实现45%的毛利率,销售额达到2500万美元,我们部门能从哪些角度做?能不能另想办法?

员工也是这样。当办公桌上的东西堆积如山时,他们要学会问自己:"这些事情可以帮助我向使命目标靠近吗?如果是,哪一个是?如果不是,为什么我要做这些呢?"

在布兰克来到SuperMac之后,公司雇用了一个新的营销主管,她把该部门转变成了一个以年终目标为中心的团队。

她新任命的展会经理很快就明白,他们的工作不是在交易会上设立展台。公司可以雇用工人来设立展台。交易会是提高公司知名度、寻找潜在合作对象的机会。如果你是展会部门的主管,你就负有这方面的责任。重要的不是展台。如果我们可以通过跳伞的方式在交易会上达到提高知名度、寻找潜在合作对象的目的,你可以不在乎公司是否有展台。

公关也是如此。公司新招的公关负责人很快就发现,他的助理就可以接听媒体记者打来的电话。SuperMac的公关工作不是被动地写新闻稿,然后等着事情发生。衡量业绩的方式不是你有多忙碌,而是你起到了什么效果。而且,传统用来衡量公关效果的指标,公司一点也不关心。公司希望看到的是公关部门和媒体拉近关系,并利用这种关系激发最终用户的需求,进而将其导流到公司的销售渠道中。布兰克通过不断使用新的指标,来观察不同的公关信息、渠道和受众会对最终用户的购买量产生怎样的影响。

产品营销团队也是一样。公司雇用了一位产品营销主管。之前他是一家公司的市场营销负责人,后来成为该公司的全国销售主管。他来面试的时候,公司CEO问他,他的市场营销材料大概有多少是销售团队确实在外面用上的。他说:"大约百分之十。"布兰克看到他脸上难为情的样子,觉得这个人就是合适的人选。此外,公司的营销总监不仅善于理解顾客需求,也善于将这种需求传达给工程部门。

在布兰克的一番改造以后,SuperMac整个团队的凝聚力得到了大大的提升。

(资料来源:腾讯创业编译组.硅谷教父布兰克:我是如何让一家濒临倒闭的创业公司起死回生的.http://www.sohu.com/a/118824170_355033,2016-11-12)

思考题:
1. SuperMac原来的营销团队存在什么问题?
2. 布兰克是怎样改造SuperMac的营销团队的?
3. 团队成员分工和"大家一起来解决问题"矛盾吗?为什么?

第八章　领　　导

名人名言

居高位者,以知人晓事二者为职。

——曾国藩

学习目标

1. 比较领导和管理的不同之处;
2. 描述领导的功能;
3. 以不同标准划分领导的类型;
4. 理解领导素质的含义;
5. 描述领导素质的特点;
6. 区别领导权力和领导影响力;
7. 区别领导方式和领导艺术;
8. 列举领导艺术的具体体现。

领导者的决策

美国总统林肯上任后不久,将六个幕僚召集在一起开会。林肯提出了一个重要法案,而幕僚们的看法并不统一,于是七个人便热烈地争论起来。林肯仔细听取其他六个人的意见后,仍感到自己是正确的。最后决策时,六个幕僚一致反对林肯的意见,但林肯仍固执己见,他说:"虽然只有我一个人赞成,但我仍要宣布,这个法案通过了。"

表面上看,林肯这种忽视多数人意见的做法似乎过于独断专行。其实,林肯已经仔细地了解了其他六人的看法并经过深思熟虑,认定自己的方案最为合理。而其他六个人持反对意见,只是一个条件反射,有的人甚至是人云亦云,根本就没有认真考虑过这个方案。既然如此,自然应该力排众议,坚持己见。

本章介绍管理的第三个职能——领导。首先讲述领导的含义、领导和管理的区别,接着描述领导者应具备的素质,最后详细介绍领导权力和领导影响力、领导方式和领导艺术。

第一节 领 导 概 述

一、领导的含义

领导作为名词是指领导者(leader)或领导力(leadership)。作为动词的领导(leading)是领导者为实现组织的目标而运用权力向下属施加影响力的一种行为或行为过程。领导工作包括五个必不可少的要素:领导者、被领导者、作用对象(即客观环境)、职权和领导行为。

(一)领导与管理的联系

(1)领导是从管理中分化出来的。就领导活动自身发展的历史而言,决策与执行的分离、领导权与管理权的分离,是领导科学发展进程中的重要变革,这一具有里程碑意义的变革同样证明了领导是从管理中分化而来的。

(2)领导和管理无论是在社会活动的实践方面,还是在社会科学的理论方面,都具有较强的相容性和交叉性。

(二)领导与管理的区别

(1)领导具有战略性。领导侧重于重大方针的决策和对人、事的统御,强调通过与下属的沟通和激励实现组织目标;管理则侧重于政策的执行,强调通过下属的服从和组织控制实现组织目标。领导追求组织乃至社会的整体效益;管理则着眼于某项具体效益。

(2) 领导具有超脱性。领导重在决策,管理重在执行。工作重点的不同,使领导不需要处理具体、琐碎的具体事务,主要从根本上、宏观上把握组织活动。管理则必须投身于人、事、财、物、信息、时间等具体问题的调控与配置,通过事无巨细的工作实现管理目标。

二、领导的类型

(一) 以领导的历史发展进程为标准划分

以领导的历史发展进程为标准,可以划分为五种领导类型:自然式领导;专制式领导;民主式领导;专家式领导,也称专家辅佐式领导;专家集团式领导。

(二) 以领导的工作性质和对象为标准划分

以领导工作的性质和对象为标准,可以划分为四种基本类型:政治领导;行政领导;业务领导;学术领导。

(三) 以领导关系为标准划分

以领导关系为标准,可以划分为五种主要的领导类型:层次式领导;单线式领导;星式领导;轮式领导;网络式领导。

三、领导的功能

领导的功能是指领导者在领导过程必须发挥的作用,即领导者在带领、引导和鼓舞下属为实现组织目标而努力的过程中,要发挥组织功能、激励功能和控制功能。

(一) 组织功能

组织功能是指领导者为实现组织目标,合理地配置组织中的人、财、物,把组织的三要素构成一个有机整体的功能。组织功能是领导的首要功能,没有领导者的组织过程,一个组织中的人、财、物只可能是独立的、分散的要素,难以形成有效的生产力。通过领导者的组织活动,人、财、物之间合理配置,构成一个有机整体,才能去实现组织的目标。

(二) 激励功能

激励功能是指领导者在领导过程中,通过激励方法调动下级和职工的积极性,使之能积极努力地实现组织目标的功能。实现组织的目标是领导者的根本任务,但完成这个任务不能仅靠领导者一个人去动手亲自干。领导应在组织的基础上,通过激励功能的作用,将全体职工的积极性调动起来,共同努力。"众人拾柴火焰高",领导的激励功能,形象地说就是要使众人都积极地去拾柴。

(三) 控制功能

控制功能是指在领导过程中,领导者对下级和职工以及整个组织活动的驾驭和支配的功能。在实现组织的目标过程中,"偏差"是不可避免的。这种"偏差"的发生可能源自于不可预见的外部因素的影响,也可能源自于内部不合理的组织结构、规章制度、不合格管理人员的影响。纠正"偏差",消除导致"偏差"的各种因素,是领导的基本功能。

第二节 领导素质

一、领导素质的含义

领导素质是指充当领导角色的个体为了完成特定的职能、职责,发挥其特定影响和作用所必须具备的自身条件,是在一定的心理生理条件的基础上,通过学习、教育和实践锻炼而形成的在领导工作中经常起作用的那些基础条件和内在要素的总和。

领导者的素质是指在先天禀赋的生理和心理基础上,经过后天的学习和实践锻炼而形成的在领导工作中经常起作用的那些基础条件和内在要素的总和。在领导科学理论的研究中,人们一般把领导者的素质分为政治素质、思想素质、道德素质、文化素质、业务素质、身体素质和心理素质,以及领导和管理能力等。

二、领导素质的特点

领导素质的特点是由领导者所担负的领导工作的性质、职能、所处的时代、阶级地位、环境条件以及个人的先天因素等决定的。这些情况千差万别,所以领导素质具有不同的特点,概括起来有以下六个特点。

(一)时代性

不同社会、不同历史时期的领导者,在成长发展的过程中,必然要受到所处时代的政治、经济、文化和科学技术发展状况的影响。因而,在素质方面就会打上时代的烙印,具有一定的时代性。领导素质是在一定的环境下培养出来的,而不断发展变化的环境对领导素质又提出了更新、更高的要求。所以,客观环境决定了领导者的素质,而领导素质又必须适应客观环境。这是辩证唯物主义对待领导素质和客观环境之间关系的基本态度。时代在发展,事业在前进,领导素质在更新。比如,在夺取政权的年代,就要求领导者具有能发动群众、会搞阶级斗争、英勇战斗、不怕牺牲等方面的素质;在改革开放进行社会主义现代化建设的今天,则要求现代领导者具有懂科学、会管理、善经营,时刻掌握政治方向,站稳政治立场等方面的素质。可见,领导素质的时代特色是十分鲜明的。领导者只有具备了符合时代特点的素质,才能有效地实施科学领导。

(二)层次性

随着人类社会的发展进步,人们的社会分工也越来越细,领导者的职责也越来越分明。领导层次有高层、中层和基层之分;领导领域有经济、政治和文化之分;领导部门有党委、行政、事业、企业之别。对于不同层次、不同领域、不同部门领导者的素质,有不同的要求。因而,领导素质有十分鲜明的层次性。

对于领导素质的层次性,我国历史上许多有作为的政治家都有精辟的论述。三国时期著名的政治家、思想家、军事家诸葛亮,在他所著的《将器》一文中指出:"将之器,其用大小不同。若洞察其奸,伺其祸,为之众服,此十夫之将;夙兴夜寐,言词密察,此百夫之将;直而有虑,勇而能斗,此千夫之将;外貌桓桓,中情烈烈,知人勤劳,悉人饥寒,此万夫之将;迎贤进能,日慎一日,诚信宽大,闲于理机,此十万夫之将;仁爱治于天下,信义服邻国,上知天文,中察人事,下识地理,四海之内视为室家,此天下之将。"诸葛亮把不同层次的领导者所应具备的相应素质讲得形象生动,道理浅显易懂,很值得我们深思、借鉴。

现代领导者正处在历史性变革时期。深化改革,扩大开放,加快经济建设步伐,对各层领导者的素质都提出了更高的要求。同时,领导素质随着社会实践和领导活动的发展变化,应不断提高,不断充实,不断完善,使之更适合不同层次领导工作性质的要求,更适合社会发展和人类进步的需要。

(三) 动态性

辩证唯物主义告诉我们,世界上的一切事物都是处在不断发展变化中的。领导素质也不例外,它同样也是一个不断发展着的动态概念。一方面,领导者的先天素质可以改变。一个先天素质较好的领导者,如果自身不努力学习,勇于实践,积极进取,自强不息,那么长久下去,也会变坏。反之亦然。另一方面,领导者后天所形成的素质,也有个发展变化的过程,如逆水行舟,不进则退,不会永远停留在一个水平上。

(四) 实践性

领导素质的提高,虽然与先天的生理素质有关,但绝不起决定性作用,关键是后天的社会实践。任何一位卓越的领导干部都不是天生的,都是在实践中经过锻炼而逐步成长起来的。毛泽东同志指出:"你要有知识,你就得参加变革现实的实践。你要知道梨子的滋味,你就得变革梨子,亲口吃一吃。你要知道原子的组织同性质,你就得实行物理学和化学的实验,变革原子的情况。你要知道革命的理论和方法,你就得参加革命。"事实证明,社会实践是领导素质养成和提高的重要途径。

社会实践可以使先天生理因素好的领导者锦上添花,迅速提高素质,也可以使先天生理因素差的领导者加倍努力,逐步提高素质。比如,在反法西斯战争关键时刻担任英国首相的丘吉尔,先天生理因素并不好,他是早产儿,过早地失去了父母的关怀,有不可抑制的发音错误,但这些并没有影响他的事业。经过后天的社会实践,丘吉尔不仅推进了英国的历史进程,被世界认为是叱咤风云的领袖人物,而且成为一名了不起的演说家。他的演说能使大厅里的数千名听众,或使数百万名广播听众为之入迷。所以说,社会实践的大熔炉锤炼了领导者的素质。

(五) 综合性

现代领导干部的素质,都不是单一要素构成的,而是由多种素质组合而成的素质系统,具有很强的综合性特点。自古以来,对领导素质的要求就不是单一的,而是综合的。比如,《孙子兵法》第一篇《计篇》中提到"将者,智、信、仁、勇、严也",大意是作为领导人的将才,须具备五方面的素质:足智多谋,赏罚有信,对部下真心关爱,勇敢果断,军纪严明。

（六）同异性

在同一历史时期、同一社会、同一阶级，由于具有同一的社会环境和阶级基础，所以，领导素质具有同一性。在社会主义初级阶段，在改革开放和现代化建设的新时期，无论哪一层次、哪一领域、哪一部门、哪一行业的领导者，在政治方向上应是同一的，即坚持走中国特色的社会主义道路，坚定不移地执行党的基本路线，在思想上、政治上、行动上同党中央保持高度一致。

由于每个领导者的先天因素、所受教育、个人经历以及主观努力程度不同，因而领导素质又具有差异性。有的领导者可以连续使几个濒临倒闭的工厂起死回生，效益倍增。有的领导者却使好端端的一个工厂效益下降，走向倒闭。其中缘由固然很多，但在其他条件相同的情况下，领导素质的差异性就是决定因素。由此，我们可以得出结论，领导素质不仅有同一性，而且有很大的差异性。

三、领导素质的学说

关于领导素质有以下三种学说。

（一）要素说

素质是由素质载体所包含的要素总和构成的。例如，企业素质是由劳动力、劳动对象、劳动资料组成的有机结合，再加上有效的组织管理；领导者的素质由思想素质、文化技术素质、年龄素质、脑力和体力素质等构成。

（二）能力说

素质是一种质的动态反映，是一种综合性能力。例如，企业素质由五种能力所反映：技术开发能力；内涵扩大再生产能力；盈利能力；竞争的能力；应变能力。

关于企业领导者的能力，日本理论家归纳为十项：思维决策能力；规划能力；判断能力；创造能力；调查能力；劝说能力；对人理解能力；解决问题能力；培养下级能力；调动积极性能力。

（三）结合说

素质是指素质载体系统的、综合的、整体的特性或能力。素质不是指各种要素的本身能力，而是各要素能力的结合。例如，企业素质不是指组成生产力的各个要素，而是指这些要素发生的作用。企业素质的外在表现就是企业的活力。个人的素质是肌肉、骨骼、大脑等各种器官能力的结合，反映为人的智谋、技能、思维判断、速度、反应、耐力等方面。

国内对领导者素质的说法包括政治思想、文化知识、领导能力、思想作风、年龄体质五个方面。

日本企业界要求领导者应该具有使命感、责任心、信赖性、积极性、忠诚老实、有进取心、忍耐力、公平、热情、勇气等品德。

对企业领导者的素质可用数字进行评分，如表 8-1 所示。

表 8-1　领导素质评分

要素类别	得分	累计得分	要素类别	得分	累计得分
事业心	20	20	献身精神	7	77
创新精神	15	35	忍受挫折	6	83
责任感	10	45	求知欲	5	88
顽强性	10	55	勤奋	5	93
人群关系	8	63	作风民主	4	97
自信感	7	70	自我批评	3	100

达到 60 分,说明领导者具备了主要素质,但缺乏开拓性条件;达到 60~80 分,已具备了开拓性条件,但还不完善;达到 80~100 分,说明领导者素质非常好。需要注意的是,这种评估方法应与定性分析结合。

 领 导 权 力

一、领导权力的含义

所谓领导权力(leading power),就是领导者(权力所有人)遵循相关的法律法规,运用多种方法与手段,在实现特定目标的过程中,对被领导者(权力相对人)做出一定行为与施行一定影响的能力。

这一定义大致包含以下几方面的主要内容。

(1) 领导权力的主体。领导权力的主体包括党政机构的领导者、企事业单位的领导者以及广大的社会组织中的领导者。

(2) 领导权力的根本目标。领导权力的根本目标是要通过贯彻执行国家法律、法令和各类政策来有效地实现国家意志。

(3) 领导权力的作用方式。领导权力的作用方式主要是强制性地推行政令。

(4) 领导权力的客体。总体而言,领导权力的客体包括所有的居民以及由居民组成的不同社会组织和社会集团。可以说,领导权力的客体囊括了领土范围内的整个社会。

二、领导权力的起源

关于领导权力的起源,有以下几种学说。

(一) 神权说

神权说是一种关于权力来源的愚昧主张,认为权力来源于上帝,进而创造出"神权论"或"君权神授论",为封建专制统治辩护并服务。

(二) 德仁说

德仁说主张权力是一种来自道德教化的影响力。中国古代孔子的"德治"、孟子的"仁政"等思想,都属于此类学说。

(三) 智慧说

古希腊思想家苏格拉底、柏拉图提出了权力应该来源于知识的"哲学王"学说。近代英国思想家培根提出的"知识就是力量"及现代学者提出的"科技治国论"等主张,都属于此类学说。

(四) 暴力说

暴力说主张权力应以法律、军队等暴力工具为依托。中国古代的韩非子、西方中世纪末思想家马基雅维利是该主张的重要代表。

(五) 契约论

契约论的主要代表者是卢梭与孟德斯鸠等人。他们认为,国家是人类根据自己的需要,通过契约建立起来的,国家的权力来自人民,而人民的权力是天赋的。

(六) 资源说

资源说把权力的来源归结为对组织资源的拥有与控制。这里的资源包括金钱、信息、武力、社会地位、立法权、投票权等。人们只要掌握了一定的资源,便具有了影响他人的力量。

(七) 接受论

接受论观点是由巴纳德第一次系统地阐述的,他认为"应从组织成员是否接受一项命令、指示或建议的角度来考察权力"。此外,在西蒙的权威论中也有接受论的主张。

三、领导影响力

领导影响力就是领导者在领导过程中,有效改变和影响他人心理和行为的一种能力或力量。任何领导活动都是在领导者与被领导者的相互作用中进行的。

(一) 领导影响力的基础

构成领导影响力(或者说权力)的基础有两大方面:一是权力性影响力;二是非权力性影响力。

1. 权力性影响力

权力性影响力又称为强制性影响力,它主要源于法律、职位、习惯和武力等。权力性影响力对人的影响带有强迫性、不可抗拒性,它是通过外推力的方式发挥作用的。在这种方式作用下,权力性影响力对人的心理和行为的激励是有限的。构成权力性影响力的因素主要有法律、职位、习惯、暴力。

2. 非权力性影响力

与权力性影响力相反的另一种影响力是非权力性影响力。非权力性影响力也称为非强制性影响力,它主要来源于领导者个人的人格魅力,来源于领导者与被领导者之间的相互感召和相互信赖。构成非权力性影响力的因素主要有品格、才能、知识、情感。

（二）领导影响力的作用

领导影响力在领导过程中发挥着重要的作用，具体表现在以下三个方面。

（1）领导影响力是整个领导活动得以顺利进行的前提条件。

（2）领导影响力影响着组织群体的凝聚力与团结。

（3）领导影响力可以改变和影响组织成员的行为。

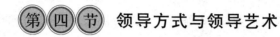

第四节 领导方式与领导艺术

一、领导方式的含义

领导方式是指领导者与被领导者之间发生影响和作用的方式，是领导过程中领导者、被领导者及其作用对象相结合的具体形式。组织管理的成效如何，取决于领导者的领导方式是否得当。领导方式是直接影响领导效能的重要因素。了解和认识领导方式，并且善于随着时代的变化转变领导方式，是实现领导目标、做好领导工作的重要条件。

二、领导方式的类型

按照不同的标准可对领导方式的类型进行不同的划分。

按权力控制程度不同，领导方式可分为集权型领导、分权型领导和均权型领导。

按领导重心所向不同，领导方式可分为以事为中心的领导、以人为中心的领导、人事并重式的领导。以事为中心的领导者认为，应以工作为中心，强调工作效率，以最经济的手段取得最大的工作成果，以工作的数量与质量及达成目标的程度作为评价成绩的指标。

按领导者的态度不同，领导方式可分为体谅型领导和严厉型领导。严厉型领导是领导者对部属十分严厉，重组织、轻个人，要求部属牺牲个人利益服从组织利益，严格每个人的责任，执行严格的纪律，重视监督和考核。

按决策权力大小不同，领导方式可分为专断型领导、民主型领导、自由型领导。

管理学家利克特提出了如下四种领导方式。

（一）专制—权威式

专制—权威式领导者比较专制，采用自上而下的沟通方式，很少信任下属，对人采用恐惧与惩罚的方法，偶尔兼用奖赏，决策权集中于自己。

（二）开明—权威式

开明—权威式领导者对下属有一定信任和信心，并用奖赏和惩罚，允许一定的自下而上的沟通，授予下级一定的决策权，但牢牢掌握政策性控制。

（三）协商式

协商式领导者对下属抱有相当大的信任和信心，通常设法采纳下属意见；采用奖赏，偶尔用惩罚和一定程度的参与；进行上下双向沟通；在最高层制定主要政策和总体决策的同时，允许低层部门作出具体问题决策，在某些情况下进行协商。

（四）群体参与式

群体参与式领导者对下属在一切事务上抱有信心和充分的信任，总是从下属获取设想和意见，并积极地加以采纳；组织群体参与确定目标和评价实现目标的进展；积极从事上下双向沟通；鼓励各级组织作出决策。

三、领导艺术

领导艺术是指在领导方式上表现出的创造性和有效性。一方面是创造，是真善美在领导活动中的自由创造性。"真"是把握规律，在规律中创造升华，升华到艺术境界；"善"是要符合政治理念；"美"是指领导使人愉悦、舒畅。另一方面是有效性，领导实践活动是检验领导艺术的唯一标准。

领导艺术是领导者个人素质的综合反映，是因人而异的。黑格尔说"世界上没有完全相同的两片叶子"，同样也没有完全相同的两个人，没有完全相同的领导者和领导模式。有多少个领导者，就有多少种领导模式。

领导模式就是领导方法，哪位领导者在错综复杂的矛盾中抓住了主要矛盾，他就能把领导艺术演绎得出神入化。例如，牵牛要牵牛鼻子，十指弹钢琴，统筹兼顾，全面安排，这些就是所谓的模式化。

领导艺术主要体现在以下几个方面。

（一）用人的艺术

如何用好人，除了要端正用人思想，让那些想干事的人有事干、能干事的人干好事外，在用人技巧上还要注意以下问题。

1. 善于用人所长

用人之诀在于用人所长，且最大限度地实现优势互补。用人所长，首先要注意"适位"。陈景润如果不是被华罗庚发现，并将他调到数学研究所工作，他就难以摘取数学皇冠上的明珠。其次要注意"适时"。界定各类人才所长的最佳使用期，不能单纯以年龄为依据，而应以素质为标准，对看准的人一定要大胆使用、及时使用。最后要注意"适度"。领导者用人不能搞"鞭打快牛"，"快牛"只能用在关键时候、紧要时刻，如果平时只顾用起来顺手、放心，长期压着那些工作责任心和工作能力都较强的人在"快车道"上超负荷运转，这些"快牛"必将成为"慢牛"或"死牛"。

2. 善于用人所爱

有位中学生曾向比尔·盖茨请教成功的秘诀。盖茨对他说："做你所爱，爱你所做。"爱因斯坦生前曾接到要他出任以色列总统的邀请，对这个不少人垂涎的职务，他却婉言谢绝了,仍钟情于搞他的科研。正因为有了他这种明智的爱,才有了爱因斯坦这个伟大的科学家。领导者在用人的过程中,就要知人所爱、帮人所爱、成人所爱。

3. 善于用人所变

鲁迅原来是学医的,后来却成了文坛巨人。很多名人名家的成功人生告诉我们:人的特长是可以转移的,能产生特长转移的人,大都是一些创新思维与能力较强的人。对这种人才,领导者应倍加珍惜,适时调整对他们的使用,让他们在更适合自己的舞台施展才华。

(二) 决策的艺术

决策是领导者要做的主要工作,决策一旦失误,对单位就意味着损失,对自己就意味着失职。这就要求领导者要强化决策意识,尽快提高决策水平,尽量减少各种决策性浪费。

1. 决策前注重调查

领导者在决策前一定要多做些调查研究,搞清各种情况,尤其是要把大家的情绪和呼声作为自己决策的第一信号,不能无准备就进入决策状态。

2. 决策中注意民主

领导者在决策中要充分发扬民主,优选决策方案,尤其碰到一些非常规性决策,应懂得按照"利利相交取其大、弊弊相交取其小、利弊相交取其利"的原则,适时进行决策,不能未谋乱断,不能错失决策良机。

3. 决策后狠抓落实

决策一旦定下来,就要认真抓好实施,做到言必信、信必果,绝不能朝令夕改。领导者在工作中花样太多,是不成熟的表现。

(三) 处事的艺术

常听到不少领导者感叹,现在的事情实在太多,怎样忙也忙不过来。会当领导的人,不应该成为做事最多的人,而应该成为做事最精的人。

1. 多做自己该做的事

当前,摆在领导者面前的事情主要有三类:第一类是领导者想干、擅长干和必须干的事,如用人、决策等;第二类是领导者想干、必须干,但不擅长干的事;第三类是领导者不想干、不擅长干,也不一定要干的事,如应酬、可去可不去的会议等。领导者对自己该管的事一定要管好,对自己不该管的事一定不要管,尤其是那些已经明确了是下属分管的工作和只要按有关制度就可办的事,一定不要乱插手,乱干预。

2. 多做着眼明天的事

领导者应经常反思昨天、干好今天、谋划明天,多做一些有利于本地方或本单位可持续发展的事。比如,设立一个明晰且富于自身特点的长、中、短期工作目标,打造一个团结战斗且优势互补的领导班子。

3. 多做最为重要的事

例如,如何寻找适合本地经济发展的新路子,如何调动下属工作积极性。领导者在做事时应先做最重要和最紧要的事,不能主次不分,见事就做。

(四) 协调的艺术

没有协调能力的人当不好领导者。协调不仅要明确协调对象和协调方式,还要掌握一些相应的协调技巧。

1. 对上请示沟通

平时要主动多向领导请示汇报工作,若在工作中有意或无意得罪了上级领导,靠"顶"和"躲"是不行的。理智的办法:一是主动沟通,错了要大胆承认,误会了要解释清楚,以求得到领导谅解;二是请人调解,这个调解人与自己关系要好,与领导的关系更要非同一般。

2. 对下沟通协调

当下属在一些涉及个人利益的问题上与单位或对领导有意见时,领导者应通过谈心、交心等方式来消除彼此间的误解。对能解决的问题一定要尽快解决,一时解决不了的问题,也要向下属说清原因,千万不能以"打哈哈"的方式去对待或糊弄。

3. 对外争让有度

领导者在与外面平级单位的协调中,领导艺术往往体现在争让之间。大事要争,小事要让。不能遇事必争,也不能遇事皆让,该争不争,就会丧失原则;该让不让,就会影响全局。

(五) 运时的艺术

时间是一种无形的稀缺资源,领导者不能无视它,更不能浪费它。

1. 强化时间意识

有人做了统计:一个人一生的有效工作时间大约一万天。一个领导者的有效当"官"时间是10～15年。一旦错过这个有效时间,即使思想再好,能力再高,也常常心有余而力不足。所以,领导者要利用宝贵的时间多做有意义的事。

2. 学会管理时间

领导者管理时间应包括两个方面:一是要善于把握好自己的时间。当一件事摆在领导者眼前时,应先问一问自己"这事值不值得做?"然后再问一问自己"是不是现在必须做?"最后还要问一问自己"是不是必须自己做?"只有这样才能比较主动地驾驭好自己的时间。二是不随便浪费别人的时间。有人做过统计:某领导者有3/5的时间用在开会上。领导者要力戒"会瘾",不要动不动就开会,不要认为工作就是开会。万一要开会,也应开短会,说短话,千万不要让无关人员来"陪会","浪费别人的时间等于谋财害命"。

3. 养成惜时习惯

人才学的研究表明,成功人士与非成功人士的一个主要区别,就是成功人士年轻时就养成了惜时的习惯。要像比尔·盖茨那样,能站着说就不坐着说,能站着说完的就不进会议室说,能写便条的就不要写成文件。只有这样才能形成好的惜时习惯。

(六) 理财的艺术

经费不足是当前各单位普遍存在的一个主要问题,它要求领导者要提高理财艺术。

1. 懂得怎样找钱

找钱就是要学会"开源",也就是要利用各种可行途径广开财路,增加收入。比如,要经常开动脑筋到省、市、县有关部门去争取各种资金,千万不能将"开源"的希望寄托在乱收费上。

2. 懂得怎样管钱

按照上级有关规定,领导者不能直接管财务。但这并不意味着领导者对单位的经费使用情况可以不闻不问。对单位的一些主要经费开支情况,领导者一定要定期进行审核,看看有没有违规违纪的情况,有没有不该花的钱。

3. 懂得怎样用钱

有的地方做个大门花十几万元,一年来客的招待费占可用财力的百分之几十,搞个形象工程几百万元,却舍不得在真正的学习上花点钱,舍不得在为老百姓办实事上多花点钱。钱应该花在有效益的经济建设上,花在老百姓身上。

(七) 说话的艺术

说话是一门艺术,它是反映领导者综合素质的一面镜子,也是下属评价领导者水平的一把尺子。领导者要提高说话艺术,除了要提高语言表达基本功外,关键要提高语言表达艺术。

1. 做到言之有物

所谓言之有物,就是领导者在下属面前讲话,不能空话连篇,套话成堆,要尽量做到实话实说,让大家能经常从领导者的讲话中获取一些新的有效信息,听到一些新的见解,受到一些新的启发。

2. 做到言之有理

领导者在下属面前讲话,不能官气十足,应注意情理相融。要做到情理相融,一是要讲好道理。讲道理不能搞空对空,一定要与下属的思想、工作、生活等实际紧密结合起来,力求以理服人。二是要注意条理。讲话不能信口开河,语无伦次,一定要让人感到条理清晰、层次分明。三是要通情理。不能拿大话来压人,要多讲些大家眼前最关心的问题、大家心里最想的问题。

3. 做到言之有味

领导者在下属面前讲话时,语言要带点甜味,要有点新意,要有点幽默感。

(八) 激励的艺术

管理要重在人本管理,人本管理的核心就是重激励。领导者要调动大家的积极性,就要学会如何激励下属。

1. 激励注意适时进行

美国前总统里根曾说过这样一句话,"对下属给予适时的表扬和激励,会帮助他们成为一个特殊的人。"一个聪明的领导者要善于经常适时、适度地表扬下属,这种"零成本"激励,往往会"夸"出很多为你效劳的好下属。

2. 激励注意因人而异

领导者在激励下属时,一定要区别对待,最好在激励下属之前,弄清楚被激励者最喜欢什么、最讨厌什么、最忌讳什么,尽可能"投其所好",否则就可能好心办坏事。

3. 激励注意多管齐下

激励的方式方法很多,有目标激励、榜样激励、责任激励、竞赛激励、关怀激励、许诺激励、金钱激励等,但从大的方面来划分主要可分为精神激励和物质激励两大类。领导者在进行激励时,要以精神激励为主,以物质激励为辅,只有形成这样的激励机制,才是一种有效的激励机制,才是一种长效的激励机制。

一、课业任务

采用本章中讲到的领导素质评分(见表 8-1),对本班级同学的领导力进行测评。

二、课业目的

理解、巩固所学知识,锻炼个人定量分析习惯,发现自己领导力方面的优势和不足。

三、课业要求

每位同学都要认真参与,仔细理解相关概念,尽可能了解被测评同学的性格特征以及为人处世方法,客观打分。全班以公开的方式进行分数汇总。

四、理论指导

学习并理解领导的含义,领导素质的内容,领导素质评分方法等。

五、课业操作

理解领导素质的具体内容,观察班级同学潜在的领导素质,采用表 8-1 所示的方法评价你最熟悉的班上 10 位同学的领导素质,打出具体分数。最后全班对被测评同学的分数进行汇总,简单得出这些同学的领导力素质分数和班级排名。全班同学都要写一份自己的领导素质评估报告,以此判断每个同学领导素质的优势和劣势,对生涯规划和将来的努力方向提供参考。

六、课业评价标准

本章课业评价标准如表 8-2 所示。

表 8-2 课业评价标准

评价项目	参与度	测评报告
评价标准	积极参与	理论运用得当,有针对性选择
评分比重(%)	30	70

作为动词的领导是领导者为实现组织的目标而运用权力向其下属施加影响力的一种行为或行为过程。领导工作包括五个必不可少的要素:领导者、被领导者、作用对象(即客观环境)、职权和领导行为。

领导不同于管理,领导具有战略性和超脱性。

领导素质是指充当领导角色的个体为了完成特定职能、职责,发挥特定影响和作用所必须具备的自身条件。

领导素质的特点是由领导者所担负的领导工作的性质、职能、所处的时代、阶级地位、环境条件以及个人的先天因素等决定的。

素质是由素质载体所包含的要素总和构成的,是一种质的动态反映,是一种综合性能力。

领导权力就是领导者(权力所有人)遵循相关的法律法规,运用多种方法与手段,在实现特定目标的过程中,对被领导者(权力相对人)做出一定行为与施行一定影响的能力。

领导影响力就是领导者在领导过程中,有效改变和影响他人心理和行为的一种能力或力量。

领导方式是指领导者与被领导者之间发生影响和作用的方式,是领导过程中领导者、被领导者及其作用对象相结合的具体形式。

领导艺术是指在领导的方式方法上表现出的创造性和有效性。领导艺术是领导者个人素质的综合反映,是因人而异的。

领导　领导素质　领导权力　领导影响力　领导方式　领导艺术

复习思考题

1. 领导和管理有什么不同之处?
2. 作为管理职能的领导在组织管理中的作用是什么?

3. 领导有哪些类型？试举例说明。

4. 领导素质的特点有哪些？

5. 简述领导者应具备的素质。

6. 有权力的领导一定有影响力吗？为什么？

7. 领导方式和领导艺术分别指的是什么？两者的主要区别是什么？

8. 社会上有些员工对他们的领导总是持负面评价，比如领导很抠门、领导不近人情、领导一意孤行，你怎样看待这样的评价？

案例分析

观　影

　　教师组织班级学生观看电影《首席执行官》（山东电影制片厂 2002 年出品，导演吴天明，片长 125 分钟）。该电影基本真实地反映了青岛海尔的成长历史。

思考题：

1. 概括厂长凌敏（原型张瑞敏）的领导素质。

2. 分析评价凌敏的领导方法和领导艺术。

3. 你认为青岛海尔的成就与张瑞敏有直接关系吗？为什么？

第九章 沟 通

名人名言

管理者的最基本功能是发展与维系一个畅通的沟通管道。
——［美］切斯特·巴纳德

学习目标

1. 理解沟通的含义和沟通的过程；
2. 理解有效沟通和沟通中噪声的含义；
3. 描述改善人际关系的方法；
4. 比较不同沟通方式的优缺点；
5. 探讨人们使用不同沟通方式的技能；
6. 解释沟通冲突和沟通阻力的含义；
7. 列举沟通冲突的有利和不利方面；
8. 列举沟通冲突管理的主要方法。

导入案例　　　不合身的裤子

一位教授精心准备一个重要会议上的演讲,会议规格之高、规模之大都是他平生第一次遇到的。全家都为教授的这一次露脸而激动。为此,老婆专门为他选购了一身西装。晚饭时,老婆问西装合身不,教授说上身很好,裤腿长了2厘米,倒是能穿,影响不大。

晚上,教授早早就睡了。老妈却睡不着,琢磨着儿子这么隆重的演讲,西裤长了怎么能行,反正人老了也没瞌睡,就翻身下床,把西装的裤腿剪掉2厘米,缝好烫平,然后安心入睡了。早上五点半,老婆睡醒了,想起老公西裤的事,心想时间还来得及,便拿来西裤又剪掉2厘米,缝好烫平,开始做早餐。一会儿,女儿也早早起床了,看妈妈的早餐还没有做好,想起爸爸西裤的事情,寻思自己也能为爸爸做点事情了,便拿来西裤,剪掉2厘米,缝好烫平……这个裤子还能不能穿?

本章首先介绍沟通的含义和过程,接着比较不同类型沟通方式的优缺点,重点介绍人际沟通技巧,最后阐述沟通可能产生的冲突,以及有关冲突管理的内容。

第一节　沟通与人际关系

一、沟通的含义

沟通(communication)是信息传与收的行为,发送者凭借一定的渠道,将信息传递给接收者,以求对方完全理解发送者的意图。沟通是为了一个设定的目标,把信息、思想和情感在个人或群体间传递,并且达成共同协议的过程。沟通包括三大要素:①要有一个明确的目标;②达成共同的协议;③沟通信息、思想和情感。

沟通既是人际的交流,也涉及组织之间的交流。沟通是人类组织的基本特征和活动之一。没有沟通,就不可能形成组织和人类社会。家庭、企业、国家,都是十分典型的人类组织形态。沟通是维系组织存在,保持和加强组织纽带,创造和维护组织文化,提高组织效率、效益,支持、促进组织不断进步发展的主要途径。

有效的沟通可以帮助我们高效做好事情,享受更美好的生活。善于沟通的人懂得如何维持和改善相互关系,更好地展示自我需要,发现他人需要,最终赢得更好的人际关系和成功的事业。

有效沟通的意义可以总结为以下几点。

(1) 满足人们彼此交流的需要。

(2) 使人们达成共识,有更多的合作。
(3) 降低工作的代理成本,提高办事效率。
(4) 能获得有价值的信息,并使个人办事更加井井有条。
(5) 使人进行清晰的思考,有效把握所做的事。

二、沟通的噪声

在通信领域,噪声是干扰信号传输的能量场。这种能量场的产生源可以来自内部系统,也可以产生于外部环境。

噪声也叫杂音,在沟通中属于干扰因素。噪声会降低信息的传递效率,甚至会形成错误信息,误导信息的内容。

产生噪声的原因之一是信息超载(informations overload)。信息超载的定义最早出现于1970年阿尔文·托默(Alvin Tomer)的《未来震撼》一书中,信息超载是指人们在应用或处理信息的过程中,由于信息量过大超出了个人的有效处理能力,从而产生的面对信息的低分析决策能力和无形的压迫感。

信息超载的具体表现有以下几点。
(1) 信息使用者无法理解特定信息。
(2) 信息使用者感觉信息容量过大。
(3) 信息使用者不知道自身所需信息是否存在。
(4) 信息使用者不知道从何处获取信息。
(5) 信息使用者知道从何处能获取信息,但不知道以何种方式获取。

三、沟通的过程

人与人的沟通过程包括发送者、接收者、信息、沟通渠道四个主要因素,沟通的过程如图9-1所示。

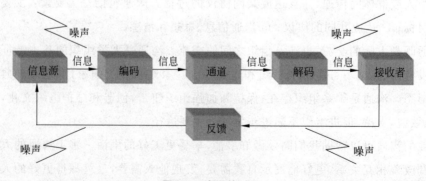

图9-1 沟通的过程

(一) 发送者

信息的发送者是信息的来源,他必须充分了解接收者的情况,选择合适的沟通渠道,以利于接收者的理解。要顺利完成信息的发送,必须对编码(encoding)和解码(decoding)两个概念有基本了解。编码是指将想法、认识及感觉转化成信息的过程。解码是指信息的接收者将信息转换为自己的想法或感觉。

在从事编码的过程中,注意以下几个方面有利于提高编码的正确性。

1. 相关性

信息必须与接收者所知道的范围相关联,如此才可能使信息为接收者所了解。所有信息必须以一种对接收者有意义或有价值的方式传送出去。

2. 简明性

尽量将信息转变为最简明的形式,因为越是简明的方式,越可能为接收者所了解。

3. 组织性

将信息组织成有条理的若干重点,可以方便接收者了解及避免接收者承担过多的负担。

4. 重复性

重复主要是在口语的沟通中,重复强调重点有利于接收者的了解和记忆。

5. 集中性

将焦点集中在信息的几个重要层次上,以避免接收者迷失在一堆杂乱无章的信息中。在口语沟通中,可凭借特别的语调、举止、手势或面部表情来表达这些重点。若以文字沟通方式,则可采用画线或强调语气,突出内容的重要性。

(二) 接收者

接收者是指获得信息的人。接收者必须从事信息解码的工作,即将信息转化为他所能了解的想法和感受。这一过程要受到接收者的经验、知识、才能、个人素质及对信息输出者的期望等因素的影响。

(三) 信息

信息是指在沟通过程中传给接收者(包括口语和非口语)的消息,同样的信息,发送者和接收者可能有着不同的理解,这可能是发送者和接收者的差异造成的,也可能是由于发送者传送了过多的不必要信息。

(四) 沟通渠道

企业组织的沟通渠道是信息得以传送的载体,可分为正式或非正式的沟通渠道、向下沟通渠道、向上沟通渠道、水平沟通渠道。

四、人际关系

人际关系(interpersonal relationship)是人们在生产或生活过程中所建立的一种社会关系。这种关系会对人们的心理产生影响,会在人的心理上形成某种距离感。

(一) 影响人际关系的因素

1. 人际吸引力

人际吸引力包括的因素有:思想态度的相似性;需要的互补性;感情的相悦性;兴趣爱好的一致性;能力、特长、仪表和风格。

2. 时空上的接近

时空上的接近往往表现为居住距离的远近和人与人之间相互交往的频率两个方面。

3. 社会文化因素

社会文化因素包括社会经济发展水平、生活方式和价值观念、社会风气、道德风尚、文化水平等。

(二) 研究人际关系的意义

(1) 企业内人际关系的好坏与劳动生产率的高低有密切的关系。

(2) 人际关系对人的行为有着十分重要的影响作用。

(3) 人际关系对人的心理健康产生重大的作用。

(4) 人际关系是团结的基础。

(三) 改善人际关系的方法

1. 优化组织风气

组织的领导者应该下功夫培育起优良的企业文化,在积极向上的价值观指引下,努力营造团结、友爱、和谐、进取的组织风气。在这种风气的熏陶感染下,组织内部就比较容易形成和谐、亲密的人际关系。

2. 重视人际关系培训

组织的领导者应该关心干部和职工的人际关系素质,并责成人事部门安排人际关系培训,以不断改善他们的人际关系素质和人际关系技巧。

3. 适当修改政策

在组织内的分配制度改革中,既不能再搞平均主义、大锅饭,也不宜过分强调拉开差距;在职务和岗位的聘任工作中,既要坚持"竞争上岗",又要坚持公平考核、公开招聘;在工作中,既要强调优胜劣汰,又要强调真诚合作,靠团队的集体力量做好工作。总而言之,政策不能走极端,既要借助适度竞争焕发组织活力,又要防止过度竞争破坏人际关系。

4. 改善领导作用

组织的领导者应该礼贤下士,尊重人才,尊重职工,平等待人,与人真诚相处;在组织内部要发扬民主,让人们畅所欲言,把问题和争论摆到桌面上,避免暗中勾心斗角的现象发生,从而建立亲密、和谐的上下级关系和一切人际关系。

5. 及时调解帮助

组织内部一旦出现人际关系失衡或破坏的情况,作为组织的领导者应责成有关部门或干部及时进行调解帮助,借助组织的力量实现人际关系的主动平衡。

第二节 沟通类型与方式

一、沟通的类型

在沟通过程中,根据沟通符号的种类,沟通可分为语言沟通和非语言沟通。语言沟通又可分为书面沟通与口头沟通。

根据是否是结构性和系统性的,沟通可分为正式沟通和非正式沟通。

根据在群体或组织中沟通传递的方向,沟通可分为自上而下沟通、自下而上沟通和平行沟通。

从发送者和接收者的角度而言,沟通可分为自我沟通、人际沟通与群体沟通。

根据沟通中的互动性,沟通可分为单向沟通与双向沟通,两者的比较如表 9-1 所示。

表 9-1 单向沟通和双向沟通的比较

项目	内容
时间	双向沟通比单向沟通需要更多的时间
信息和理解的准确程度	在双向沟通中,接收者理解信息和发送者意图的准确程度大大提高
接收者和发送者的置信程度	在双向沟通中,接收者和发送者都比较相信自己对信息的理解
满意	接收者比较满意双向沟通,发送者比较满意单向沟通
噪声	由于与问题无关的信息较易进入沟通渠道,双向沟通的噪声比单向沟通要大得多

二、沟通的方式

沟通按照信息传递的途径可分为语言沟通和非语言沟通。其中语言沟通又分为口头沟通和书面沟通两类,非语言沟通又分为肢体语言沟通、声光等信号沟通和表情沟通等方式。随着信息技术的发展,出现了现在被广泛使用的电子媒介的沟通方式,比如通过传真、电子邮件和互联网技术实现的沟通。电子媒介沟通原则上属于新型书面沟通,因与传统纸质书面沟通相比有着明显的优点,因而被视为一种新的沟通方式。

各种沟通方式的比较如表 9-2 所示。

表 9-2 各种沟通方式的比较

沟通方式	举例	优点	缺点
口头	交谈,讲座,讨论会,电话	快速传递,快速反馈,信息量很大	传递中经过层次越多信息失真越严重,核实越困难
书面	报告,备忘录,信件,内部期刊,布告	持久,有形,可以核实	效率低,缺乏反馈

续表

沟通方式	举例	优点	缺点
非语言	声、光信号,体态,表情等	信息意义十分明确,内涵丰富,含义隐含灵活	传递距离有限,界限模糊,只能意会不能言传
电子媒介	传真,闭路电视,计算机网络,电子邮件(E-mail)	快速传递,信息容量大,一份信息可同时传递给多人,廉价	单向传递,电子邮件可以交流,但看不见表情

下面重点介绍语言沟通和肢体语言沟通。

(一) 语言沟通

语言是人类特有的一种非常好的、有效的沟通方式。语言的沟通包括口头语言、书面语言、图片或者图形。

口头语言包括我们面对面的谈话、开会议等。书面语言包括我们的信函、广告和传真,甚至现在用得很多的电子邮件等。图片包括一些幻灯片和电影等,这些都统称为语言的沟通。

在沟通过程中,语言沟通对于信息的传递、思想的传递和情感的传递而言更擅长传递的是信息。

(二) 肢体语言沟通

肢体语言非常丰富,包括我们的动作、表情、眼神。实际上,在我们的声音里也包含着非常丰富的肢体语言。我们在说每一句话的时候,用什么样的音色去说,用什么样的抑扬顿挫去说等,这都是肢体语言的一部分。

相较于语言和肢体语言这两种沟通模式,语言更善于沟通的是信息,肢体语言更善于沟通的是人与人之间的思想和情感。

第三节 人际沟通技巧

一、口头沟通技巧

(一) 倾听技巧

倾听能鼓励他人倾吐他们的状况与问题,而这种方法能协助他们找出解决问题的方法。倾听技巧是有效影响力的关键,而它需要耐心并全神贯注。

倾听技巧由4个个体技巧所组成,分别是鼓励、询问、反应与复述。

(二) 气氛控制技巧

安全而和谐的气氛,能使对方更愿意沟通。如果沟通双方彼此猜忌、批评或恶意中伤,将使气氛紧张、冲突,加速彼此心理设防,使沟通中断或无效。

气氛控制技巧由4个个体技巧所组成,分别是联合、参与、依赖与觉察。

（三）推动技巧

推动技巧用来影响他人的行为，使之逐渐符合我们的议题。有效运用推动技巧的关键，在于以明白具体的积极态度，让对方在毫无怀疑的情况下接受你的意见，并觉得受到激励，想完成工作。

推动技巧由4个个体技巧所组成，分别是回馈、提议、推论与增强。

二、行为技巧

（一）自信的态度

一般经营事业相当成功的人士，他们不随波逐流或唯唯诺诺，有自己的想法与作风，但却很少对别人吼叫、谩骂，甚至连争辩都极为罕见。他们对自己了解得相当清楚，并且肯定自己，他们的共同点是自信，日子过得很开心。有自信的人常常是最会沟通的人。

（二）体谅他人的行为

这其中包含"体谅对方"与"表达自我"两方面。所谓体谅，是指设身处地为别人着想，并且体会对方的感受与需要。在经营"人"的事业过程中，当我们想对他人表示体谅与关心，唯有我们自己设身处地为对方着想。由于我们的了解与尊重，对方也相对体谅你的立场与好意，因而作出积极而合适的回应。

（三）适当地提示对方

产生矛盾与误会的原因，如果是因为对方健忘，我们的提示正可使对方信守承诺；反之若是对方有意食言，提示就代表我们并未忘记事情，并且希望对方信守诺言。

（四）有效地直接告诉对方

一位知名的谈判专家分享他成功的谈判经验时说道："我在各个国际商谈场合中，时常会以'我觉得'（说出自己的感受）'我希望'（说出自己的要求或期望）为开端，结果常会令人极为满意。"其实，这种行为就是直言不讳地告诉对方我们的要求与感受，若能有效地直接告诉你所想要表达的对象，将会有效帮助我们建立良好的人际网络。但要切记"三不谈"：时间不恰当不谈；气氛不恰当不谈；对象不恰当不谈。

（五）善用询问与倾听

询问与倾听的行为，是用来控制自己，让自己不要为了维护权力而侵犯他人。尤其是在对方行为退缩、默不作声或欲言又止的时候，可用询问行为引出对方真正的想法，了解对方的立场以及对方的需求、愿望、意见与感受，并且运用积极倾听的方式诱导对方发表意见，进而对自己产生好感。一位优秀的沟通好手，绝对善于询问以及积极倾听他人的意见与感受。

1. 包装坏消息

美国汽车大王亨利·福特通常会安排助手去回复有求于他的人，有时在拒绝人时，都会格外恭敬地招待对方，如请他吃点心或午餐等。当然，换个角度说话也是必要的。比如，导购员要告诉顾客她的脚一只大一只小，比起告诉他"您的这只脚比那只脚大"，不如说"太太,您的这只脚要小于那只脚"更可能让顾客买单。

2. 大智若愚

追求卓越是每个人满足自己成就需要的必然,但小心别让自己完美的光芒刺痛别人的眼。特别是面对一些比较顽固、保守或对你有敌意的人,一开始不要总想着证明自己来让对方心服口服,而要适当地收敛一些、中规中矩,"润物细无声"地接近更多人。而后,再在适当的时候一鸣惊人也不会埋没自己。有一位管理心理学家就特别指出,即使与下级讲话,也不要一口一个"我"字。

3. 不"抢功"

心理学发现,当人们发现领袖出现一点个人主义的苗头,就会变得冷漠,甚至出现敌对的情绪。相反,藏身幕后、不那么抛头露面的领导更会受到普遍的尊重。《纽约世界报》的创始人和出版人普利策就曾对他的编辑们说,如果在一个紧急时期他所发的命令违背了该报的政策,编辑们可以不予理睬。学会谦让,在人际交往中绝对是"退一步海阔天空"的事。

三、书面沟通技巧

书面沟通是以文字为媒体的信息传递,形式主要包括文件、报告、信件、书面合同等。书面沟通是一种比较经济的沟通方式,沟通的时间一般不长,沟通成本也比较低。这种沟通方式一般不受场地的限制,因此被我们广泛采用。这种方式一般在解决较简单的问题或发布信息时采用。在计算机信息系统普及应用的今天,我们很少采用纸质的方式进行沟通。

(一) 书面沟通的优点

书面沟通本质上讲是间接的,这使它有许多优点。

(1) 可以是正式的或非正式的,可长可短。

(2) 可以使写作人从容表达自己的意思。

(3) 词语可以经过仔细推敲,而且还可以不断修改,直到满意表达出个人风格。

(4) 书面材料是准确而可信的证据。

(5) 书面文本可以复制,同时发送给许多人,传达相同的信息。

(6) 在群体内部经常受限于约定俗成的规则。

(7) 书面材料传达信息的准确性高。

(二) 书面沟通适用的情形

(1) 简单问题小范围沟通时,如3~5个人沟通产出物、最终的评审结论等。

(2) 需要大家先思考、斟酌,短时间不需要或很难有结果时,如项目组团队活动的讨论、复杂技术问题提前知会大家思考等。

(3) 传达非重要信息时,如分发周项目状态报告等。

(4) 澄清一些谣传信息,而这些谣传信息可能会对团队带来影响时。

（三）书面沟通的障碍

间接性的特点给书面沟通造成了一些障碍。

（1）发文者的语气、强调重点、表达特色，以及发文的目的经常被忽略而使理解有误。

（2）信息及含义会随信息内容所描述的情况，以及发文和收文时的部门而有所变更。具体包括以下情形。

① 个人观点。收文者很容易忽略与自己看法有冲突的信息。

② 发文者的地位。发文者是上司、部属或同一阶层的同事，会影响信息的意义。

③ 外界的影响。收文者能否专心阅读收到的信息？收文者的心情如何？你写这封函或备忘录的时候心情如何？这封函送达的时间是大清早或是午餐的时候？

④ 发文者选择的格式或时机不当。收文者很可能因为你一开始采用的格式不当，而不太注意你的信息内容。

四、网络沟通技巧

网络沟通是指通过计算机网络实现的信息沟通活动。

（一）网络沟通的主要形式

1. 电子邮件

电子邮件又称电子信箱，是一种用电子手段提供信息交换的通信方式，是互联网应用最广的服务之一。通过电子邮件系统，用户可以用非常低廉的价格（不管发送到哪里，都只需负担电话费和网费即可），以非常快速的方式（几秒钟之内可以发送到世界上任何指定的目的地），与世界上任何一个角落的网络用户联系。电子邮件可以是文字、图像、声音等各种方式。同时，用户可以得到大量免费的新闻、专题邮件，并实现轻松的信息搜索。这是任何传统的方式都无法相比的。正是由于电子邮件的使用简易、投递迅速、收费低廉、易于保存、全球畅通无阻，使电子邮件被广泛地应用，极大地改变了人们的交流方式。另外，电子邮件还可以进行一对多的邮件传递，同一邮件可以一次发送给许多人。最重要的是，电子邮件是整个网络系统中直接面向人与人之间信息交流的系统，它的数据发送方和接收方都是人，所以极大地满足了大量存在的人与人通信的需求。

2. 网络电话

网络电话是指按照信息产业部新的《电信业务分类目录》，实现从计算机到电话的虚拟电话。系统软件运用独特的编程技术，具有强大的IP寻址功能，可穿透一切私网和层层防火墙。无论是在公司的局域网内，还是在学校或网吧的防火墙背后，均可使用网络电话，实现计算机与计算机的自如交流。无论身处何地，双方通话时完全免费；也可通过计算机拨打全国的固定电话和手机，和平时打电话完全一样，输入对方区号和电话号码即可，享受IP电话的最低资费标准。

3. 网络新闻发布

网络新闻是突破传统的新闻传播概念,在视、听、感方面给受众全新的体验。它将无序化的新闻进行有序的整合,并且大大压缩了信息的厚度,让人们在最短的时间内获得最有效的新闻信息。网络新闻的发布可省去平面媒体的印刷、出版,电子媒体的信号传输、采集声音图像等。

4. 即时通信

即时通信是指能够即时发送和接收互联网消息等的业务。自1998年面世以来,特别是近几年的迅速发展,即时通信的功能日益丰富,逐渐集成了电子邮件、博客、音乐、电视、游戏和搜索等多种功能。即时通信不再是一个单纯的聊天工具,它已经发展成集交流、资讯、娱乐、搜索、电子商务、办公协作和企业客户服务等为一体的综合化信息平台。

(二) 网络沟通的优势

(1) 大大降低了沟通成本。

(2) 使语音沟通立体直观化。

(3) 极大缩小了信息存储空间。

(4) 使工作便利化。

(5) 跨平台,容易集成。

(三) 网络沟通存在的问题

(1) 沟通信息呈超负荷。

(2) 口头沟通受到极大的限制。

(3) 纵向沟通弱化,横向沟通扩张。

(四) 网络沟通的策略

网络时代,组织结构形态发生变化,随之衍生的组织文化也发生了变化,管理沟通必然也要发生很大变化。这些变化有好的一面,也有坏的一面。那么,怎样改进组织沟通思路,在新的数字化时代真正提高组织沟通的效率呢?

世界著名的微软公司为我们创造了IT业界公司发展的"神话"故事,他们公司内部的沟通机制同样为我们在网络时代提高沟通效果提供了典范。

首先,微软公司的总裁比尔·盖茨坚持利用电子邮件,加强与部属和员工的联系。他每天上班的第一件事,就是检查电子信箱。

同时,公司内部的所有员工通过电子邮件频繁进行信息交流,一本新书、一篇好文章、一种创意、一丝灵感,都是员工电子邮件传递的内容。他们还形象地将这种沟通方式称为"东走西瞧"。尽管有着最快捷、发达、高效的电子沟通介质,公司并没有弃传统的非正式沟通形式于不顾。

这些都给我们在网络时代进行网络沟通提供了新思路。管理者在个人信息交流行为和制定公司的管理沟通目标方面应成为员工的楷模。

（五）电子邮件沟通的要点

（1）主题应当精当，不要发送无主题和无意义主题的电子邮件。

（2）注意称呼，避免冒昧。当与不熟悉的人通信时，请使用恰当的语气、适当的称呼和敬语。

（3）注意邮件正文拼写和语法的正确，避免使用不规范的问题和表情符号。使用简单易懂的主题行，以准确传达电子邮件的要点。

（4）因为邮件容易丢失，因此应当小心查问，不要无理猜测并暗责对方。在自己做到及时回复邮件的同时，不要对他人回复信件的时效性做过分期许。

（5）不要随意转发电子邮件，尤其是不要随意转发带附件的电子邮件，除非你认为此邮件对于别人的确有价值。在病毒泛滥的今天，除非附件是必需的，否则应该避免Word、PPT附件，多使用PDF。在正文中应当包含附件的简要介绍。邮件要使用纯文本或易于阅读的字体，不要使用花哨的装饰，最好不用使用带广告的电子邮箱。

（6）如果不是工作需要，尽量避免群发邮件，特别不要参与发连环信这种活动（把这条消息发送给10个好友之类）。群发邮件容易使收件人的地址相互泄露，因此最好使用邮件组或者暗送。两个人商量事情牵涉第三方时，应该将邮件抄送给第三方。

（7）在给不认识的人发送邮件时，请介绍一下自己的详细信息，要么在签名中注明自己的身份，没有人乐意和自己不明底细的人讨论问题。

（8）如果对方公布了自己的工作邮件，那么工作上的联系请不要发送到对方的私人信箱里，没有人乐意在和朋友们联系的信箱中看到工作上的问题。

（六）即时通信软件沟通的要点

（1）不要随便要求别人加你为好友，除非有正当理由。

（2）在别人忙碌时不要打扰。如果是正式的谈话，不要用"忙吗""在吗""打扰一下"等开始一段对话，而要把对话的重点压缩在一句话中。

（3）如果谈工作，尽量把要说的话压缩在10句以内。

（4）不要随意给别人发送链接或者不加说明的链接。随意发送链接是一种很粗鲁的行为，属于强制推送内容给对方。而且，容易让别人感染上病毒。

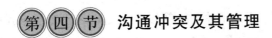 沟通冲突及其管理

一、沟通冲突

（一）冲突的含义

冲突（conflict）可以定义为个人或群体内部、个人与个人之间、个人与群体之间、群体与群体之间互不相容的目标、认识或感情，并引起对立或不一致的相互作用的任何一个

状态。

该定义强调了三个方面。

(1) 冲突是普遍的现象,它可能发生在人与人之间、人与群体之间、群体内部的人与人之间、群体与群体之间等。

(2) 冲突包括三种类型。

① 目标性冲突,即冲突双方具有不同的目标导向时发生的冲突。

② 认识性冲突,即不同群体或个人在对待某些问题上由于认识、看法、观念之间的差异而引发的冲突。

③ 感情性冲突,即人们之间存在情绪与情感上的差异所引发的冲突。

(3) 冲突是双方意见的对立或不一致,以及有一定程度的相互作用,它有各种各样的表现形式,如暴力、破坏、无理取闹、争吵等。

(二) 冲突的来源

(1) 组织和个人对目标的理解不同、看法不同,实现目标途径、方法不同。

(2) 每个人的性格、脾气、习惯不同。

(3) 资源分配和利用上发生矛盾。

(4) 社会角色不同,任务、职责、利益、追求不同。

(5) 信息渠道不畅,产生误解。

(6) 不会协调组织和群众的关系。

(7) 缺乏情绪宣泄场所,情绪长久积压。

(8) 分配不当、不公平、不公正。

(9) 帮派意识,小团体狭隘利益等。

(三) 冲突的发展阶段

一般而言,冲突的发展要经历以下五个阶段。

1. 潜伏阶段

潜伏阶段是冲突的萌芽期,这时候冲突还属于次要矛盾,对冲突的存在还没有觉醒。在这个阶段,冲突产生的温床已经存在,随着环境的变化,潜伏的冲突可能会消失,也可能被激化。

2. 被认识阶段

在这个阶段,已经感觉到了冲突的存在,但是这时还没有意识到冲突的重要性,冲突还没有对员工造成实际的危害。如果这时及时采取措施,可以将未来可能爆发的冲突缓和下去。

3. 被感觉阶段

在这个阶段,冲突已经造成了情绪上的影响。可能会对不公的待遇感到气愤,也可能对需要进行的选择感到困惑。不同的个人对冲突的感觉是不同的,这与当事人的个性、价值观等因素有关。

4. 处理阶段

需要对冲突作出处理,处理的方式是多种多样的,如逃避、妥协、合作等。对于不同的冲突有不同的处理方式,即便是同样的冲突,不同的个人采取的措施也不尽相同。对冲突的处理,集中体现了个人的处世方式和处世能力,也体现了个人的价值体系和对自己的认识。

5. 结局阶段

冲突的处理总会有结果,不同的处理方式会产生不同的结果。结果有可能是有利于当事人的,也可能不利于当事人。当冲突被彻底解决时,该结果的作用将会持续下去。但很多情况下,冲突并没有被彻底解决,该结果只是阶段性的结果。有时甚至处理了一个冲突,又会带来其他几个冲突。

二、冲突的作用

根据相互作用的观点,认为冲突都是好的或都是坏的看法显然并不恰当,也不符合实际情况,因此我们有必要来具体分析冲突的积极作用和消极作用。

(一) 冲突的积极作用

(1) 解决冲突的过程有可能激发组织中的积极变革。人们为消除冲突,就要寻求改变现有方式和方法的途径。寻求解决冲突的途径,不仅可以导致革新和变革,而且可能使变革更容易为下属所接受,甚至为员工所期望。

北京开关厂就提供了一个案例,说明一个组织有效解决冲突而得到的好处。20世纪90年代初,厂行政处发生了一件事,一名事业部员工到行政处要求给计算机换电池,因具体负责该项工作的人员不在而多次扑空,这名员工和行政处发生的冲突引起了行政处领导的重视,在解决冲突的同时,进而提出"99+1=0"的观念,意思是说99项工作做好了,只有一项工作没做好,其工作效果就等于零。厂长黄国城又在此公式的基础上,根据市场经济的要求和北京开并厂的实际对"99+1=0"的内涵给予了新的界定:"企业的一切工作以市场为导向,99项工作做好了,没有市场等于零;99项工作做好了,顾客不满意等于零;99项工作做好了,要抓住市场,要争取用户满意,必须从零开始。""99+1=0"已成为北京开关厂的管理理念,成为指导企业各项工作的指导思想。

(2) 决策过程中有意激发冲突,可提高决策的有效性。群体决策过程中,由于从众压力或由于某权威控制局面,或凝聚力强的群体为了取得内部一致,而不愿考虑更多的备选方案,就可能因方案未能列举充分而造成决策失误。如果以提出反对意见或提出多种不同看法的方式来激发冲突,就可能提出更多的创意,提高决策的正确性和有效性。

(3) 冲突可能形成的一种竞争气氛,促使员工振奋精神、更加努力。引起一个或多个目标发生冲突的竞争,也有一定好处,如果员工觉得在工作绩效方面存在着一种竞争气氛,就可能振奋精神,以求得在竞争中名列前茅。

(二) 冲突的消极作用

(1) 冲突可能分散资源。冲突可能分散人们为实现目标而作出的努力,组织的资源不是主要用来实现既定目标,而是消耗在解决冲突上,时间和金钱就是常被分散到消除冲突上去的两种重要资源。

(2) 冲突有损员工的心理健康。有研究表明,置身于对立的意见中,会造成敌意、紧张和焦虑。随着时间的推移,冲突的存在可能使相互支持、相互信任的关系难以建立和维持。

(3) 要求内部竞争而引发的冲突,可能对群体效率产生不良影响。内部竞争可能引发冲突,如当两个销售公司为了扩大销售额以赢得总公司的奖励,就可能因追求局部利益,在争夺资金、人员等方面产生冲突。如果处理不当,就可能对总公司整体效果产生影响。如果企业鼓励员工多做努力制定一定的产量目标,人们就可能重视产品数量,而牺牲产品质量。

三、沟通阻力

沟通阻力导致沟通不充分,沟通不充分是企业组织运行效益不高的一个非常重要的原因,也是最普遍的原因。

造成沟通不充分的原因主要有以下八个方面。

(1) 管理者不懂得管理沟通的基本常识,随意根据自己理解进行沟通。
(2) 管理者高高在上,不能把自己摆在与下属平等的地位。
(3) 空洞说教,不能站在对方立场思考问题,让对方对沟通不感兴趣。
(4) 想当然地认为下属没有必要知道这些信息。
(5) 工作时间安排不当,没有时间进行管理沟通。
(6) 不善于倾听,习惯发号施令。
(7) 对下属不信任,即使有沟通,也是沟而不通。
(8) 认为沟通是很简单的事,没有投入精力进行沟通设计和准备。

四、冲突管理

(一) 缓解冲突的方法

(1) 审慎地选择要处理的冲突问题。
(2) 评估冲突当事人。
(3) 分析冲突原因和根源。冲突原因和根源可分为三类。

① 沟通差异。沟通不良容易造成双方误解,从而引发冲突。人们往往倾向于认为冲突大多数是由于缺乏沟通造成的。

② 角色要求、决策目标、绩效标准和资源分配等不同而产生的立场和观点的差异。

③ 人格差异。其结果使有些人表现出尖刻、隔离、不可信任、不易合作,导致冲突。

(4) 采取切实有效的策略解决冲突的策略。

① 回避,冷处理。

② 强制,支配。以牺牲一方为代价满足另一方的需要。

③ 迁就,忍让。

④ 折中,妥协。

⑤ 合作、协同。

(二) 激发冲突的方法

冲突管理的另一层含义是在必要的时候激发一定水平的冲突。管理者可以采用以下策略激发冲突。

(1) 改变组织文化。

(2) 运用沟通。

(3) 引进外人或重用吹毛求疵者。

(4) 重新构建组织。

(三) 冲突管理的基本方法

处理组织内的冲突一般可选择以下三种方法:结构法、对抗法、促进法。结构法和对抗法通常假定冲突已经存在并且要求处理。结构法往往通过隔离各个部分来减少冲突的直接表现。与之相反,促进法则以缺乏"足够"的冲突的假设为基础,力图通过把各个部分聚集在一起使冲突表面化。因此,促进法力图提高冲突的等级、数量或者同时提高两者。

1. 结构法

组织通常运用以下五种方法来处理冲突。

(1) 运用职权控制。管理人员可通过发出指示,在职权范围内解决冲突。这些指示指出期望下级遵循的行动步骤。例如,在同一家企业的两位副总裁可能都在拟定组织的策略,一位副总裁可能倡导以增产为基础,而另一位副总裁要求把权力集中到组织最高层。这样一来,增产和集中权力的目标发生了直接冲突,总裁应该行使权力来确定执行什么目标。

(2) 隔离法。管理人员可以直接通过组织设计减少部门之间的依赖性,分别向各部门提供资源和存货,使之独立于其他部门的供应,将它们隔离起来,从而减少部门之间发生冲突的可能性。不过,由于隔离需要花费精力和设备,这种独立可能会提高成本。

(3) 以储备做缓冲。完全隔离部门,或者使它们完全独立,可能花费太大。因此,一个组织可能通过储备缓冲部门之间的工作流程。如果部门A生产的产品是部门B的输入,那么可以在两个部门之间建立储备,防止部门B受到部门A的暂时停产或减产的严重影响。这样,部门B的成员对部门A担心的可能性减低了。

(4) 以联络员做缓冲。当两个部门之间整体性很差并存在不必要的冲突时,组织可以安排一些了解各部门操作情况、通过联系活动来协调部门的联络员,从而协调各部门活动。

(5) 以调解部门做缓冲。大型企业可以设立专门的协调部门,负责调解部门间的冲突。实际上,各企业的办公例会往往就是一个临时的调解部门。在办公例会上,由于公司决策层和冲突的相关代表都在场,所以比较容易解决部门间的冲突。

2. 对抗法

冲突管理中的对抗不是指包含敌对的相互行动,而是用来描述一种处理冲突的建设性方法。在这种意义上,对抗是冲突双方直接交锋、公开地交换有关问题的信息、力图消除双方分歧,从而达到一个双方都满意结果的过程。对抗法假设所有的部分都有所得,实际上是一种双赢的局面。

用对抗法解决冲突的方法有两种。

(1) 谈判。当双方对某事意见不一致而希望达到一致时,他们可能进行谈判,在这个过程中,双方力图对每一方在交易中付出什么和得到什么达成一致意见。像做买卖一样,谈判中既有分配性因素,又有增益性因素。如果双方仅仅看到非赢非输因素,谈判就不会产生对抗。但是如果双方都认识到取胜因素,谈判就能为冲突的建设性对抗处理提供机会。实现对抗型处理冲突方式要求公开地交流信息,寻找共同的目标,保持灵活态度,并避免使用威胁手段。

(2) 咨询第三方。大多数对抗都采取双方谈判的形式,但是,中立者即第三方提供意见者,能帮助双方解决他们的冲突。第三方在策略上所起的作用如下。

① 保证相互激励,每一方都应当有解决冲突的动机。

② 维持形势力量平衡,如果双方力量不是大致相等,就很难建立相互信任,保持公开的沟通渠道。

③ 使对抗努力同步。

3. 促进法

认识性冲突能够帮助避免小团体思想,所以促进职能的认识性冲突可能是处理冲突的一种有效的实际方法。

(1) 辩证探究法。辩证探究法是把认识性冲突导入决策过程的一种方法。这是指由一位或一组倡议者提出并推荐一套行动方案,同时由另一位或另一组倡议者提出并推荐另一套对立的行动方案,决策者在选择一种方案或综合方案之前考虑这两组建议。既然推荐的行动方案来自同一形势下的相反观点,决策者考虑这两组建议时,必然产生了认识性冲突。通过解决这种冲突,决策者能够作出反应冲突观点的统一决策。

(2) 树立对立面法。把认识性冲突导入决策过程的另一个方法是树立对立面法,对所推荐的行动方案采用系统化的批评,而不像辩证探究法那样提供可供选择的行动方案。单纯的批评已经能推动决策者产生认识性冲突。解决认识性冲突的需要会促成对问题的更好理解,从而使决策更合理。在某些情况下,和辩证探究法相比较,树立对立面能形成更好的决策。它可能使决策者不把任何个人或群体的建议当作既定方案,并且对所推荐的行动方案表示肯定或否定的资料更加敏感。

（四）冲突管理的技巧

无论什么地方出现改革的需要,冲突都在所难免,因为总是有人愿意创新,有人想维持现状。有改革就有冲突。冲突管理成功的关键是不出现输方,长远的解决办法是建立共同遵守的游戏规则。

识别冲突,调解争执,是管理最需要的能力之一。在人们的共同生活中,冲突是一种司空见惯的正常现象,长期没有冲突的关系根本不存在。凡是人们共同活动的领域,总会产生不同意见、不同需求和不同利益的碰撞,或在个人之间,或在小团体之间,或在大组织之间。日常生活中的绝大多数冲突无须多费口舌便会自然平息下去,要么是这一方让了步,要么是另一方,或者双方都做出可以承受的妥协。但是,也有一些事情却突然莫名其妙地变成另外一副样子。好好的对话变成了争吵,再由争吵变成各持己见而互不相让。诸如恼怒、仇恨和蔑视等情绪更使冲突升温,对立的双方开始攻击和反击,造成伤害,甚至突然掀起一场力图消灭对方的战争,其结局要么一胜一负,要么两败俱伤。无论从伦理观念还是从经济观念出发,在家庭里或在工作部门中防止这类事情发生都是第一位的目标。所以,及时识别冲突状况,使改革顺利进行,而且将损失控制到最小,这才是当今管理人员事业有成最需要的能力之一。重新建立信任是调解冲突的基本前提。任何一种冲突都有来龙去脉,绝非突发事件,更非偶然事件,而是某一发展过程的结果。冲突都是受到"误导"所致的,要想彻底消除冲突,必须让冲突"不受误导",即一定要理解发生的事情,逐步减少不信任,重新建立信任。对于误入的歧途双方一定要共同回过头去重温一下,才能使双方共同走上一条新路,而没有旧病复发的危险。通过双方的坦诚沟通,建立共同遵守的游戏规则。

1. 建立直接的交流

总的来说,冲突必须由直接与冲突有关的双方亲自解决。然而,在发生冲突的初期双方直接沟通的可能性已被打断,这时,恢复直接对话的首要条件,即将对立的双方拉到同一张谈判桌上,则成为第一要点。

2. 监督对话

冲突的双方最初根本不可能真正地沟通。没有外力的帮助,他们在原有的片面观察问题的基础上极可能在很短的时间内再度彼此误解,重新争吵。所以在解决冲突的第一个阶段有必要由一个中立的第三方密切监视冲突双方的双向行为。

3. 袒露感情

若双方不能坦白地说出主观的感受,例如失望、受冤屈和伤害的感觉,则没有希望解决冲突。只有袒露感情,才能减缓积蓄已久的压力,使冲突回复到本来的根源上,即具体的需求和利益上。

4. 正视过去

仅仅说出感觉还不够,双方都必须让对方明白,引起自己失意、失望和愤怒的具体情景、情况或事情,以及具体原因。做到这一点,对方才能明白自己在冲突中所占的分量,不论是有意的还是无意的,并且学会去承认这个事实。反过来,这也成为他不再将对方视为冲突中的唯一"责任者"的基本前提。

5. 取得双方可承受的解决办法

障碍清除以后,就应共同制定一个长远的解决办法,关键是不允许出现"输方"。双方在这时最好的举措是,跳出自己的阴影去协商解决办法,照顾双方的利益。但是解决办法是一回事,通过伙伴式的协商达成协议又是一回事。习惯于合作才是化解冲突的关键步骤,解决冲突的质量一定要由实施来检验。坦率地交谈往往让双方如释重负,却容易导致盲目乐观,以为现在一切正常。日常工作中总会出现差错,即便在双方都抱有良好愿望的情况下仍然会出现故障,于是双方又开始挖空心思地去考察对方是否在认真对待坦率的合作。只有严格地遵守制定好的游戏规则才有助于克服新的危机,不至于重新陷入争吵中。新的协作系统需要呵护,不过随着时间的推移,双方将逐渐学会与对方打交道,相互关系会正常起来,谁也不会再想着过去的冲突。直到这时,冲突才算真正地消除了。

一、课业任务

许多专科学生或多或少存在学习方面的沟通问题,比如听课效率低下,不能专心听课,不能正确领会教师的要求,生活中经常误解同学的意思,网上经常对不实信息信以为真等。每个同学根据所学知识写一篇自我反省的文章,以提升自己的沟通能力,改善学习效果。

二、课业目的

理解、巩固所学知识,锻炼个人思维能力,提升自我管理能力和沟通能力。

三、课业要求

结合日常生活实例,每个同学从口头沟通、书面沟通和网络即时沟通方面列举出经常出现的沟通问题,探究原因,制定解决对策。没有这方面问题的同学可以就周边同学好友存在的沟通问题进行分析、探讨。

四、理论指导

学习并理解沟通的含义、沟通的过程、有效沟通、沟通方式的优缺点、沟通技巧、沟通冲突、沟通阻力、沟通冲突管理等。

五、课业操作

每位同学认真反思,或者从教师和其他同学那里获知自己的沟通问题,结合理论知识进行分析,最后整理成文,打印提交。

六、课业评价标准

本章课业评价标准如表 9-3 所示。

表 9-3 课业评价标准

评价项目	存在问题列举	理论运用	分　析	书面表达能力
评价标准	全面,真实	理论运用得当,分类清晰,有针对性选择	原因合理,措施得当,可操作性强	语言准确,言简意赅,排版合理
评分比重(%)	20	30	30	20

七、课业范例

(1) 存在的问题。

听课效率低下;不能专心听课;重复地问教师同样的问题;不能正确领会学生手册的要求;对同学产生误解;被网络不实信息蒙蔽,甚至上当受骗;等等。

(2) 产生的原因。

(3) 拟采取的措施。

本章小结

沟通是信息传与收的行为,发送者凭借一定的渠道,将信息传递给接收者,以求对方完全理解发送者的意图。沟通既是人际的交流,也涉及组织之间的交流。

噪声也叫杂音,在沟通中属于干扰因素。噪声会降低信息的传递效率,甚至会形成错误信息,误导信息的内容。

信息超载是指人们在应用或处理信息的过程中,由于信息量过大超出了个人的有效处理能力,从而产生的面对信息的低分析决策能力和无形的压迫感。

人与人的沟通过程包括发送者、接收者、信息、沟通渠道四个主要因素。

根据沟通符号的种类,可将沟通分为语言沟通和非语言沟通。语言沟通又包括书面沟通与口头沟通。有效沟通可以提高企业组织运行效益。

倾听技巧由 4 个个体技巧所组成,分别是鼓励、询问、反应与复述。气氛控制技巧由 4 个个体技巧所组成,分别是联合、参与、依赖与觉察。推动技巧由 4 个个体技巧所组成,分别是回馈、提议、推论与增强。

冲突可以定义为个人或群体内部、个人与个人之间、个人与群体之间、群体与群体之间互不相容的目标、认识或感情,并引起对立或不一致的相互作用的任何一个状态。冲突有积极作用和消极作用。

沟通阻力导致沟通不充分,沟通不充分是企业组织运行效益不高的一个非常重要的原因,也是最普遍的原因。

重要概念

沟通　噪声　信息超载　人际关系　书面沟通　口头沟通　有效沟通　倾听　冲突　沟通阻力

复习思考题

1. 什么是沟通?画图并说明沟通的过程。
2. 什么是有效沟通?沟通中的噪声指的是什么?
3. 简述改善人际关系对提高管理效率的意义。
4. 归纳不同沟通方式的优缺点。
5. 人们使用不同方式沟通需要掌握哪些技能?
6. 什么是沟通冲突?原因是什么?
7. 沟通阻力的含义是什么?如何解决?
8. 为什么沟通冲突既有有利的一面,也有不利的一面?
9. 现在流行"重要的事情说三遍",你对此如何评价?

案例分析

××公司诉××公司进出口代理合同纠纷案

原告(反诉被告)××公司,住所地上海市××。

法定代表人金××,该公司总经理。

委托代理人赵××,××律师事务所律师。

被告(反诉原告)××公司,住所地上海市××。

法定代表人华××,该公司董事长。

委托代理人严××,该公司职员。

委托代理人储××,××律师事务所律师。

原告××公司诉被告××公司进出口代理合同纠纷一案,本院于 2010 年 3 月 25 日受理后,依法由审判员唐旭华独任审判,被告××公司于 2010 年 5 月 5 日提出反诉,经 2010 年 6 月 8 日、7 月 14 日公开开庭进行合并审理,原告的委托代理人赵××,被告的委托代理人严××、储××均到庭参加诉讼。本案现已审理终结。

原告××公司诉称,原、被告经人介绍,于2008年1月28日签订《出口合同》,约定由原告为被告的外商客户加工侧边航空箱2800只,加工单价为人民币(以下币种相同)58元,共计价款为162400元;交货日期为2008年2月28日之前;出货后,提单做电放,在原告发货后十天内付款,被告收汇后将货款支付给原告。上述合同签订后,原告即组织加工生产,并于2008年3月3日将2800只航空箱交付给被告委托装箱的单位上海中外运船务代理有限公司,由被告代理出口。2008年6月,被告办理了该单货物的外汇核销,取得出口退税,但对于所欠原告的价款未能支付,现要求判令被告支付货款162400元;如被告未能收取外商之货款,则要求判令被告赔偿原告损失162400元;判令被告赔偿原告欠款的利息损失5000元(暂定)。

经审理查明,2008年1月28日,原、被告签订《出口合同》。约定由原告按照外商客户的加工要求、质量要求加工生产侧边航空箱2800套,每套加工单价为58元;货物由原告送至客户指定仓库并承担费用;出货后,提单做电放,被告收汇后凭原告提供的全额增值税发票向原告支付货款;交货日期为2008年2月28日之前;原告自行组织出口货源,出口货物因交货日期或产品质量问题以及其他原因造成客户索赔、纠纷或者损失均由原告与客户协商解决,与被告无关。上述合同签订后,原告即组织生产加工,并于2008年3月3日将出口商品交付给案外人上海中外运船务代理有限公司,该批货物在同月6日办理报关手续出运。嗣后,原告因未能收取该批货物的货款,要求被告予以支付,因无结果,故形成纠纷,由原告向本院提起诉讼。

2008年6月30日,被告在一份说明文件上加盖印章。该说明的内容为,原告委托被告代理出口箱包给台湾客户,由于原告晚交货,外商拖延支付外汇,目前正在和台湾客户协商中,与客户协商一致后,外商将立即付款。合同项下海运费到付,国内拖柜包干费共计3845元,由于原告资金非常紧张,暂时无力支付,申请被告先代为支付上述运费以便及时从船公司拿回报关单核销单,上述费用等外商付款后从原告的货款中扣回。为了此票能够在外商付款后办理退税,现原告申请用被告的其他外汇收入先核销原告出口货物对应的外汇核销单,上述核销用外汇等外商付款后补回给被告。被告将原告出口货物对应的外汇核销单核销的行为不代表从原告指定的外商处收到相应的外汇,仅以日后从外商处取得的付款证明(通知)书与被告从银行取得的该外商为付款人的收汇水单为收汇对账凭证。

本案审理期间,证人华××出庭作证。陈述称,台商需要箱包,要求其在大陆市场寻找生产商家,因此,其与原告进行联系,并于2008年1月27日向原告出具了一份函件,内容主要为向原告订购的箱包2800只,FOB上海码头价为8元,交货日期为2008年2月28日,出货后10个工作日付款。该单业务交由被告严××做合同。原告在该文件上表示同意。该单出口业务确实由被告操作,在货物出口后,因没有收到台商的货款,其曾陪同原告到被告处催要,但被告没有支付。同时,原告将其诉讼请求确定为要求被告赔偿损失162400元和相应的利息损失。

对于被告反诉要求原告支付运输费3845元的诉讼请求。双方的合同约定,运费由原告承担,在说明中原告已经承认拖欠拖柜包干费3845元,故该款应当由原告向被告予以支付。原告认为:①该说明系由被告起草的,并不是原告的真实意思表示。因原告在该说明上加盖印章,表明原告对于该说明所记载的内容为没有异议,故原告的该抗辩,本院不予支持;②该说明中注明所欠被告的款项在台商支付的货款中予以扣除,现台商没有付款,原告也不应向被告支付该款。上述说明中确实记载了拖欠被告的费用从台商支付的货款中扣除,该表述仅仅表明欠款的付款方式,原告以此为由拒付没有法律依据,本院不予支持。

对于被告反诉要求原告承担前述欠款利息损失500元的诉讼请求。由于合同和说明均没有明确的付款时间,故被告的该项反诉请求,本院不予支持。

依照《中华人民共和国民事诉讼法》第一百二十八条、《中华人民共和国合同法》第六十条、第四百零六条之规定,判决如下:

一、驳回原告××公司要求被告××公司赔偿货款损失162400元的诉讼请求;

二、驳回原告××公司要求被告××公司赔偿利息损失5000元的诉讼请求;

三、原告××公司应于本判决生效之日起十日内支付给被告××公司运输费3845元;

四、驳回被告××公司要求原告××公司赔偿利息损失500元的诉讼请求。

负有金钱给付义务的当事人如未按本判决指定的期间履行给付义务,应当依照《中华人民共和国民事诉讼法》第二百二十九条之规定,加倍支付迟延履行期间的债务利息。

本案案件本诉受理费3648元,减半收取为1824元,反诉案件受理费25元,合计1849元,由原告××公司负担1839元,由被告××公司负担10元。

如不服本判决,可在判决书送达之日起十五日内向本院递交上诉状,并按对方当事人的人数提出副本,上诉于上海市第一中级人民法院。

(资料来源:上海市浦东新区人民法院. ××公司诉××公司进出口代理合同纠纷案. 判裁案例网,http://www.110.com/panli/panli_12938641.html)

思考题:

1. 仅从沟通的角度分析原告和被告之间存在怎样的沟通问题导致原告败诉。
2. 仅从沟通的角度分析为什么法院不支持原告的反诉。
3. 从沟通角度分析此案给进出口双方当事人带来的启示。

第十章 激 励

名人名言

任何问题都有解决的办法,无法可想的事是没有的。

——[美] 爱迪生

学习目标

1. 理解激励的概念、激励的基本原则;
2. 描述企业管理中激励的主要作用;
3. 列举主要的激励方式和方法;
4. 解释正激励和负激励的含义;
5. 比较需要层次理论和 ERG 理论的异同;
6. 解释双因素理论的主要观点;
7. 归纳和比较主要需求理论的观点;
8. 理解有效激励的含义及主要方法;
9. 运用自我激励的不同方法激发自己的学习和工作;
10. 介绍霍桑试验的背景、内容及结果。

 即使最后一名也别自我放弃

很多人知道,新东方创始人俞敏洪参加过三次高考,曾拖后腿的竟是他现在的强项——英语。

俞敏洪说,第一次参加高考,英语只考了33分。在复读班,英语基础差,从未得到老师鼓励,靠强大的"自我鼓励功能"挺到最后。第二年高考,英语成绩55分,虽比前一次有进步,但总分不高仍落榜。

在一片质疑声中,俞敏洪坚持再读一年高三。当年暑假,俞敏洪报了一个英语补习班。有了前两年的积累,加上最后一年的拼命用功,"高五生"俞敏洪英语得了90分,最终被北大录取。

对于即将参加高考的学生而言,俞敏洪说:只要自己不放弃自己,任何人都打不倒你。"没有人鼓励,就自我鼓励。"

考上大学,来自全国各地的50名精英分子编成一班,俞敏洪是其中之一。"大学期间,我从未进入全班前40名。但我没有因此放弃自己,一天内背不下课文,我就花一周时间天天背,到最后可以说脱口秀。"俞敏洪说,在与同学智商相当的情况下,唯一能胜出对方的是超常的努力加毅力。

他寄语参加高考的后进生:即使最后一名,也要保持一颗上进的心。

前面一些章节不同程度地涉及激励的话题,本章将重点讨论此方面的内容。除介绍激励的基本概念、原则、作用外,还将重点介绍激励的各种方法和主要的理论流派,最后介绍有效激励的内容。

 激 励 概 述

一、激励的含义

激励(motivate)是指持续地激发人的动机和内在动力,使其心理过程始终保持在激奋的状态中,鼓励人朝着所期望的目标采取行动的心理过程。

激励是人力资源管理的重要内容,是指激发人的行为的心理过程。激励这个概念用于管理,是指激发员工的工作动机,也就是说用各种有效的方法调动员工的积极性和创造性,使员工努力完成组织的任务,实现组织的目标。

有效的激励会点燃员工的激情,促使他们的工作动机更加强烈,让他们产生超越自我和他人的欲望,并将潜在的巨大的内驱力释放出来,为企业的远景目标奉献自己的

热情。

什么是激励？美国管理学家贝雷尔森(Berelson)和斯坦尼尔(Steiner)给激励下了如下定义："一切内心要争取的条件、希望、愿望、动力都构成了对人的激励。它是人类活动的一种内心状态。"人的一切行动都是由某种动机引起的,动机是一种精神状态,它对人的行动起激发、推动、加强的作用。

如何在工作上调动员工的积极性,激发全体员工的创造力,是开发人力资源的最高层次目标。作为企业,需要塑造激发员工创造力的环境和机制：①创造一个鼓励员工开拓创新精神和冒险精神的宽松环境以及思想活跃和倡导自由探索的氛围；②建立正确的评价和激励机制,重奖重用有突出业绩的开拓创新者；③强化企业内的竞争机制,激励人们研究新动向、新问题,并明确规定适应时代要求的技术创新和管理创新的具体目标；④要求企业必须组织员工不断学习以更新知识,并好好引导他们面对现实研究技术的新动向。同时使员工发自内心地知道工作行为的实际效果,从而获得高效工作、高满足的结果。

二、激励的原则

（一）目标结合原则

在激励机制中,设置目标是一个关键环节。目标设置必须同时体现组织目标和员工需要的要求。

（二）物质激励和精神激励相结合的原则

物质激励是基础,精神激励是根本。在两者结合的基础上,逐步过渡到以精神激励为主。

（三）引导性原则

外部激励措施只有转化为被激励者的自觉意愿,才能取得激励效果。因此,引导性原则是激励过程的内在要求。

（四）合理性原则

激励的合理性原则包括两层含义：①激励的措施要适度,要根据所实现目标本身的价值大小确定适当的激励量；②奖惩要公平。

（五）明确性原则

激励的明确性原则包括三层含义：①明确,激励的目的是需要做什么和必须怎么做；②公开,特别是在处理奖金这类员工最关注的问题时,更为重要；③直观,实施物质奖励和精神奖励时都需要直观地表达它们的指标,总结和授予奖励与惩罚的方式,直观性与激励影响的心理效应成正比。

（六）时效性原则

要把握激励的时机,"雪中送炭"和"雨后送伞"的效果是不一样的。激励越及时,越有利于将人们的激情推向高潮,使其创造力连续有效地发挥出来。

（七）正激励与负激励相结合的原则

所谓正激励，就是对员工的符合组织目标的期望行为进行奖励。所谓负激励，就是对员工违背组织目的的非期望行为进行惩罚。正负激励都是必要而有效的，不仅作用于当事人，而且会间接地影响周围其他人。

（八）按需激励原则

激励的起点是满足员工的需要，但员工的需要因人而异、因时而异，并且只有满足最迫切需要（主导需要）的措施，其效价才高，其激励强度才大。因此，领导者必须深入地进行调查研究，不断了解员工需要层次和需要结构的变化趋势，有针对性地采取激励措施，才能收到实效。

三、激励的作用

对一个企业来说，科学的激励制度至少具有以下几个方面的作用。

（一）吸引优秀人才到企业来

在发达国家的许多企业中，特别是那些竞争力强、实力雄厚的企业，往往通过各种优惠政策、丰厚的福利待遇、快捷的晋升途径来吸引企业需要的人才。

（二）开发员工潜在能力

美国哈佛大学的威廉·詹姆斯（W. James）教授在对员工激励的研究中发现，按时计酬的分配制度仅能让员工发挥 20%～30% 的能力。如果受到充分激励，员工的能力可以发挥出 80%～90%。两种情况之间 60% 的差距就是有效激励的结果。管理学家的研究表明，员工的工作绩效是员工能力和受激励程度的函数，即绩效＝F（能力×激励）。如果把激励制度对员工创造性、革新精神和主动提高自身素质的意愿的影响考虑进去，激励对工作绩效的影响就更大了。

（三）留住优秀人才

德鲁克（P. Druker）认为，每一个组织都需要三个方面的绩效：直接的成果、价值的实现和未来的人力发展。缺少任何一方面的绩效，组织注定非垮不可。因此，每一位管理者都必须在这三个方面均有贡献。在三方面的贡献中，对"未来的人力发展"的贡献就是来自激励工作。

（四）造就良性竞争环境

科学的激励制度包含有一种竞争精神，它的运行能够创造出一种良性的竞争环境，进而形成良性的竞争机制。在具有竞争性的环境中，组织成员会受到环境的压力，这种压力将转变为员工努力工作的动力。正如麦格雷戈所说："个人与个人之间的竞争，才是激励的主要来源之一。"在这里，员工工作的动力和积极性成了激励工作的间接结果。

第二节 激励方式

不同的激励方式对行为过程会产生不同程度的影响,所以激励方式的选择是做好激励工作的一项先决条件。

一、物质激励与精神激励

虽然二者的目标是一致的,但是它们的作用对象却是不同的。前者作用于人的生理方面,是对人物质需要的满足,后者作用于人的心理方面,是对人精神需要的满足。随着人们物质生活水平的不断提高,人们对精神与情感的需求越来越迫切,例如期望得到爱,得到尊重,得到认可,得到赞美,得到理解等。

二、正激励与负激励

所谓正激励,就是当一个人的行为符合组织的需要时,通过奖赏的方式来鼓励这种行为,以达到持续和发扬这种行为的目的。所谓负激励,就是当一个人的行为不符合组织的需要时,通过制裁的方式来抑制这种行为,以达到减少或消除这种行为的目的。

正激励与负激励作为激励的两种不同类型,目的都是要对人的行为进行强化,不同之处在于二者的取向相反。正激励起正强化的作用,是对行为的肯定;负激励起负强化的作用,是对行为的否定。

三、内激励与外激励

所谓内激励,是指由内酬引发的、源自于工作人员内心的激励;所谓外激励,是指由外酬引发的、与工作任务本身无直接关系的激励。

内酬是指工作任务本身的刺激,即在工作进行过程中所获得的满足感,它与工作任务是同步的。追求成长、锻炼自己、获得认可、自我实现、乐在其中等内酬所引发的内激励,会产生一种持久性的作用。

外酬是指工作任务完成之后或在工作场所以外所获得的满足感,它与工作任务不是同步的。如果一项又脏又累、谁都不愿干的工作有一个人干了,那可能是因为完成这项任务,将会得到一定的外酬——奖金及其他额外补贴,一旦外酬消失,他的积极性可能就不存在了。所以,由外酬引发的外激励是难以持久的。

四、自我激励

自我激励是指个体具有不需要外界奖励和惩罚作为激励手段,能为设定的目标自我努力工作的一种心理特征,其行为表现为一种励志行动。

（一）自我激励的三个层面

1. 自省

适当而正确的自省，往往比其他任何东西更能使人获益。孔子说："见贤思齐焉，见不贤而内自省也。"

2. 感恩

感恩是成功的基石，是灵魂深处的感觉。英国著名圣经注释专家威廉·巴克莱博士（William Barclay）说："一个人要想真正幸福地活在世上，只需三个条件：有人爱，有事做，有希望。"

3. 自我实现

自我实现的需要是超越性的，追求真、善、美，将最终导向完高峰体验，是自我激励活动的最高境界，塑造完美人格的典型状态。

（二）自我激励的方法

自我激励的方法有许多，每个方法可能因人而异。

1. 离开舒适区

不断寻求挑战激励自己。提防自己，不要躺倒在舒适区。舒适区只是避风港，不是安乐窝。它只是你心中准备迎接下次挑战之前刻意放松自己和恢复元气的地方。

2. 把握好情绪

人开心的时候，体内就会发生奇妙的变化，从而获得阵阵新的动力和力量。但是，不要总想在自身之外寻开心。令你开心的事不在别处，就在你身上。因此，要找出自身的情绪高涨期，用来不断激励自己。

3. 调高目标

许多人惊奇地发现，他们之所以达不到自己孜孜以求的目标，是因为他们的主要目标太小，而且太模糊不清，慢慢就失去了动力。如果你的主要目标不能激发你的想象力，目标的实现就会遥遥无期。因此，真正能激励你奋发向上的是确立一个既宏伟又具体的远大目标。

4. 加强紧迫感

沉溺生活的人没有死的恐惧，自以为长命百岁无益于你享受人生。然而，大多数人对此视而不见，假装自己的生命会绵延无绝。唯有心血来潮的那天，我们才会筹划大事业，将我们的目标和梦想寄托在丹尼斯称为"虚幻岛"的汪洋大海中。其实，直面死亡未必要等到生命耗尽时的临终一刻。事实上，如果能逼真地想象我们的弥留之际，会物极必反产生一种再生的感觉，这是塑造自我的第一步。

5. 撇开朋友

对于那些不支持你目标的"朋友"，要敬而远之。你所交往的人会改变你的生活。与愤世嫉俗的人为伍，他们就会拉你沉沦。结交那些希望你快乐和成功的人，你就在追求快乐和成功的路上迈出最重要的一步。对生活的热情具有感染力，因此同乐观的人为伴能让我们看到更多的人生希望。

6. 迎接恐惧

世上最秘而不宣的秘密是,战胜恐惧后迎来的是某种安全有益的东西。哪怕克服的是小小的恐惧,也会增强你对创造自己生活能力的信心。如果一味想避开恐惧,它们会像疯狗一样对我们穷追不舍。此时,最可怕的莫过于双眼一闭假装它们不存在。

7. 做好调整计划

实现目标的道路绝不是坦途。它总是呈现出一条波浪线,有起也有落。但你可以安排自己的休整点。事先看看你的时间表,框出你放松、调整、恢复元气的时间。即使你现在感觉不错,也要做好调整计划。这才是明智之举。在自己的事业波峰时,要给自己安排休整点。安排出一大段时间让自己隐退一下,即使是离开自己爱的工作也要如此。只有这样,你再重新投入工作时才能更富激情。

8. 直面困难

每一个解决方案都是针对一个问题的。二者缺一不可。困难对于脑力运动者来说,不过是一场场艰辛的比赛。真正的运动者总是盼望比赛。如果把困难看作对自己的诅咒,就很难在生活中找到动力。如果学会了把握困难带来的机遇,你自然会动力陡生。

9. 首先要感觉好

多数人认为,一旦达到某个目标,人们就会感到身心舒畅。但问题是你可能永远达不到目标。把快乐建立在还不曾拥有的事情上,无异于剥夺自己创造快乐的权力。记住,快乐是天赋权利。首先要有良好的感觉,让它使自己在塑造自我的整个旅途中充满快乐,而不要再等到成功的最后一刻才去感受属于自己的欢乐。

10. 加强排练

先"排演"一场比你要面对的更复杂的战斗。如果手上有棘手活而自己又犹豫不决,不妨挑件更难的事先做。生活挑战你的事情,你定可以用来挑战自己。这样,你就可以自己开辟一条成功之路。成功的真谛是:对自己越苛刻,生活对你越宽容;对自己越宽容,生活对你越苛刻。

11. 立足现在

锻炼自己即刻行动的能力。充分利用对现时的认知力。不要沉浸在过去,也不要沉溺于未来,要着眼于今天。当然要有梦想、筹划和制定创造目标的时间。不过,这一切就绪后,一定要学会脚踏实地,注重眼前的行动。要把整个生命凝聚在此时此刻。

12. 敢于竞争

竞争给了我们宝贵的经验,无论你多么出色,总会人外有人。所以你需要学会谦虚。努力胜过别人,能使自己更深地认识自己;努力胜过别人,便在生活中加入了竞争"游戏"。不管在哪里,都要参与竞争,而且总要满怀快乐的心情。要明白最终超越别人远没有超越自己更重要。

13. 内省

大多数人通过别人对自己的印象和看法来看自己。获得别人对自己的反映很不错,尤其是正面反馈。但是,仅凭别人的一面之词,把自己的个人形象建立在别人身上,就会面临严重束缚自己的危险。因此,只把这些溢美之词当作自己生活中的点缀。人生的棋局该由自己来摆。不要从别人身上找寻自己,应该经常自省并塑造自我。

14. 走向危机

危机能激发我们竭尽全力。无视这种现象,我们往往会愚蠢地创造一种追求舒适的生活,努力设计各种越来越轻松的生活方式,使自己生活得风平浪静。当然,我们不必坐等危机或悲剧的到来,从内心挑战自我是我们生命力量的源泉。圣女贞德说过:"所有战斗的胜负首先在自我的心里见分晓。"

15. 精工细笔

创造自我,如绘巨幅画一样,不要怕精工细笔。如果把自己当作一幅正在描绘的杰作,你就会乐于从细微处做改变。一件小事做得与众不同,也会令你兴奋不已。总之,无论你有多么小的变化,点点都于你很重要。

16. 敢于犯错

有时候我们不做一件事,是因为我们没有把握做好。我们感到自己"状态不佳"或精力不足时,往往会把必须做的事放在一边,或静等灵感的降临。你可不要这样。如果有些事你知道需要做却又提不起劲,尽管去做,不要怕犯错。给自己一点自嘲式幽默,抱着一种打趣的心情来对待自己做不好的事情,一旦做起来了尽管乐在其中。

第三节 激励理论

一、需要层次理论

著名心理学家马斯洛把人的需要由低到高分为五个层次:生理需要、安全需要、社交需要、尊重需要、自我实现需要,如图10-1所示。马斯洛认为,人的需要有轻重层次之分,在特定时刻,人的一切需要如果都未得到满足,那么满足最主要的需要就比满足其他需要更迫切,只有排在前面的那些属于低级的需要得到满足,才能产生更高一级的需要。

当一种需要得到满足后,另一种更高层次的需要就会占据主导地位。从激励的角度看,没有一种需要会得到完全满足,但只要得到部分的满足,个体就会转向追求其他方面的需要。按照马斯洛的观点,如果希望激励某人,就必须了解此人所处的需要层次,然后着重满足这一

图 10-1 需要层次理论

层次或在此层次之上的需要。比如,一个饥肠辘辘的人,他更渴望你给他几个馒头或面包,而不是你赞赏他长得如何英俊潇洒或出类拔萃。

二、ERG 理论

美国耶鲁大学的克雷顿·奥尔德弗(Clayton Alderfer)在马斯洛提出的需要层次理论的基础上,进行了更接近实际经验的研究,提出了一种新的人本主义需要理论。奥尔德弗认为,人们共存在 3 种核心的需要:生存(existence)的需要、相互关系(relatedness)的需要、成长发展(growth)的需要。因而,这一理论被称为 ERG 理论。

生存的需要与人们基本的物质生存需要有关,包括马斯洛提出的生理和安全需要。相互关系的需要是指人们对于保持重要的人际关系的要求。这种社会和地位的需要的满足是在与其他需要相互作用中达成的,它们与马斯洛的社会需要和自尊需要分类中的外在部分是相对应的。最后,奥尔德弗把成长发展的需要独立出来,它表示个人谋求发展的内在愿望,包括马斯洛的自尊需要分类中的内在部分和自我实现层次中所包含的特征。

除用 3 种需要替代 5 种需要外,与马斯洛的需要层次理论不同的是,奥尔德弗的 ERG 理论还表明:人在同一时间可能有不止一种需要起作用;如果较高层次需要的满足受到抑制,那么人们对较低层次的需要的渴望会变得更加强烈。

马斯洛的需要层次是一种刚性的阶梯式上升结构,即认为较低层次的需要必须在较高层次的需要满足之前得到充分的满足,二者具有不可逆性。与之相反,ERG 理论并不认为各类需要层次是刚性结构,比如,即使一个人的生存和相互关系需要尚未得到完全满足,他仍然可以为成长发展的需要工作,而且这 3 种需要可以同时起作用。

此外,ERG 理论还提出了一种叫作"受挫—回归"的思想。马斯洛认为,当一个人的某一层次需要尚未得到满足时,他可能会停留在这一需要层次上,直到获得满足为止。ERG 理论则认为,当一个人在某一更高等级的需要层次受挫时,那么作为替代,他的某一较低层次的需要可能会有所增加。例如,如果一个人的社会交往需要得不到满足,可能会增强他对得到更多金钱或更好的工作条件的愿望。与马斯洛需要层次理论相类似的是,ERG 理论认为较低层次的需要满足之后,会引发出对更高层次需要的愿望。不同于需要层次理论的是,ERG 理论认为多种需要可以同时作为激励因素而起作用,并且当满足较高层次需要的企图受挫时,会导致人们向较低层次需要的回归。因此,管理措施应该随着人的需要结构的变化而作出相应的改变,并根据每个人不同的需要制定出相应的管理策略。

三、成就需要理论

成就需要理论又称"三种需要理论",是由美国哈佛大学教授戴维·麦克利兰(David McClelland,1917—1998)通过对人的需求和动机进行研究,于 20 世纪 50 年代在一系列文章中提出的。麦克利兰经过20多年的研究得出结论说,在生存需要基本得到满足的前提下,人的最主要的需要有成就需要、权力需要、亲和需要这三种平行的需要,这三种需要在人的需要结构中有主次之分,作为人们的主需求在满足了以后往往会需要得到更多、更大的满足,也就是说拥有权力者更追求权力,拥有亲情者更追求亲情,拥有成就者更追求成就。同时,由于他认为其中成就需要的高低对人的成长和发展起到特别重要的作用,所以很多人称为成就需要理论。

(一) 成就需要

成就需要是指争取成功、追求优越感、希望做得最好的需要。高成就需要者的特点如下。

(1) 自己设定挑战性的目标。高成就需要者在可以自主确定工作目标时,总会挑选难度适中的任务,偏于自己的能力所能达到的上限,而不会避难就易,但也不会不自量力。以套圈游戏为例,如果在套圈游戏中允许每个人自行决定站立距离,那么,不同性格的人在不受干扰的情况下,选择的距离是不一样的。有人会为了避免失败而站得尽可能近,有人会不计较成败而随随便便站得过远,而高成就需要者不会站得太近也不会太远。他们往往会认真测量距离,计算站立位置,做到使套圈既不会轻而易举,又可以在努力下取得成功。

(2) 喜欢通过自己的努力解决问题,不依赖偶然的机遇坐享成功。高成就需要者注重自己努力的结果,而不喜欢靠碰运气或者指望天上掉馅饼。比如,在没有绝对把握成功的情况下,有人会幻想神助,有人会轻言放弃,而高成就需要者会实事求是地计算成功概率,并尽最大努力。在成功机会相等的情况下,有人会掷骰子选择,有人会听任自然,而高成就需要者既不掷骰子也不听天由命,而是尽可能采用理性方式解决问题。

(3) 要求立即得到反馈信息,弄清工作结果。高成就需要者不喜欢那种需要长时间才能看出效果的工作,他们需要努力和效果的直接衔接,缺乏"积跬步以至千里"的耐心。如果让他们自己选择工作,他们宁愿当推销员,也不会当教师,因为前者的工作结果立刻就能显现,而后者的效果要相当长的一段时间才能显现。

(二) 权力需要

权力需要是指影响或控制他人且不受他人控制的需要。麦克利兰将组织中管理者的权力分为两种:一种是个人权力。追求个人权力的人表现出来的特征是围绕个人需求行使权力,在工作中需要及时的反馈和倾向于自己亲自操作。麦克利兰提出一个管理者,若把他的权力形式建立在个人需求的基础上,不利于他人来续位。另一种是职位性权力。职位性权力要求管理者与组织共同发展,自觉接受约束,从体验行使权力的过程中得到一种满足。社会化权力的主要特征是帮助群体确定共同目标,并提供相关支持以达到目标,使全体成员认识到自己的重要性。

不同人对权力的渴望程度也有所不同,高权力需要者对影响和控制别人表现出很大的兴趣,喜欢对别人"发号施令",注重争取地位和影响力。他们常常表现出喜欢争辩、健谈、直率和头脑冷静；善于提出问题和要求；喜欢教训别人，并乐于演讲。他们喜欢具有竞争性和能体现较高地位的场合或情境，他们也会追求出色的成绩，但他们这样做并不像高成就需要者那样是为了个人的成就感，而是为了获得地位和权力或与自己已具有的权力和地位相称。权力需要是管理成功的基本要素之一。

（三）亲和需要

亲和需要是指建立友好亲密的人际关系，寻求被他人喜爱和接纳的需要。高亲和需要者更倾向于与他人进行交往，至少是为他人着想，这种交往会给他带来愉快。高亲和需要者渴望社交，喜欢合作而不是竞争的工作环境，希望彼此之间的沟通与理解，他们对环境中的人际关系更为敏感。有时，亲和需要也表现为对失去某些亲密关系的恐惧和对人际冲突的回避。亲和需要是保持社会交往和人际关系和谐的重要条件。麦克利兰的亲和需要与马斯洛的感情上的需求、奥德费的关系需求基本相同。

四、双因素理论

双因素理论（激励因素—保健因素理论）是美国行为科学家弗雷德里克·赫茨伯格（Fredrick Herzberg）提出来的，双因素理论是他最主要的成就。

20世纪50年代末，赫茨伯格和他的助手们在美国匹兹堡地区对两百名工程师、会计师进行了调查访问。结果他发现，使职工感到满意的都是属于工作本身或工作内容方面的；使职工感到不满的，都是属于工作环境或工作关系方面的。他把前者叫作激励因素，后者叫作保健因素。

保健因素包括公司政策、管理措施、监督、人际关系、物质工作条件、工资、福利等。当这些因素恶化到人们认为可以接受的水平以下时，就会产生对工作的不满意。但是，当人们认为这些因素很好时，它只是消除了不满意，并不会导致积极的态度，这就形成了某种既不是满意，又不是不满意的中性状态。

那些能带来积极态度、满意和激励作用的因素叫作激励因素，这是那些能满足个人自我实现需要的因素，包括成就、赏识、挑战性的工作、增加的工作责任，以及成长和发展的机会。如果这些因素具备了，就能对人们产生更大的激励。从这个意义出发，赫茨伯格认为传统的激励假设，如工资刺激、人际关系的改善、提供良好的工作条件等，都不会产生更大的激励；它们能消除不满意，防止产生问题，但这些传统的激励因素即使达到最佳程度，也不会产生更大的激励。

激励因素与保健因素的对比如表10-1所示。

赫茨伯格的研究发现，经理人应该认识到保健因素是必需的，不过它一旦使不满意中和以后，就不能产生更积极的效果。只有激励因素才能使人们有更好的工作成绩。

双因素理论告诉我们，满足各种需要所引起的激励深度和效果是不一样的。物质需求的满足是必要的，没有它会导致不满，但是即使获得满足，它的作用往往是很有限的、不能持久的。要调动人的积极性，不仅要注意物质利益和工作条件等外部因素，更重要

表 10-1 激励因素与保健因素的对比

因素	定义	内容	具备	缺失
激励因素	与工作内容紧密相关的因素,改变这些因素会使人获得满意感	成就、赏识、挑战性的工作、增加的工作责任,成长和发展的机会等	满意	没有满意
保健因素	与工作环境相关的因素,这类因素得不到改善会引起员工对工作的不满	行政政策、管理措施、监督、人际关系、物质工作条件、工资、福利等	没有不满意	不满意

的是要注意工作的安排、量才使用、个人成长与能力提升等,注意对人进行精神鼓励,给予表扬和认可,注意给人以成长、发展、晋升的机会。

需要层次理论、ERG 理论、成就需要理论、双因素理论的对比如表 10-2 所示。

表 10-2 需要层次理论、ERG 理论、成就需要理论、双因素理论的对比

需要层次理论(马斯洛)	ERG 理论(奥尔德弗)	成就需要理论(麦克利兰)	双因素理论(赫茨伯格)
自我实现需要	E——成长需要	成就需要	激励因素
尊重的需要		权力需要	
友爱和归属的需要	R——关系需要	亲和需要	保健因素
安全的需要	G——生存需要	是在基本生理需要满足的条件下研究的(没有研究)	
生理需要			

五、公平理论

亚当斯的公平理论(equity theory)又称社会比较理论,由美国心理学家约翰·斯塔希·亚当斯(John Stacey Adams)于 1965 年提出的。该理论认为,员工的激励程度来源于对自己和参照对象的报酬和投入的比例的主观比较感觉。

公平理论是研究人的动机和知觉关系的一种激励理论,在亚当斯的《工人关于工资不公平的内心冲突同其生产率的关系》《工资不公平对工作质量的影响》《社会交换中的不公平》等著作中有所涉及,侧重于研究工资报酬分配的合理性、公平性及其对职工生产积极性的影响。

公平理论的基本内容包括三个方面。

(一) 公平是激励的动力

公平理论认为,人能否受到激励,不但受到他们得到了什么而定,还要受到他们所得与别人所得是否公平而定。

公平理论的心理学依据就是人的知觉对于人的动机的影响关系很大。他们指出,一个人不仅关心自己所得所失本身,而且还关心与别人所得所失的关系。他们以相对付出和相对报酬全面衡量自己的得失。如果得失比例和他人相比大致相当时,就会心理平静,认为公平合理心情舒畅。比别人高则会兴奋,是最有效的激励,但有时过高会带来心

虚,不安全感激增;低于别人时会产生不安全感,心理不平静,甚至满腹怨气,工作不努力,消极怠工。因此,分配合理性常是激发人在组织中工作动机的因素和动力。

(二) 公平理论的模式

公平理论可以用下面的方程式表示。

$$Q_p/I_p = Q_o/I_o$$

式中:Q_p 代表一个人对他所获报酬的感觉;I_p 代表一个人对他所做投入的感觉;Q_o 代表这个人对某比较对象所获报酬的感觉;I_o 代表这个人对比较对象所做投入的感觉。

(三) 不公平的心理行为

当人们感到不公平待遇时,在心里会产生苦恼,呈现紧张不安,导致行为动机下降,工作效率下降,甚至出现逆反行为。个体为了消除不安,一般会作出以下行动:通过自我解释达到自我安慰,逐渐造成一种公平的假象,以消除不安;更换对比对象,以获得主观的公平;采取一定行为,改变自己或他人的得失状况;发泄怨气,制造矛盾;暂时忍耐或逃避。

公平与否的判定受个人的知识、修养的影响,即使外界氛围也是要通过个人的世界观、价值观的改变才能够起作用。

亚当斯认为,当员工发现组织不公正时,会有以下六种主要的反应:改变自己的投入;改变自己的所得;扭曲对自己的认知;扭曲对他人的认知;改变参考对象;改变目前的工作。

六、强化理论

强化理论(reinforcement theory)是美国心理学家和行为科学家斯金纳、赫西、布兰查德等人提出的一种理论。斯金纳生于1904年,于1931年获得哈佛大学的心理学博士学位,并于1943年回到哈佛大学任教,直到1975年退休。1968年曾获得美国全国科学奖章,是第二个获得这种奖章的心理学家。

斯金纳在心理学的学术观点上属于极端的行为主义者,其目标在于预测和控制人的行为而不去推测人的内部心理过程和状态。他提出操作条件反射理论,认为人或动物为了达到某种目的,会采取一定的行为作用于环境。当这种行为的后果对他有利时,这种行为就会在以后重复出现;不利时,这种行为就减弱或消失。人们可以用这种正强化或负强化的办法来影响行为的后果,从而修正其行为,这就是强化理论,也叫作行为修正理论。

斯金纳所倡导的强化理论是以学习的强化原则为基础的关于理解和修正人的行为的一种学说。所谓强化,从其最基本的形式来讲,是指对一种行为的肯定或否定的后果(报酬或惩罚),它至少在一定程度上决定这种行为在今后是否会重复发生。根据强化的性质和目的可把强化分为正强化和负强化。在管理上,正强化就是奖励那些组织上需要的行为,从而加强这种行为;负强化是指为了使某种行为不断重复,减少或消除施予其身的某种不愉快的刺激。负强化的方法包括批评、处分、降级等,有时不给予奖励或少给奖励也是一种负强化。正强化的方法包括奖金、对成绩的认可、表扬、改善工作条件和人际关系、提升、安排担任挑战性的工作、给予学习和成长的机会等。

开始,斯金纳也只将强化理论用于训练动物,如训练军犬和马戏团的动物。以后,斯金纳又将强化理论进一步发展,并用于人的学习上,发明了斯金纳的程序教学法和教学机。他强调在学习中应遵循小步子和及时反馈的原则,将大问题分成许多小问题,循序渐进;他还将编好的教学程序放在机器里对人进行教学,收到了很好的效果。

斯金纳的强化理论和弗洛姆的期望理论都强调行为同其后果之间关系的重要性,但弗洛姆的期望理论较多地涉及主观判断等内部心理过程,而强化理论只讨论刺激和行为的关系。

第四节 有效激励

一、有效激励的含义与作用

(一)有效激励的含义

有效激励(effective motivation)是指某一组织实施的能够达到预期效果,有效提升员工队伍凝聚力、向心力和整体战斗力的激励行为。

(二)有效激励的作用

有效激励的作用主要有以下两个方面。

1. 调动员工的积极性

员工激励的目标必须和企业的发展战略紧密联系,激励员工的动机就是要设法使员工看到自己的需要与企业目标之间的联系,使员工处于一种驱动状态。员工在这种状态的驱动下所付出的努力不仅满足其个人需要,同时也通过达成一定的工作绩效而实现企业目标。激励对于调动员工潜在的积极性,帮助员工出色完成工作目标以及不断提高工作绩效都有十分重要的作用。

2. 留住企业优秀人才

激励存在于人力资源管理的每一个环节,每一个环节又都体现员工的价值,让员工感到下一步还有新的机会。当员工技术发展到顶尖,企业可扩大员工的工作范畴。加大工作量,让员工的工作具有挑战性,让员工觉得在公司是海阔天空的,能学到东西,永远没有尽头,还可让员工在相应岗位上担任行政职务或特级专业技术职务,既让他感觉到公司的重视,也给他以事业施展的平台,因此适合的激励使员工对公司的归属感有极大作用。

二、有效激励的方法

(一) 坚持以人为本的原则,真诚对待员工

托马斯·彼德斯曾说:出色的经营离不开人,要用感人、纯朴而且美好的价值观念去激发人们的热情。管理者应以员工为中心,满足员工对归属的愿望、成就的需要,倾听和理解他们的抱怨,通过让他们参与对企业发展、工作条件和其他重大事项的决策,使他们感到自尊和尊重的满足,意识到他们有潜力不断进步比制定目标更为重要,那么员工才能以组织事业为中心,同时组织的士气一定能够得到改善和提高。如每年经理应和员工有一次正式的谈话,探讨今年的工作是什么,工作目标有几个,衡量标准是什么,为了实现目标要经过哪些培训以及员工的发展机会,今后有什么打算等,帮助员工实现愿望。让大家定期出去学习或训练,员工从岗位上脱离出来,无论是旅游还是学习,这既是去过团队生活,也是享受公司的福利,在学习充电的同时,也会放松身心,这也是公司对员工的认可,员工会有很强的归属感。

(二) 了解员工需求,进行有针对性的激励

员工是带着自己的需要走进你的公司的,只有了解他的需求才能有效地调动他的积极性。根据马斯洛的需求理论,不同的员工,或同一员工不同的时间或环境下会有不同的需求。所以,在制定和实施激励政策时,首先要调查清楚每个员工真正需求的是什么,并将这些需求整理归类,然后制定相应的激励政策,帮助员工满足这些需求。如年轻员工比较重视拥有自主权及创新的工作环境,中年员工比较重视工作与私生活的平衡及事业的发展机会,老年员工则比较重视工作的稳定性及分享公司的利润。对管理技术人员,可以设计两条职业生涯规划线,一条是行政管理线,一条是专业线,对产业工人可进行几个层次的通道设计。这就需要管理者善于抓住主要矛盾,抓住员工的主导需要。否则,激励就是纸上谈兵,无的放矢。

(三) 建立科学的、公正的激励机制

激励制度一定要体现公正的原则。公平理论指出,一个人的工作动机,不仅受绝对报酬的影响,而且受相对报酬的影响。每个人都会不自觉地把自己付出的劳动进行纵向比较和横向比较。通过比较,看自己是否受到了公平对待。从而影响自己的情绪和工作态度。因此,出台制度之前,要广泛征求员工的意见,得到大多数人的认可,并把这个制度公布出来,在激励中严格按制度执行。

(四) 科学分析企业的工作岗位

岗位分析是企业薪酬管理的基础,每个员工的工资都是与自己的工作岗位紧密相连的,岗位所承载的工作内容、工作责任、任职要求等是与其价值相匹配的。这个价值是通过科学的方法和工具分析得来的,它能够从基本上保证薪酬的公平性和科学性,也是破除平均主义的必要手段。还可安排岗位轮换来解决员工长期做一种工作可能产生的工作厌烦症,这样新的岗位、新的业务可以激发他们新的工作热情。

（五）建立科学的绩效管理体系

企业的经营管理过程就是一个不断累积绩效、获得绩效的过程，包括组织的绩效，部门的绩效和员工的个人绩效。我国企业的绩效管理有不少停留在绩效考核的层面，或者流于形式，真正重视绩效管理、科学推动绩效管理的企业还远远不够。没有绩效管理，很难体现薪酬的公平性和激励性。因此，企业应重视绩效管理，认真研究绩效管理的理论、方法和流程，科学地认识绩效管理并努力推动绩效管理在自己组织里的实施。让绩效说话，将企业管理者与员工的思想统一到绩效上，发挥绩效管理的能动性作用，以调动员工的积极性。

三、霍桑试验

霍桑试验是1924年美国国家科学院的全国科学委员会在西方电气公司所属的霍桑工厂进行的一项试验，目的是弄清照明的质量对生产效率的影响，但未取得实质性进展。1927年，梅奥和哈佛大学的同事应邀参加霍桑试验。

霍桑工厂是一个制造电话交换机的工厂，具有较完善的娱乐设施、医疗制度和养老金制度，但工人们仍愤愤不平，生产成绩很不理想。为找出原因，美国国家研究委员会组织研究小组开展试验研究。

（一）试验阶段

1. 照明试验

照明试验的时间是从1924年11月至1927年4月。当时关于生产效率的理论占统治地位的是劳动医学的观点，认为也许影响工人生产效率的是疲劳和单调感等，于是当时的试验假设便是"提高照明度有助于减少疲劳，使生产效率提高"。可是经过两年多的试验发现，照明度的改变对生产效率并无影响。具体结果是：当试验组照明度增大时，试验组和控制组都增产；当试验组照明度减弱时，两组依然都增产，甚至试验组的照明度减至0.06烛光时，其产量也无明显下降；直至照明减至如月光一般，实在看不清时，产量才急剧降下来。研究人员面对此结果感到茫然，失去了信心。

从1927年起，以梅奥教授为首的一批哈佛大学心理学工作者将试验工作接管下来，继续进行。

2. 福利试验

福利试验是继电器装配测试室研究的一个阶段，时间是从1927年4月至1929年6月。试验目的总的来说是查明福利待遇的变换与生产效率的关系。但经过两年多的试验发现，不管福利待遇如何改变（包括工资支付办法的改变、优惠措施的增减、休息时间的增减等），都不影响产量的持续上升，甚至工人自己对生产效率提高的原因也说不清楚。

后经进一步地分析发现，导致生产效率上升的主要原因有两个。

（1）参加试验的光荣感。试验开始时6名参加试验的女工曾被召进部长办公室谈话,她们认为这是莫大的荣誉。这说明被重视的自豪感对人的积极性有明显的促进作用。

(2) 成员间良好的相互关系。

3. 访谈试验

研究者在工厂中开始了访谈计划。此计划的最初想法是要工人就管理当局的规划和政策、工头的态度和工作条件等问题作出回答,但这种规定好的访谈计划在进行过程中却大出意料之外,得到意想不到的效果。工人想就工作提纲以外的事情进行交谈,工人认为重要的事情并不是公司或调查者认为意义重大的那些事。访谈者了解到这一点,及时把访谈计划改为事先不规定内容,每次访谈的平均时间从 30 分钟延长到 1～1.5 个小时,多听少说,详细记录工人的不满和意见。访谈计划持续了两年多,工人的产量大幅提高。

工人们长期以来对工厂的各项管理制度和方法存在许多不满,无处发泄,访谈计划的实行恰恰为他们提供了发泄机会。发泄过后心情舒畅,士气提高,使产量得到提高。

4. 群体试验

群体试验是银行电汇室研究。梅奥等人在这个试验中是选择 14 名男工人在单独的房间里从事绕线、焊接和检验工作。对这个班组实行特殊的工人计件工资制度。

试验者原来设想,实行这套奖励办法会使工人更加努力工作,以便得到更多的报酬。但观察的结果发现,产量只保持在中等水平上,每个工人的日产量平均都差不多,而且工人并不如实地报告产量。深入地调查发现,这个班组为了维护他们群体的利益,自发地形成了一些规范。他们约定,谁也不能干太多,突出自己;谁也不能干太少,影响全组产量,并且约法三章,不准向管理当局告密,如有人违反这些规定,轻则挖苦谩骂,重则拳打脚踢。进一步调查发现,工人们之所以维持中等水平的产量,是担心产量提高,管理当局会改变现行奖励制度或裁减人员,使部分工人失业,或者会使干得慢的伙伴受到惩罚。

这一试验表明,为维护班组内部的团结,可以放弃物质利益的引诱。由此,心理学家们提出"非正式群体"的概念,认为在正式的组织中存在着自发形成的非正式群体,这种群体有特殊的行为规范,对人的行为起着调节和控制作用。同时,加强内部的协作关系。

1933 年,梅奥出版了《工业文明的人类问题》。

(二) 霍桑试验的结论

霍桑试验的结果由梅奥于 1933 年正式发表,书名是《工业文明中的人的问题》,提出了以下见解。

(1) 以前的管理把人假设为"经济人",认为金钱是刺激积极性的唯一动力;霍桑试验证明人是"社会人",是复杂的社会关系的成员,因此,要调动工人的生产积极性,还必须从社会、心理方面去努力。

(2) 以前的管理认为生产效率主要受工作方法和工作条件的制约,霍桑试验证实了工作效率主要取决于职工的积极性,取决于职工的家庭和社会生活及组织中人与人的关系。

(3) 以前的管理只注意组织机构、职权划分、规章制度等,"霍桑试验"发现除了正式组织外还存在着非正式团体,这种无形组织有它的特殊情感和倾向,左右着成员的行为,对生产效率的提高有举足轻重的作用。

(4) 以前的管理把物质刺激作为唯一的激励手段,而"霍桑试验"发现工人所要满足的需要中,金钱只是其中的一部分,大部分的需要是感情上的慰藉、安全感、和谐、归属感。因此,新型的领导者应能提高职工的满足感,善于倾听职工的意见,使正式团体的经济需要与非正式团体的社会需要取得平衡。

(5) 以前的管理对工人的思想感情漠不关心,管理人员单凭自己个人的复杂性和嗜好进行工作,而"霍桑试验"证明,管理人员,尤其是基层管理人员应像霍桑试验人员那样重视人际关系,设身处地地关心下属,通过积极的意见交流,达到感情的上下沟通。

(6) 霍桑试验及梅奥的见解提出了领导活动中一个值得重视的问题,即非正式组织对领导效能的影响。企业中除了存在着为了实现企业目标而明确规定各成员相互关系和职责范围的正式组织之外,还存在着非正式组织。这种非正式组织的作用在于维护组织成员的共同利益,使之免受组织内部个别成员的疏忽或外部人员的干涉所造成的损失。非正式组织中有自己的核心人物和领袖,有大家共同遵循的观念、价值标准、行为准则和道德规范等。

一、课业任务

无论你学习是为得到学历文凭、学点技能、考个职业证书,还是为了将来能找个好工作,抑或是打算读更高的学历文凭,请运用双因素理论的原理分析自己目前的学习状态,列出自己面对的各种激励因素,调动自己的学习积极性。

二、课业目的

理解、巩固所学的知识,锻炼个人分析能力,提升解决问题的能力,激发自己更高的学习积极性。

三、课业要求

结合理论知识和自身学习情况,分析双因素理论的激励要素,提出对策,写成书面分析。时间为2周,字数不少于1500字。

四、理论指导

学习并理解激励的含义、激励的作用、双因素理论等。

五、课业操作

每个同学认真复习相关理论知识,按照双因素理论的框架和原理列出自己学习所面临的激励因素和保健因素,分析合理的激励因素,提出合理的保健因素方面的建议,最后整理成文,打印提交。

六、课业评价标准

本章课业评价标准如表10-3所示。

表10-3 课业评价标准

评价项目	理论运用	双因素列举	书面表达能力
评价标准	理论运用得当,有针对性选择	正确归类,列举全面,建议合理	语言准确,言简意赅,排版合理
评分比重(%)	30	50	20

七、课业范例

(1) 个人简介:学习经历、目前成绩表现、特长、薄弱环节。

(2) 双因素归类列表:尽可能完整。

(3) 激励因素分析:自我激励方法运用。

(4) 保健因素分析:教学环境、教学安排、教学条件设备、学习资源等,可参考霍桑试验内容分析环境因素对自己课堂学习的影响。

(5) 对学校的建议:如何提升自己的学习积极性。

本章小结

激励是指持续地激发人的动机和内在动力,使其心理过程始终保持在激奋的状态中,鼓励人朝着所期望的目标采取行动的心理过程。

在激励机制中,设置目标是一个关键环节。目标设置必须同时体现组织目标和员工需要的要求。物质激励是基础,精神激励是根本。在两者结合的基础上,逐步过渡到以精神激励为主。

正激励与负激励作为激励的两种不同类型,目的都是要对人的行为进行强化,不同之处在于二者的取向相反。

自我激励是指个体具有不需要外界奖励和惩罚作为激励手段,能为设定的目标自我努力工作的一种心理特征,其行为表现为一种励志行动。

激励理论流派众多,其中观点纷呈,对现实组织管理提供了有益指导。

有效激励是指某一组织实施的能够达到预期效果,有效提升员工队伍凝聚力、向心力和整体战斗力的激励行为。

霍桑试验是 1924 年美国国家科学院的全国科学委员会在西方电气公司所属的霍桑工厂进行的一项试验。霍桑试验的结果由梅奥于 1933 年正式发表,书名是《工业文明中的人的问题》,对管理提出了许多独到见解。

重要概念

激励 物质激励 精神激励 正激励 负激励 自我激励 需要层次理论 ERG 理论 成就需求理论 双因素理论 公平理论 强化理论 有效激励 霍桑试验

复习思考题

1. 什么是激励?激励的基本原则是什么?
2. 激励在企业管理中的主要作用有哪些?
3. 举例说明主要的激励方法。
4. 正激励和负激励的含义分别是什么?使用上有什么不同?
5. 需要层次理论和 ERG 理论有何异同?
6. 解释双因素理论的主要观点。
7. 归纳和比较主要需求理论的代表人物、主要著作、主要观点、理论缺陷。
8. 什么是有效激励?现实生活中如何进行有效激励?
9. 介绍霍桑试验的背景、内容和结论?
10. 你在学习上会采用自我激励吗?为什么?

案例分析

用激励保留企业人才

不仅国企、民企会遇到严重的管理人才短缺,不同行业在华经营的跨国公司也发现人才问题,特别是令人焦虑的中层管理人和职业经理人跳槽和流动现象,给公司持续发展带来了巨大的挑战。

人才问题之所以变得尤为突出,受到多种复杂环境因素的影响。

(1) 中国国内市场迅速成熟,不同类型的产品替代物迅猛增加。产品竞争的背后和实质是人才之争。

(2) 不同行业的跨国公司纷纷进入中国,整个中国市场犹如战场,企业间拼命争夺人才,扩大市场份额,提高股东回报。全球经济衰退使更多的美国公司更加重视中国市场的经营业绩,为不景气的总部补充原料。这给跨国企业迅速发展本土化人才施加了更大的压力。

(3) 大批中国企业正走向国际,海外上市和投资的过程发展之迅速,给极为缺乏国际化管理人才的国企和民企造成巨大压力,只好到跨国公司和国内名牌企业高价挖人。

(4) 市场上失衡的人才供求关系给中国企业和跨国企业管理人才的心理带来重大冲击,提升了他们的心理要求和自己对未来事业的期望值,加速了员工流失率,给企业经营带来了重大的消耗和创伤。

(5) 国际猎头公司和人力资源咨询公司也蜂拥进入中国,仅在上海,据说国内外猎头公司就有上千家。猎头公司的出现加热了企业间人才大战的温度,更加速了人才流动的速度。

在这种人才大战的态势下,中国企业领导者必须认真探讨企业在未来时间里如何发展人才、挖掘人才、培养人才、逗留人才,对企业整体战略进行一个全方位的反思。历史经验值得注意。半个世纪以前日本经济腾飞之时,人才短缺问题比中国现在还严重。但是,人才危机给日本企业带来困难,更带来了机遇。日本企业开始研究如何通过有效激励来保留人才的管理方式,闻名于世的丰田管理模式在这个大的人才短缺环境下诞生了。

企业如何制定自己的人才策略?企业的领导者如何平衡产品竞争和人才竞争之间的关系?企业怎样摆平经营短期盈利目标和企业长远人才发展规划的矛盾?企业采用什么具体方法发掘并保留精英人才,降低员工的流动率?这些问题是每个领导者都要认真思考和回答的问题。

(1) 人才问题不是简单的技术问题。人才问题是企业的战略问题,企业最大的人力资源总监是企业的第一把手。通用电气成功原因之一就是 CEO 杰克·韦尔奇本人对人才招聘、培养的高度重视。

(2) 人才问题必须和企业文化与治理结构结合起来。企业的一把手十分重要,但企业的人才文化和激励机制更为重要。领导者在企业的时间是有限的,企业的文化、制度和机制才是保障企业不断吸引、发展、保留人才的关键。通用电气不仅仅因为有了杰克·韦尔奇才有了人才。通用成功的关键在人才文化、治理结构和激励机制。

(3) 导致人才流动重要因素之一来源于离职者的直接上司的行为举止。在中国,很多企业的老板没有领军人物的风度和素质,他们只会发号施令,不会激励感染。因此,直接上司的领导风格、素质、品行品德给你的直接下属去留起着决定性的作用。员工会因为企业的品牌而进入,也会由于老板的蛮横无理而离走。

(4) 北大国际 MBA 和跨国公司的员工离职调查表明,员工离职另外一个重要原因是企业在发展过程中没有能够给员工,特别是专业人才,提供一个持久的职业发展平台。中国白领员工对职业晋升十分敏感,对自己的前途抱有很高期望。很多员工离职通常是因业务压力过大,而又认为得不到与自己巨大身心投入匹配的物质和精神的获得。长期的体能和知识消耗最终导致工作生活不合拍,心理脆弱。

(5) 中国企业员工十分重视经济回报。特别是在金融改革、住房市场、全民进入小康的今天,企业员工对报酬、福利、奖金等因素十分重视。不论外资企业还是国有企业,不重视合理的经济回报,不能给予员工、专家、经理以超过市场平均值的回报,很难招到并逗留一流人才。很多企业在招聘人才上不惜花费巨额成本,因为他们知道对人力资本投资从长远观点看是会得到高于任何其他形式的投资回报率的。

(资料来源:杨壮. 用激励保留企业人才. 百度文库,https://wenku.baidu.com/view/dd5b151-da76e58fafab003a3.html)

思考题:
1. 根据案例的介绍,简述跨国公司是怎样留住人才的。
2. 结合领导方面的理论分析公司应采取什么样的激励措施或制度留住人才。

第十一章 控 制

名人名言

监督是管理过程持续最长的一种功能,因为它是在执行决策的全部过程中实现的。

——[苏]阿法纳西耶夫

学习目标

1. 解释控制的含义和基本过程;
2. 描述控制的主要类型;
3. 区别开环控制和闭环控制;
4. 解释控制过程中信息反馈的重要性;
5. 解释控制过程中差异分析的重要性;
6. 描述企业管理控制中人员控制的主要内容;
7. 描述企业财务比率控制的意义;
8. 讨论当今社会信息控制的重要性。

 导弹

导弹和普通炮弹的最大区别,就是导弹本身装有发动机和制导系统。制导系统就好像是导弹的眼睛,它能引导导弹准确地搜寻、跟踪和命中活动的目标。导弹的用途不同,制导方式也大不一样。以自动寻找目标的导弹为例,目前使用最多的导弹"寻的"方式是被动式制导方式。它的意思是,导弹本身并不发出任何探测信号,却能灵敏地接收声波、光波、雷达波和红外辐射信号,所以这种制导方式控制信号的来源是最广泛的。只要敌方的飞机、导弹等活动目标发出上述任何一种信号,就会被导弹发现、跟踪并攻击,而导弹本身却很隐蔽。

企业就像一枚弹道导弹,时刻需要紧盯目标前行。本章首先介绍控制的含义与类型、控制的基本过程,然后详细描述企业控制的重点,最后强调当今社会对于信息控制的要求和主要的信息控制手段。

 控 制 概 述

一、控制的含义

从一般意义上说,控制(control)是指控制主体按照给定的条件和目标,对控制客体施加影响的过程和行为。控制一词最初运用于技术工程系统。自从维纳的控制论问世以来,控制的概念更加广泛,它已用于生命机体、人类社会和管理系统中。从一定意义上说,管理的过程就是控制的过程。因此,控制既是管理的一项重要职能,又贯穿于管理的全过程。一般来说,管理中的控制职能,是指管理主体为了达到一定的组织目标,运用一定的控制机制和控制手段,对管理客体施加影响的过程。在管理中,构成控制活动必须有三个条件。

(1)要有明确的目的或目标,没有目的或目标就无所谓控制。

(2)受控客体必须具有多种发展可能性。如果事物发展的未来方向和结果是唯一的、确定的,就谈不上控制。

(3)控制主体可以在受控客体的多种发展可能性中通过一定的手段进行选择。如果这种选择不成立,控制也就无法实现。

所以,控制是一种管制、纠偏的行为。

二、控制的类型

在实际管理过程中,按照不同的标准,可把控制分成多种类型。例如,按照业务范围不同,控制可分为生产控制、质量控制、成本控制和资金控制等;按照控制对象的全面性不同,控制可分为局部控制和全面控制;按照控制作用环节的不同,控制可分为现场控制、反馈控制和前馈控制,等等。不同类型的控制有不同的特点、功能与适应性。下面介绍几种主要的控制类型。

(一) 开环控制

所谓开环控制,是指受控客体不对控制主体产生反作用的控制过程,也即不存在反馈回路的控制。在这种控制中,控制系统的输出仅由输入来确定。在实际中则表现为控制主体在发出控制指令后,不再参照受控客体的实际情况重新调整自己的指令。开环控制的原理是:在对系统情况和外界干扰有了大致分析研究的基础上,通过控制初始条件,使系统能不受外界干扰的影响准确无误地转移到目标状态。开环控制如图 11-1 所示。

图 11-1 开环控制

(二) 闭环控制

闭环控制是指存在反馈闭合回路的控制。在闭环控制中,受控客体能作用于控制主体,并使其再输出增强或者减弱,以保证预定目标的实现。闭环控制的原理是:当受控客体受干扰的影响,其实现状态与期望状态出现偏差时,控制主体将根据这种偏差发出新的指令,以纠正偏差,抵消干扰的作用。在闭环控制中,由于控制主体能根据反馈信息发现和纠正受控客体运行的偏差,所以有较强的抗干扰能力,能进行有效的控制,从而保证预定目标的实现。管理中所实行的控制大多是闭环控制,所用的控制原理主要是反馈原理。闭环控制如图 11-2 所示。

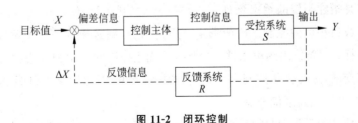

图 11-2 闭环控制

(三) 定值控制

定值控制是一种使预期量不随时间而变化的常量反馈控制。在定值控制中,由于预期量是个常量,因此定值控制系统的主要任务是抗拒外来的干扰。当外部干扰影响系统运行时,输出量将偏离预期值,控制系统的作用是使被控变量恢复到预期的常量。在实际中，国家对于物价水平和经济增长速度的控制，一般都是定值控制。

（四）程序控制

程序控制是一种预期量，是一个预先知道的时间控制程序的反馈控制。在这类控制中，预期量是一个由决策者预先规定的随时间而变化的控制程序。这种控制虽然不可避免地受到干扰的作用，但作为一种控制方式来说，只考虑被控变量按预定规律变化的问题。如果预期量变化了一个值，因被控变量从而变化，反馈后有偏差输出，从而使控制系统驱使被控对象做相应变化，如此直至两者都做相应变化为止。在实际中，某些长期计划的完成多属程序控制，如投资对 GDP 增长的控制。

（五）前馈控制

前馈控制也称超前控制、预先控制，是指观察作用于系统的可以测量的输入量和主要扰动量，分析它们对系统输出的影响关系，在这些可测量的输入量和扰动量产生不利影响之前，通过及时采取纠正措施，来消除它们的不利影响，"防患于未然"。前馈控制可以克服事后控制的时滞，具有事先预防的作用，因此在管理中有广泛的用途。

（六）反馈控制

控制论的基本原理，同时也是管理控制职能最基本的原理，就是反馈的机理。所谓反馈，是指系统的输出信息返送到输入端，与输入信息进行比较，并利用二者的偏差进行控制的过程。如果输出信息的作用是抵消输入信息，称为负反馈；若作用是增强输入信息，则称为正反馈。反馈控制具有使系统稳定、跟踪目标、抗干扰三个方面的性质。反馈控制，不仅是管理系统，也是自然界和人类社会中普遍存在的一种现象。

（七）过程控制

过程控制也称自动控制，是指在无人直接参与的情况下，采用自动化装置使各生产或其他活动环节能以一定的准确度自动调节的控制。这种控制多用于生产中的自动操作系统，在市场经济条件下，自觉运用价值规律和市场机制的调节，从某种意义上说也是一种自动控制。

（八）优化控制

优化控制是指在给定的约束条件下，寻求一个控制系统，使给定的被控系统性能指标取得最大值或最小值的控制。一般来说，进行优化控制必须具备三个条件：①要给出系统的性能指标；②要给出约束条件；③要寻找优化控制的机制和方法。由于在实际中情况是复杂多变的，进行优化控制不可能达到十全十美，因此优化控制只能是相对的或满意的控制，而难以做到最优控制。

随着科学技术的发展，目前智能控制已开始广泛应用。这种控制将人类的智能，例如把适应、学习、探索等能力引入控制系统，使控制系统具有识别、决策等功能，从而使自动控制和优化控制达到了更高级的阶段。

（九）自组织控制

自组织控制是指工作条件和外部环境发生不确定性变化时，组织能及时调整自身的组织结构,以达到预期的理想目的的一种控制。自组织控制是适应性控制的进一步发展,它不但能适应外部环境和条件的变化,改变原定策略及某些参数,而且还能改变管理系统的组织结构。实行自组织控制要不断测量系统的输入和输出,积累经验,深入研究,以求在低成本的情况下,使组织结构与环境变化相适应,取得较好的控制效果。

第二节 控制的过程

一、确定控制标准

(一) 确立控制对象

确立控制对象是决定控制标准的前提。控制对象一般有组织的人员、财务活动、生产作业、信息及组织绩效等。组织活动的成果应该成为控制的重点对象。

(二) 选择控制重点

管理者必须选择需要特别关注的地方,以确保整个工作按计划要求执行。因此需要特别关注的控制点应当是关键性的,它们或是经营活动中的限制因素,或者能够比其他因素更清楚地体现计划是否得以有效实施。

控制原理中一条最为重要的原理——关键点控制原理,强调有效控制要求关注关键因素,并以此对业绩进行控制。标准大致有:实物标准、成本标准、资本标准、收益标准、计划标准、无形标准、指标标准以及作为策略控制点的策略计划。

(三) 制定标准方法

最理想的是以可考核的目标直接作为标准,但更多的情况往往是将某一计划目标分解为一系列的控制标准。进一步可分为定量标准和定性标准,前者是控制标准的主要形式,后者主要是有关服务质量、组织形象等难以量化的标准。在工业企业中,最常用的定量控制标准有四种:①时间标准(如工时、交货期等);②数量标准(如产品数量、废品数量);③质量标准(如产品等级、合格率);④成本标准(如单位产品成本)。组织中所有作业活动都可依据这四种标准进行控制。对于一项工作,人们总是可以近似或准确地找出数量、质量、时间及成本间的内在联系。如生产控制往往注重质量和时间控制,而销售控制更多侧重于成本和数量控制。

常用的制定标准的方法有三种:①利用统计方法来确定预期结果;②根据经验和判断来估计预期结果;③在客观的定量发现的基础上建立工程(工作)标准。

二、衡量实际业绩

控制活动应当跟踪工作进展,及时预示脱离正常或预期成果的信息,及时采取矫正措施。在衡量的过程中应注意以下问题。

（一）通过衡量成绩，检验标准的客观性和有效性

利用预先制定的标准检查各部门、各阶段和每个人工作的过程，同时也是对标准的客观性和有效性进行检验的过程。

检验标准的客观性和有效性，是要分析对标准执行情况的测量能取得符合控制需要的信息。

（二）确定适宜的衡量额度

有效的控制要求确定适宜的衡量额度，即衡量频度不仅要体现在控制对象的数量（即控制目标的数量）上，而且体现在对同一标准的测量次数或频度上。适宜的衡量额度取决于被控制活动的性质、控制活动的要求。对那些长期的较高水平的标准，适用于年度控制。而对产量、出勤率等短期、基础性的标准，则需要比较频繁的控制。

（三）建立信息反馈系统

为纠正偏差应该建立有效的信息反馈网络，使反映实际工作情况的信息既能迅速收集上来，又能适时传递给管理人员，并能迅速将纠偏指令下达给相关人员，使之能与预定标准相比较，及时发现问题，并迅速地进行处置。

有两类反馈控制的形式。一类是可自我纠正的，即不需从外界采取纠偏措施进行干预就能自我调节。另一类是不能自我纠正的，即指在纠正措施发生之前需要外界干预。

从管理控制工作职能的角度看，除了要求信息的准确性以外，还要求以下几点。

1. 信息的及时性

信息的及时性有两层含义：①对那些时过境迁就不能追忆和不能再现的重要信息要及时记录；②信息的加工、检索和传递要快。

2. 信息的可靠性

信息的可靠性除与信息的精确程度有关外，还与信息的完整性相关。要提高信息的可靠性，最简单的办法是尽可能多地收集有关信息。

3. 信息的适用性

信息的适用性有两个基本要求：①管理控制工作需要的是适用的信息；②信息必须经过有效的加工、整理和分析，以保证在管理者需要的时候能够提供精练而又满足控制要求的全部信息。

三、进行差异分析

通过将实际业绩与控制标准进行比较，可确定这两者之间有无差异。若无差异，工作按原计划继续进行。若有差异，首先要了解偏差是否在标准允许的范围之内。若差异在允许范围之内，应在分析偏差原因的基础上进行改进；若差异在允许范围之外，则应深入分析产生偏差的原因。

（一）找出偏差产生的主要原因

有些偏差可能是由于计划本身和执行过程中的问题造成的，而另一些偏差则可能是

由于偶然的暂时的局部性因素引起的,不一定会对组织活动的最终结果产生重要影响。在采取纠正措施以前,必须对反映偏差的信息进行评估和分析。

管理者必须把精力集中于查清问题的原因上,既要调查内部的因素,也要分析外部环境的影响,寻找问题的本质。评估和分析偏差信息时,首先要判别偏差的严重程度,判断偏差是否会对组织活动的效率和效果产生影响;其次要探寻导致偏差产生的主要原因。

(二) 确定纠偏措施的实施对象

在纠偏过程中,需要纠正的可能不仅是企业的实际活动,也可能是指导这些活动的计划或衡量活动的标准。因此,纠偏的对象可能是进行的活动,也可能是衡量的标准,甚至是指导活动的计划。

计划目标或标准的调整是由两种原因决定的:一种原因是最初制订的计划或标准不科学,过高或过低,有必要对标准进行修正。另一种原因是所制订的计划或标准本身没有问题,但由于客观环境发生了变化,或一些不可控因素造成的大幅度偏差,使原本适用的计划或标准变得不合时宜,也必须重新调整原有的计划或标准。

四、采取纠偏措施

(一) 纠偏工作中采取的主要方法

针对产生偏差的主要原因,在纠偏工作中采取的方法主要有:①对于由工作失误而造成的问题,控制工作主要是加强管理、监督,确保工作与目标的接近或吻合;②计划或目标不切合实际,控制工作主要是按实际情况修改计划或目标;③若组织的运行环境发生重大变化,使计划失去客观的依据,控制工作主要是启动备用计划或重新制订新的计划。

管理人员可以运用组织职能重新分派任务来纠正偏差,还可以采用增加人员,更好地选拔和培训下属人员,或是最终解雇、重新配备人员等办法来纠正偏差。以外,管理人员还可以对工作进行更全面的说明和采用更为有效的领导方法来纠正偏差。

(二) 纠偏措施的类型

具体的纠偏措施有两种:①立即执行的临时性应急措施;②执行永久性的根治措施。对于那些迅速、直接地影响组织正常活动的急迫问题,多数应立即采取补救措施。例如,某一种规格的部件一周后如不能生产出来,其他部门就会受到影响而出现停工待料,此时,不应花时间考虑该追究什么人的责任,而要采取措施确保按期完成任务。管理者可以凭借手中的权力,采取如下行动:要求工人加班加点,短期突击;增添工人和设备;派专人负责指导完成等。危机缓解以后,则可转向永久性的根治措施,如更换车间管理人员,变更整个生产线,或者重新设计部件结构等。现实中不少管理者在控制工作中常常局限于充当"救火员"的角色,没有认真探究"失火"的原因,并采取根治措施消除偏差产生的根源和隐患。长此以往,必将自己置于被动的境地。

(三) 需要注意的问题

1. 使纠偏方案双重优化

使纠偏方案双重优化的第一重优化是指考虑纠偏工作的经济性问题。如果管理人员发现纠偏工作的成本大于偏差可能带来的损失,管理人员将放弃纠偏行动。若要纠偏,应使纠偏的成本小于偏差可能带来的损失。第二重优化是在此基础上,通过对各种纠偏方案的比较,找出其中追加投入最少、成本最小、解决偏差效果最好的方案来组织实施。

2. 充分考虑原先计划实施的影响

由于对客观环境的认识能力提高,或者由于客观环境本身发生了变化而引起的纠偏需要,可能会导致对部分原先计划,甚至全部计划的否定,从而要求对企业活动的方向和内容进行重大的调控。这种调整类似于"追踪决策"的性质。

追踪决策是相对于初始决策而言的。初始决策是指所选定的方案尚未付诸实施,没有投入任何资源,客观对象与环境尚未受到决策的影响和干扰,因而是以零为起点的决策。进行重大战略调整的追踪决策则不然。企业外部的经营环境或内部的经营条件已经由于初始决策的执行而有所改变,是"非零起点"。因此,在制订和选择追踪决策的方案时,要充分考虑到伴随着初始决策的实施已经消耗的资源,以及这种消耗对客观环境造成的种种影响和人员思想观念的转变。

3. 注意消除组织成员对纠偏措施的疑虑

控制人员要充分考虑到组织成员对纠偏措施的不同态度,特别是要注意消除执行者的疑虑,争取更多的人理解、赞同和支持纠偏措施,以避免在纠偏方案实施过程中可能出现的人为障碍。

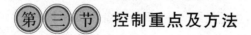

第三节 控制重点及方法

企业管理的控制包含企业经营的诸多方面,如人员控制、预算控制、财务控制、成本控制、作业控制、组织绩效控制、产品质量控制、信息控制等。下面介绍控制的重点及其方法。

一、人员控制

管理者是通过他人的工作实现自己的目标的。为了实现组织的目标,管理者需要而且也必须依靠下属员工。因此,管理者使员工按照他所期望的方式去工作是非常重要的。为了做到这一点,管理者最简明的方法就是直接巡视和评估员工的表现。

在日常工作中,管理者的工作是观察员工的工作并纠正出现的问题。比如,一位监工发现一位员工在操作机器不当时,就应该指明正确的操作方法,并告诉员工在以后的工作中按正确的方式操作。

管理者对员工工作进行系统化评估是一种非常正确的方法。这样，每一位员工的近期绩效都可以得到鉴定。如果绩效良好，员工就应得到奖励，如增加工资，从而使员工工作得更好；如果绩效达不到标准，管理者就应该想办法解决，根据偏差程度进行不同处理。

（一）甄选

识别和雇用那些价值观、态度和个性符合管理者期望的人。

（二）目标

当员工接受了具体的目标，这些目标就会指导和限制他们的行为。

（三）职务设计

职务设计的方式在很大程度上决定着人们可从事的任务、工作的节奏、人们之间的相互作用以及类似的活动。

（四）定向

员工定向规定了何种行为是可接受的或不可接受的。

（五）直接监督

监督人员亲临现场可以限制员工的行为和迅速发现偏离标准的行为。

（六）培训

正式培训计划向员工传授期望的工作方式。

（七）传授

老员工非正式和正式的传授活动向新员工传递了"该知道"和"不该知道"的规则。

（八）正规化

正式的规则、政策、职务说明书和其他规章制度规定了可接受的行为和禁止的行为。

（九）绩效评估

员工会以使各项评价指标看上去不错的方式行事。

（十）组织报酬

报酬是一种强化和鼓励期望行为和消除不期望行为的手段。

（十一）组织文化

通过故事、仪式和高层管理的表率作用，文化传递了构成人们的行为的信息。

二、财务控制

企业的首要目标是获取一定的利润。在追求这个目标时，管理者都要借助费用进行控制。比如，管理者可能仔细查阅每季度的收支报告，以发现多余的支出；也可能进行几个常用财务指标的计算，以保证有足够的资金支付出现的各种费用，保证债务负担不至于太重，并且所有的资产都得以有效的利用。这就是用财务控制减低成本，并使资源得以充分利用。预算是一种控制工具，财务预算为管理者提供了一个比较与衡量支出的定量标准,据此能够指出标准与实际花费之间的偏差。

单个考虑反映经营成果的某个数据,往往不能说明任何问题。企业本年度盈利100万元,某部门本期生产了5000个单位产品,或本期人工支出费用为85万元,这些数据本身没有任何意义。只有根据它们之间的内在关系,相互对照分析才能说明某个问题。比率分析就是将企业资产负债表和收益表上的相关项目进行对比,形成一个比率,从中分析和评价企业的经营成果和财务状况。利用财务报表提供的数据可以列出许多比率。常用的有两种类型,即财务比率和经营比率。

(一) 财务比率

财务比率可以帮助了解企业的偿债能力和盈利能力等财务状况。

1. 流动比率

流动比率是企业的流动资产与流动负债之比,反映了企业偿还需要付现的流动债务的能力。一般来说,企业资产的流动性越大,偿债能力就越强;反之,偿债能力则越弱,这会影响企业的信誉和短期偿债能力。因此,企业资产应具有足够的流动性。资产若以现金形式表现,流动性最强。但要防止为追求过高的流动性而导致财务资源的闲置,以避免使企业失去本应得到的收益。

2. 速动比率

速动比率是流动资产和存货之差与流动负债之比。和流动比率一样,该比率也是衡量企业资产流动性的一个指标。当企业有大量存货且这些存货周转率低时,速动比率比流动比率更能精确地反映客观情况。

3. 负债比率

负债比率是企业总负债与总资产之比,反映了企业所有者提供的资金与外部债权人提供的资金的比率关系。只要企业全部资金的利润率高于借入资金的利息,且外部资金不会根本上威胁企业所有权的行使,企业就可以充分地向债权人借入资金以获取额外利润。一般来说,在经济迅速发展时期,债务比率可以很高。20世纪60年代到70年代初,日本许多企业的外借资金占全部营运资金的80%左右。但是,过高的负债比率对企业的经营不利。

4. 盈利比率

盈利比率是企业利润与销售额或全部资金等相关因素的比例关系,反映了企业在一定时期从事某种经营活动的盈利程度及其变化情况。常用的比率有销售利润率和资金利润率。

销售利润率是销售净利润与销售总额之间的比例关系。它反映企业从一定时期的产品销售中是否获得了足够的利润。将企业不同产品、不同经营单位在不同时期的销售利润率进行比较分析,能为经营控制提供更多的信息。

资金利润率是指企业在某个经营时期的净利润与该期占用的全部资金之比。它是衡量企业资金利用效果的一个重要指标,反映企业是否从全部投资中实现了足够的净利润。同销售利润率一样,资金利润率也要同其他经营单位和其他年度的情况进行比较。

(二) 经营比率

经营比率是与资源利用有关的几种比例关系。它们反映了企业经营效率的高低和各种资源是否得到了充分利用。常用的经营比率有三种。

1. 库存周转率

库存周转率是销售总额与库存平均价值的比例关系。它反映了与销售收入相比库存数量是否合理,表明了投入库存的流动资金的使用情况。

2. 固定资产周转率

固定资产周转率是销售总额与固定资产之比。它反映了单位固定资产能够提供的销售收入,表明了企业资产的利用程度。

3. 销售收入与销售费用的比率

销售收入与销售费用的比率表明单位销售费用能够实现的销售收入,在一定程度上反映了企业营销活动的效率。由于销售费用包括人员推销、广告宣传、销售管理费用等组成部分,因此还可进行更加具体的分析,比如测度单位广告费用能够实现的销售收入或单位推销费用能增加的销售收入等。

三、作业控制

一个组织的成功,在很大程度上取决于生产产品或提供服务的效率和效果。作业控制方法就是用来评价一个组织的转换过程的效率和效果的。

典型的作业控制包括:监督生产活动以保证按计划进行;评价购买能力,以尽可能低的价格获得所需质量和数量的原材料;监督组织的产品或服务的质量,以保证满足预定的标准;保证所有的设备得到良好的维护。

四、组织绩效控制

许多研究部门为衡量一个组织的整体绩效或效果做着不懈的努力。管理者关心组织的绩效,但他们并不是唯一的衡量组织的人。顾客和委托人在他们选择生意对象时也会对此作出判断。证券分析家、潜在的投资者、潜在的贷款者和供应商(尤其是以信用方式交易的供应商)也会作出判断。为了维持或改进一个组织的整体效果,管理者应该关心控制。但是衡量一个组织的效果并没有单一的衡量指标。生产率、效率、利润、员工士气、产量、适应性、稳定性以及员工的旷工率等毫无疑问都是衡量整体绩效的重要指标。但是,其中任何一个指标都不能衡量组织的整体绩效。一个组织的绩效要通过下列三种基本方式之一进行评价。

(一) 组织目标法

组织目标法(organizational goals approach)就是以组织最终完成目标的程度而不是以实现目标的手段来衡量效果。也就是说只考虑终点时冲线的结果。

衡量时,是采用宣称的目标还是实际的目标?是采用短期的目标还是长期的目标?由于组织具有多重目标,那么这些目标如何按重要性进行排序?这些都是管理者不得不面对的问题。如果管理者敢于面对组织目标的内在复杂性,就可以获得评价组织的合理信息。

(二) 系统方法

一个组织可以描述成这样一个实体,即获得输入、从事转换过程、产生输出的实体。从系统的角度看,可以通过下述这些方面的能力评价组织,即获得输入的能力、处理输入的能力、产生输出的能力和维持稳定与平衡的能力。输出产品或服务是目的,而获得输入和处理过程是手段。如果一个组织要想长期生存下去,必须保证有健康的状态和良好的适应能力。组织效果评价的系统方法(systems approach to organizational effectiveness)主要集中考虑那些对生存有影响的因素,即目标和手段。

系统方法所考虑的相关标准包括市场份额、收入的稳定性、员工旷工率、资金周转率、用于研究和发展方面的费用增长情况、组织内部各部门的矛盾冲突情况、雇员的满意程度以及内部交流的通畅程度等。值得注意的是,系统方法强调那些影响组织长期生存和兴旺发展的因素的重要性,而这些因素对短期行为可能并不特别重要。比如,用于研究和发展方面的费用是一种对未来的投资,管理层可以削减这里的费用并且立即就会增加利润或减少损失,但这种行为将会影响到组织以后的生存能力。

系统方法的主要优点在于可以防止管理层用未来的成功换取眼前的利益;另一个优点是当组织的目标非常模糊或难以度量时,系统方法仍然是可行的。比如,公共部门的管理者采用"获得预算的增长能力"作为衡量效果的标准。也就是说,他们用一种输入标准来取代输出标准。

(三) 战略伙伴法

战略伙伴法是假定一个有效的组织能够满足顾客群体的各种要求,并获得他们的支持,从而使组织得以持续地生存下去,这种方法为战略伙伴法(strategic constituencies approach)。

可以将战略伙伴法应用于企业。比如,如果一个公司有很强的资金实力,就不必关心银行家所采用的效果标准。然而,假如公司有2亿美元的银行贷款将于下一个季度到期,管理者就会因为不可能按期归还而不得不请求银行对这笔债务进行重新安排。毫无疑问,在这种情况下,银行用来衡量公司的效果指标就值得重视。如果不这样做,将会威胁到公司的生存。因此一个有效的组织必须能够成功地识别出关键伙伴——顾客、政府部门、金融机构、证券分析家、工会等,并满足他们的要求。

战略伙伴法的前提条件是假定一个组织面对的是一个来自有关利益集团的经常性的和竞争性的要求。由于这些利益集团的重要性不同,因此组织的效果取决于它识别出关键性或战略性伙伴的能力以及满足他们对组织所提要求的能力。更进一步,这种方法假定管理者所追求的一组目标是对某些利益集团要求的一种反映,是从那些控制了组织生存所需资源的利益集团中选择出来的。

虽然战略伙伴法非常有意义,但管理者付诸行动却非易事。在实践中,将战略伙伴从广泛的环境中分离出来就是一件非常困难的事。由于环境总是在不断地变化,昨天对一个组织来说还是很关键的利益集团,今天可能就已经不是了。采用战略伙伴法,管理者可以大大减少忽略或严重伤害那些利益集团的可能性。这些利益集团对组织的运转有着重要的影响。如果管理层知道谁的支持对组织的健康发展是必需的,他们就可以更改目标重要程度的顺序,以反映他们与战略伙伴权力关系的变化。

五、产品质量控制

产品质量控制是企业为生产合格产品和提供顾客满意的服务和减少无效劳动而进行的控制工作。目标是确保产品的质量能满足顾客、法律法规等方面所提出的质量要求,如适用性、可靠性、安全性。

产品质量控制涉及产品质量形成全过程的各个环节,如设计过程、采购过程、生产过程、安装过程等。控制内容包括作业技术和活动,也就是包括专业技术和管理技术两个方面。围绕产品质量形成全过程的各个环节,对影响工作质量的人、机、料、法、环五大因素进行控制,并对质量活动的成果进行分阶段验证,以便及时发现问题,采取相应措施,防止不合格重复发生,尽可能地减少损失。因此,质量控制应贯彻预防为主与检验把关相结合的原则。ISO 9001 质量标准认证是世界上许多经济发达国家质量管理实践经验的科学总结,具有通用性和指导性。实施 ISO 9001 标准,可以促进组织质量管理体系的改进和完善,对促进国际经济贸易活动、消除贸易技术壁垒、提高组织的管理水平都能起到良好的作用。概括起来,主要有以下几方面的作用和意义:实施 ISO 9001 标准有利于提高产品质量,保护消费者利益,提高产品可信程度。

六、信息控制

管理者需要信息来完成他们的工作。不精确的、不完整的、过多的或延迟的信息会严重阻碍他们的行动。因此应该开发出一种管理信息系统,使它能在正确的时间以正确的数量为正确的人提供正确的数据。

管理信息的方法在最近几年发生了很大的变化。比如,在 15 年前,一个大组织的管理者依靠一个集中的数据处理部门提供信息。如果他需要将每周的总销售额分解成按地区汇总的销售额,就不得不向数据处理经理提出要求。一个幸运的经理可能会在一周开始的早些时候拿到计算机打印的上周的销售数字。而今天,管理者通常用他们办公桌上的计算机在几秒钟内就可得到这些数据。

现代社会又是信息爆炸、大数据的时代,信息控制越来越重要,下面单列一节进行详述。第十三章也有信息化安全控制的相关内容。

第四节 信息系统与控制

一、信息系统的含义

信息系统(information system)是由计算机硬件、网络和通信设备、计算机软件、信息资源、信息用户和规章制度组成的以处理信息流为目的的人机一体化系统。

从信息系统的发展和系统特点来看,可分为数据处理系统(data processing system,DPS)、管理信息系统(management information system,MIS)、决策支持系统(decision sustainment system,DSS)、专家系统、虚拟办公室五种类型。

管理信息系统是一个以人为主导,利用计算机硬件、软件、网络通信设备以及其他办公设备,进行信息的收集、传输、加工、储存、更新、拓展和维护的系统。

企业资源规划(enterprise resource planning,ERP)是一种主要面向制造行业进行物质资源、资金资源和信息资源集成一体化管理的企业信息管理系统。ERP 是一个以管理会计为核心,可以提供跨地区、跨部门,甚至跨公司整合实时信息的企业管理软件,是针对物资资源管理(物流)、人力资源管理(人流)、财务资源管理(财流)、信息资源管理(信息流)集成一体化的企业管理软件。

二、信息系统的功能

信息系统有五个基本功能:输入、存储、处理、输出和控制。

(一)输入功能

信息系统的输入功能取决于系统所要达到的目的及系统的能力和信息环境的许可。

(二)存储功能

存储功能是指系统存储各种信息资料和数据的能力。

(三)处理功能

基于数据仓库技术的联机分析处理(OLAP)和数据挖掘(DM)技术。

(四)输出功能

信息系统的各种功能都是为了保证最终实现最佳的输出功能。

(五)控制功能

对构成系统的各种信息处理设备进行控制和管理,对整个信息加工、处理、传输、输出等环节通过各种程序进行控制。

三、自动化控制

自动化控制是一种现代工业、农业、制造业等生产领域中机械电气一体自动化集成控制技术和理论。

自动化控制有半自动与全自动化。例如,机器、设备可以按照生产的要求和目的,进行自动化生产。全自动控制下,人只需要作为操作员确定控制要求和程序,不用直接参与生产过程的控制技术;半自动化控制下,人要通过设施、设备、机械、仪器或手工等劳动力参与。

自动化控制技术广泛用于工业、农业、军事、科学研究、交通运输、商业、医疗、服务和家庭等方面。采用自动化控制不仅可以把人从繁重的体力劳动、部分脑力劳动以及恶劣、危险的工作环境中解放出来,而且能扩展人的器官功能,极大地提高劳动生产率,增强人类认识世界和改造世界的能力。因此,自动化控制是工业、农业、国防和科学技术现代化的重要条件和显著标志。

管理自动化是工厂或事业单位的人、财、物、生产、办公等业务管理的自动化控制,是以信息处理为核心的综合性技术,涉及电子计算机、通信系统与控制等学科。一般采用由多台具有高速处理大量信息能力的计算机和各种终端组成的局部网络。现代已在管理信息系统的基础上研制出决策支持系统,为高层管理人员决策提供备选的方案。

一、课业任务

构建学生自己的在校学习控制系统。

二、课业目的

理解、巩固所学的知识,锻炼个人分析能力,提升解决问题的能力,保证学生在校期间顺利完成自己的学习目标。

三、课业要求

结合理论知识和自身学习情况,画出学习控制图。时间为1周。

四、理论指导

学习并理解控制的含义、控制的过程、反馈机制、信息化控制手段等。

五、课业操作

每位同学认真复习相关理论知识,回顾学校有关教学要求(如学生手册等),按照过程控制的框架画出自己学习过程的控制图,要求精确定位自己的学习目标,详细设定控制参数,将控制图拍照呈交。

六、课业评价标准

本章课业评价标准如表 11-1 所示。

表 11-1 课业评价标准

评价项目	理论运用	控制体系构建	书面表达能力
评价标准	理论运用得当,有针对性选择	具体的学习目标,详细的控制参数,多样化控制手段	计算机画图技巧,图形美观、直观,流程清晰
评分比重(%)	30	50	20

七、课业范例

(1) 个人学习目标精准定位:专升本/各门课成绩优良、出国留学/外语成绩突出、考出一项专业资格证/毕业就业、毕业创业、仅获得文聘、其他(如入伍等)。

(2) 阶段目标/子目标:每学期学习计划、每门课目标、假期学习内容等。

(3) 反馈指标:上课出勤率、平时作业完成、主动向教师请教、期中考试、期末考试、参加技能竞赛、业余学习(如进修外语、辅修专升本课程)。

(4) 执行手段:每天起床手机叫醒、每天体育锻炼、手机任务提醒设置、班级群信息关注等。

本章小结

控制是指控制主体按照给定的条件和目标,对控制客体施加影响的过程和行为。管理中的控制职能,是指管理主体为了达到一定的组织目标,运用一定的控制机制和控制手段,对管理客体施加影响的过程。

主要的控制类型有开环控制、闭环控制、程序控制、前馈控制、反馈控制、过程控制、优化控制、自组织控制。

控制需要建立信息反馈系统,进行差异分析,采取纠偏措施。

企业管理的控制包含企业经营的诸多方面,如人员控制、预算控制、财务控制、成本控制、作业控制、组织绩效控制、质量控制、信息控制等。

现代社会是信息爆炸、大数据的时代,信息控制越来越重要。信息系统是由计算机硬件、网络和通信设备、计算机软件、信息资源、信息用户和规章制度组成的以处理信息流为目的的人机一体化系统。自动化控制是一种现代工业、农业、制造业等生产领域中机械电气一体自动化集成控制技术和理论。

控制 开环控制 闭环控制 程序控制 前馈控制 反馈控制 过程控制 优化

控制　自组织控制　差异分析　信息反馈系统　人员控制　财务控制　质量控制　信息控制　信息系统　自动化控制

复习思考题

1. 什么是控制？画图说明控制的基本过程。
2. 控制的主要类型有哪些？
3. 开环控制和闭环控制有什么区别？画图说明。
4. 什么是信息反馈？信息反馈在控制中的重要性是什么？
5. 为什么在控制过程中要进行差异分析？
6. 简述企业管理中人员控制的主要内容。
7. 企业产品质量控制包含哪些方面内容？
8. 现在手机诈骗信息层出不穷，防不胜防，你认为应如何解决此类虚假信息控制的问题？

案例分析

智慧农业解决方案

文朗润诚智慧农业解决方案结合了最先进的网络通信、物联网、自动控制及软件技术，包括农业智能环境监控系统、农产品安全质量追溯系统、农业专家知识库、农产品电子商务平台等，如图11-3所示。

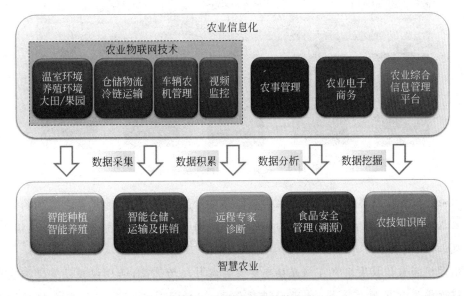

图11-3　农业信息化结构图

农业环境智能监控系统可实时远程获取温室大棚及大田的空气温湿度、土壤水分温度、二氧化碳浓度、光照强度及视频图像,通过模型分析,可以自动控制温室湿帘风机、喷淋滴灌、内外遮阳、顶窗侧窗、加温补光等设备。同时,该系统还可以通过手机、PAD、计算机等信息终端向管理者推送实时监测信息、报警信息,实现温室大棚信息化、智能化远程管理。

利用先进的 RFID 无线射频技术实现农产品的安全质量溯源系统,可以全过程追溯农产品所有环节详细信息。消费者使用手机终端可直接查看农产品环节信息,并且保证出现群体性食品安全事故后,农产品等原材料可全程追溯,从根本上解决并防止食品安全事故的发生。

先进的传感及无线传输技术,可以通过专业设备采集农产品储藏冷库环境信息,并可以远程智能控制冷库设备,确保冷库环境适合农产品的储藏,提升产品质量,提高人民生活品质。

农产品物联网平台,如图 11-4 所示,深度集成环境监控系统、产品溯源系统、冷库环境监控系统,将农产品实时环境信息直观呈现到平台,并提供统一平台查询接口,随时随地知晓产品全过程溯源信息;同时,平台集结专业的农业专家为农业领域常见农作物疾病等信息进行快速、远程诊断,真正实现全面感知、智能农业的最终目标。

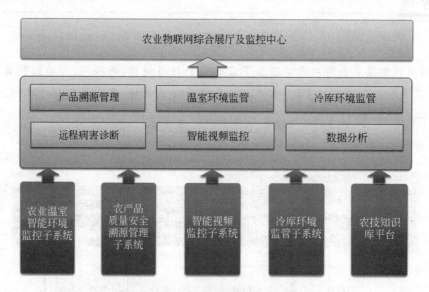

图 11-4　农业物联平台系统结构图

农业物联综合服务平台与农业温室智能环境监控系统集成,智能提取农作物的生长环境数据,结合数据智能分析,呈现作物各个环境因素走势,如空气温湿度、土壤温湿度、光照度、二氧化碳浓度、pH 值等。

通过视频监控模块用户可以直接查看温室实时现场画面,通过视频设置定期查看作物关键阶段生长视频及图片,并可以进行保存,方便日后进行环境及生长数据的对比分析。

农业物联综合服务平台中的农产品溯源模块,是终端用户通过平台进行农产品全程溯源信息查询的统计入口,用户通过输入条形码或者农产品唯一安全码即可查看农产品从生长到销售各个重要环节的详细信息。

冷库环境监管模块,让用户直观看到每个冷库的环境信息,包括空气温度、空气湿度等环境参数值,并可以直接远程控制。

农业专家远程诊断功能与农业温室环境数据及视频信息紧密结合到一起,让农业专家通过环境数据及视频信息就可以远程诊断病因,防止大面积农作物病虫害的发生,使该平台成为客户及其他监管部门的重要信息门户及指挥调度中心。

该系统的特点及优势如下。

(1) 软件系统基于文朗润诚成熟的物联网通用平台,系统运行稳定可靠,性能优异。采用云计算 SaaS 模式,客户无须架设专门的服务器和网络系统,节省投资,软件系统部署和维护简便。

(2) 集成的视频监控功能,视频与环境监控无缝集成,实现真正意义的可视化监控管理。

(3) 集成度高,前端监控设备选用文朗润诚自主研发的一体化温室智能监控终端,集成度高,无须专门安装,插电即用,后期维护简便。

(4) 硬件可靠性高,IP66 以上的前端设备防护等级,防尘、防水,可以安装在户外,适应阴雨潮湿等恶劣环境。

(5) 软件系统功能完善,专门为农业客户定制的系统界面,界面友好,操作便捷。集成的视频监控功能,实现便捷的远程可视化管理。

(6) 兼容性好,通过配置,可以连接客户已有的不同厂商品牌的采集和控制设备。灵活的配置功能可以最大限度满足不同客户的个性化需求。

(7) 支持计算机、手机、PAD 等多种终端访问,提供智能手机客户端软件,可以随时随地监控温室环境。集成微信、手机短信等多种展现和交互方式,信息传递及时、便捷。

(8) 配套的农业知识库、农产品溯源系统等附加功能。

(9) 系统扩展性好,支持二次开发,可以与客户现有其他信息系统深度集成。

(资料来源:佚名.智慧农业解决方案.文朗润诚网,http://www.vlongsoft.com/solutions/?type=detail&id=7&audience=153823)

思考题:

1. 运用物联网等技术对农产品进行控制分别涉及哪些类型的控制?
2. 案例中对农产品进行的控制运用了哪些方法?涉及哪些控制重点?

第十二章 运营管理

名人名言

产品质量是生产出来的,不是检验出来的。

——[美]威廉·戴明

学习目标

1. 理解狭义的和广义的经营活动;
2. 列举生产经营活动的构成要素;
3. 描述产品生产过程包含的要素;
4. 描述产品生产过程的特点;
5. 辨别批量生产和单件生产的不同特点;
6. 辨别单一产品生产和联合产品生产的不同特点;
7. 说明工厂选址需要考虑的因素;
8. 说明服务类企业选址需要考虑的因素;
9. 描述信息技术在生产经营组织中的运用情况。

导入案例　　　　肯德基的门店布局设计

作为国际知名快餐品牌,肯德基在门店布局设计上有着独特的构思。首先,各功能区配套齐全。店内设有点餐区、用餐区、吧台、儿童游乐区、收餐柜、员工区、卫生间等功能区,体现人性化服务理念。就餐区、点餐区、儿童活动区和用餐区使用矮木墙隔断营造出两个不同功能的区域,让家长在用餐聊天时也能随时注意孩子的动向。其次,科学合理划分界。在主用餐区用低矮的木矮墙将各餐桌分割开来,给予顾客应有的个人空间,在靠近墙壁的餐位借助矮墙分割,为顾客营造出接近封闭的用餐空间,满足了情侣等特殊顾客群的用餐需求。最后,还有其他一些人性化的服务,如免费Wi-Fi、座位不限时、拒绝烟酒等。

本章主要介绍组织的生产经营活动,包括生产活动和经营活动的含义,生产活动的构成要素与分类,生产类企业和服务类企业的不同模式、选址要求,以及信息化技术在生产经营活动中的运用。

第一节　生产与经营活动

一、运营与运营管理的含义

(一)运营的含义

运营(operation/running/execution)也叫经营,含有筹划、谋划、计划、规划、组织、治理、管理等含义。运营和管理相比,经营侧重指动态性谋划发展的内涵,而管理侧重指正常合理地运转。运营和管理合称运营管理。

企业的运营是根据企业的资源状况和所处的市场竞争环境对企业长期发展进行战略性规划和部署、制定企业的远景目标和方针的战略层次活动。它解决的是企业的发展方向、发展战略问题,具有全局性和长远性,是企业或经营者有目的的经济活动,是经营者在国家的方针政策指导下,根据国家计划任务、市场需求状况及企业自身的需要,从本身所处的内外环境条件出发,对企业的经济活动进行的筹划、设计与安排等活动。

经营活动有广义和狭义之分。最早的经营活动是指传统的生产活动,即工人将材料加工成产品的过程。在当今社会,不断发展的生产力使大量生产要素转移到商业、交通运输、房地产、通信、公共事业、保险、金融和其他服务性行业和领域,传统的有形产品生产的概念已经不能反映和概括服务业所表现出来的生产形式。因此,随着服务业的兴起,生产的概念进一步扩展,逐步容纳了非制造的服务业领域,不仅包括有形产品的制造,而且包括无形服务的提供。

（二）运营管理的含义

西方学者把与工厂联系在一起的有形产品的生产称为 production 或 manufacturing，而将提供服务的活动称为 operations。有形产品的制造叫生产(produce)，无形产品即服务的产出叫提供(provide)，趋势是将两者均称为运营，即狭义的经营活动。生产管理也就演化为运营管理(operations management)。

现代运营管理涵盖的范围越来越广，已从传统的制造业企业扩大到非制造业，研究内容也已不局限于生产过程的计划、组织与控制，而是扩大到包括运营战略制定、运营系统设计和运营系统运行等多个层次。把运营战略、新产品开发、产品设计、采购供应、生产制造、产品配送直至售后服务看作一个完整的价值链，对其进行集成管理，这就是广义的运营。

现代管理理论认为，企业管理按职能分工，其中最基本的也是最主要的职能是财务会计、技术、生产运营、市场营销和人力资源管理。这五项职能既是独立的又是相互依赖的，正是这种相互依赖和配合才能实现企业的经营目标。企业的经营活动是这五大职能有机联系的一个循环往复的过程。企业为达到自身的经营目的，上述五大职能缺一不可。本章所讲的运营是指狭义的生产经营活动。

二、生产过程

生产过程是指从投料开始，经过一系列的加工，直至成品生产出来的全部过程。在生产过程中，主要是劳动者运用劳动工具，直接或间接地作用于劳动对象，使之按人们预定目的变成工业产品。

（一）生产过程的要素结构

按照生产过程组织的构成要素，可以将生产过程分为物流过程、信息流过程和资金流过程。

1. 物流过程

采购过程、加工过程或服务过程、运输(搬运)过程、仓储过程等一系列过程既是物料的转换过程和增值过程，也是一个物流过程。

2. 信息流过程

生产过程中的信息流是指在生产活动中，将有关的原始记录和数据，按照需要加以收集、处理并使之朝一定方向流动的数据集合。

3. 资金流过程

生产过程的资金流是以在制品和各种原材料、辅助材料、动力、燃料设备等实物形式出现的，分为固定资金与流动资金。资金的加速流转和节约是提高生产过程经济效益的重要途径。

（二）生产过程的分类

企业的生产根据各部分在生产过程中的作用不同，可划分为以下三部分。

1. 基本生产过程

基本生产过程是指构成产品实体的劳动对象直接进行工艺加工的过程。如机械企业中的铸造、锻造、机械加工和装配等过程；纺织企业中的纺纱、织布和印染等过程。基本生产过程是企业的主要生产活动。

2. 辅助生产过程

辅助生产过程是指为保证基本生产过程的正常进行而从事的各种辅助性生产活动的过程。如为基本生产提供动力、工具和维修工作等。

3. 生产服务过程

生产服务过程是指为保证生产活动顺利进行而提供的各种服务性工作。如供应工作、运输工作、技术检验工作等。

上述三部分彼此结合在一起，构成企业的整个生产过程。其中，基本生产过程是主导部分，其余各部分都是围绕着基本生产过程进行的。

（三）合理组织生产过程

合理组织生产过程是指把生产过程从空间上和时间上很好地结合起来，使产品以最短的路线、最快的速度通过生产过程的各个阶段，并且使企业的人力、物力和财力得到充分的利用，达到高产、优质、低耗。合理组织生产过程需要做到以下几点。

1. 生产过程的连续性

生产过程的连续性是指产品和零部件在生产过程各个环节上的运动，自始至终处于连续状态，不发生或少发生不必要的中断、停顿和等待等现象。这就是要求加工对象或处于加工中，或处于检验和运输中。保持生产过程的连续性，可以充分地利用机器设备和劳动力，可以缩短生产周期，加速资金周转。

2. 生产过程的比例性

生产过程的比例性是指生产过程的各个阶段、各道工序之间，在生产能力上要保持必要的比例关系。它要求各生产环节之间在劳动力、生产效率、设备等方面，相互均衡发展，避免出现"瓶颈"。保证生产过程的比例性，既可以有效地提高劳动生产率和设备利用率，也进一步保证了生产过程的连续性。

为保持生产过程的比例性，在设计和建设企业时，就应根据产品性能、结构以及生产规模、协作关系等统筹规划。同时，还应在日常生产组织和管理工作中，搞好综合平衡和计划控制。

3. 生产过程的节奏性

生产过程的节奏性是指产品在生产过程的各个阶段，从投料到成品完工入库，都能保持有节奏、均衡地进行。要求在相同的时间间隔内生产大致相同数量或递增数量的产品，避免前松后紧的现象。

生产过程的节奏性应当体现在投入、生产和出产三个方面。其中，出产的节奏性是投入和生产节奏性的最终结果。只有投入和生产都保证了节奏性的要求，实现出产节奏性才有可能。同时,生产的节奏性又取决于投入的节奏性。因此,实现生产过程的节奏性必须把三个方面统一安排。

实现生产过程的节奏性,有利于劳动资源的合理利用,减少生产时的浪费和损失;有利于设备的正常运转和维护保养,避免因超负荷使用而产生难以修复的损坏;有利于产量质量的提高和防止产生大量废品;有利于减少在制品的大量积压;有利于安全生产,避免人身事故的发生。

4. 生产过程的适应性

生产过程的适应性是指生产过程的组织形式要灵活,能及时满足变化的市场需要。随着市场调节的开展、技术的进步和人民生活水平的提高,用户对产品的需要越来越多样化。这就给企业的生产过程组织带来了新的问题,即如何朝着多品种、小批量、能够灵活转向、应急应变性强的方向发展,为了提高生产过程组织的适应性,企业可采用"柔性制造系统"等方法。

上述组织生产过程的四项要求是衡量生产过程是否合理的标准,也是取得良好经济效果的重要条件。

三、运营管理的发展趋势

(1) 信息技术已成为运营管理的重要手段。由信息技术引起的一系列管理模式和管理方法上的变革,成为运营的重要研究内容。近几十年来出现的计算机辅助设计(CAD)、计算机辅助制造(CAM)、计算机集成制造系统(CIMS)、物料需求计划(MRP)、制造资源计划(MRPⅡ)以及企业资源计划(ERP)等,在企业生产运营中得到广泛应用。

(2) 运营管理全球化。随着全球经济一体化趋势的加剧,全球化运营成为现代企业运营的一个重要课题,因此,全球化运营也越来越成为运营管理的一个新热点。

(3) 运营系统的柔性化。生产管理运营的多样化和高效率是相矛盾的,因此,在生产管理运营多样化的前提下,努力搞好专业化生产管理运营,实现多样化和专业化的有机统一,也是现代运营追求的方向。供应链管理成为运营管理的重要内容。

 生 产 类 型

一、批量生产和单件生产

按产品或服务专业化程度的高低,可以将生产划分为批量生产和单件生产两种类型。

(一) 批量生产

批量生产是指一年中分批轮流地制造几种不同的产品,每种产品均有一定的数量,

工作地点的加工对象周期性地重复。例如,机床、机车、电动机和纺织机的制造就属于批量生产。

批量生产具有如下几个特点。

(1) 大批量生产的产品,生产周期较短,一般几十分钟或数小时就会下线。

(2) 大批量生产的产品,没有在制品,或在制品很少。

(3) 大批量生产的产品,从生产组织上多以计划的方式来驱动生产。

(4) 大批量生产,顾名思义,是一个产品要重复地做,如一个机型天天做,要生产半年甚至一年。

(二) 单件生产

单件生产是根据购买单位所提出的特定规格和数量进行的产品生产。其主要特点是:企业生产的产品品种多,每种产品生产一件或几件后,不再重复生产,即使是重复生产,也是个别的、不定期的。例如,造船工业和重型机器生产就属于这种生产类型。

单件生产具有以下三个特点。

(1) 产品品种繁多,而每一种产品的产量仅一台(件)或少数几台(件)。

(2) 大部分产品一次生产就不再重复生产,有的虽会重复生产,但是没有固定的重复期。

(3) 生产稳定性差,工艺化程度低,大多数工作地要承担很多道工序。

二、单一产品生产和联合产品生产

单一产品是指主要生产目标生产的产品。

副产品是指在生产主要产品过程中附带生产出的非主要产品。副产品是企业的次要产品,不是企业生产活动的主要目标。有的副产品属于伴生产品(相关产品),比如焦炭与煤气就取决于企业的生产目标,以生产煤气为主的企业,煤气为主产品,焦炭为副产品;以生产焦炭为主的企业,则反之。主要产品和副产品构成了联合产品。

三、流水线生产

流水线生产又叫流水生产、流水作业,是指劳动对象按一定的工艺路线和统一的生产速度,连续不断地通过各个工作地,按顺序地进行加工并生产出产品的一种生产组织形式。它是对象专业化组织形式的进一步发展,是劳动分工较细、生产效率较高的一种生产组织形式。

1913 年,在密歇根州的 Highland Park 整车厂,亨利·福特和他的团队推出了全球第一条流水生产线,这是福特对于全球制造业最伟大的贡献。流水生产线的问世简化了福特 T 型车的组装流程,将原来涉及 3000 个组装部件的工序简化为 84 道工序。新的生产工序为汽车的批量生产带来了革命性的进步,将每辆车的生产时间从原来的 12 小时缩短为仅仅 90 分钟。

（一）流水线生产的特点

（1）流水线上固定生产一种或少数几种产品（零件），其生产过程是连续的。

（2）流水线上各个工作地是按照产品工艺过程的顺序排列的。每个工作地只固定完成一道或少数几道工序，专业化程度较高。

（3）流水线按照统一的节拍进行生产。所谓节拍，就是流水线上前后生产两件相同产品之间的时间间隔。流水线上各工作地的生产能力是平衡的、成比例的，各道工序的单件加工时间等于节拍或节拍的倍数。

（4）流水线设有专门的传送装置，产品按单向运输路线移动。

（二）流水线生产需要具备的条件

（1）产品品种稳定，是社会长期需要的产品。

（2）产品结构先进，设计定型，产品是标准化的，并具有良好的结构工艺性。

（3）原材料、协作件是标准的、规格化的，并能按时供应。

（4）机器设备能经常处于完好状态，实行计划预修制度。

（5）各生产环节的工作能稳定地达到工作质量标准，产品检验能随生产在流水线上进行。

（三）流水线生产的主要优点

流水线生产的主要优点是能使产品生产过程较好地符合连续性、平行性、比例性、均衡性的要求。它的生产率高，能及时提供市场需求的大量产品。由于是专业化生产，流水线上采用专用的设备和工艺装备，以及机械化的运输装置，因而可以提高劳动生产率，缩短生产周期，减少在制品占用量和运输工作量。由于上述优点，流水线生产可以加速资金周转，降低生产成本；还可以简化生产管理工作，促进企业加强生产技术准备工作和生产服务工作。

（四）流水线生产的主要缺点

流水线生产的主要缺点是不够灵活，不能及时适应市场对产品产量和品种变化的要求，以及技术革新和技术进步的要求。对流水线进行调整和改组需要较大的投资和花费较多的时间。工人在流水线上工作比较单调、紧张、容易疲劳，不利于提高生产技术水平。

（五）混流生产线

将现代柔性生产技术和信息化管理手段应用于流水性生产，可以在很大程度上克服流水线生产存在的上述缺点，做到在一条流水线上同时生产多个品种的产品，这就是混流生产线。利用混流生产线，可以实现大规模定制生产，即按照用户订单，在同一条生产线上连续生产不同用户订购的不同品种（包括规格、花色、款式等的不同）的产品，既达到规模经济，又满足用户的个性化需要。

第三节 选址与布局

一、工厂选址

对于影响工厂选址的因素,可根据它们与成本的关系进行分类。与成本有直接关系的因素,称为成本因素,可以用货币单位来表示各可行位置的实际成本值。与成本无直接关系,但能间接影响产品成本和未来发展的因素,称为非成本因素。

(一) 主要的成本因素

1. 运输成本

对于大多数制造业工厂和从事分配的企业来说,运输成本在总成本中均占有较大的比重。运输距离的远近、运输环节的多少、运输手段的不同,都会对运输成本构成直接影响。因此,通过合理选址,使运输距离最短,减少运输环节中装卸次数,尽量靠近码头、公路、铁路等交通设施,可以使运输成本最低,服务最好。

2. 原料供应

某些行业对原料的量和质均有严格的要求,这类部门长期以来分布在原料地附近,以降低运费,减少时间阻延,得到较低的采购价格。但是,目前工业企业对原料地依赖性呈缩小趋势,主要原因包括技术进步导致单位产品原料消耗下降,原料精选导致单位产品原料用量、运费减少,工业专业化的发展导致加工工业向成品消费地转移,运输条件改善导致单位产品运费降低,等等。尽管如此,采掘业、原料用量大或原料可运性小的加工工业仍以接近原料产地为佳。

3. 动力、能源的供应量和成本

对于火力发电厂、有色金属冶炼、石油化工等行业来说,动力、能源因素的考虑将占据重要地位。

4. 水力供应

不同企业对于生产用水的质量和数量要求是不一样的。中国传统酿酒工业对于水质的要求与矿泉水生产一样,几乎到了苛刻的地步;而钢铁工业、电厂、造纸厂则必须靠近江河水库,一般的城市供水是无法满足其水量要求的。

5. 劳工成本

不同的产品和生产方法,所要求的劳工数量和质量是有区别的。技术密集型工业,如仪器仪表生产、集成电路生产和计算机生产等,对劳工的质量有较高的要求;而劳动密集型工业,如纺织业、服装业等,对劳工的数量有较大的需求。

许多国家劳动力资源的分布是很不平衡的。这种不平衡既表现在数量方面也表现在质量方面。因此,工厂选址时,劳工的供应状况是一个重要的条件。另外,不同地区劳工工资的水平是不一致的,但是工资水平本身并不是重要的参数。这里起决定作用的是劳工成本。低工资水平或许是一种诱惑,但是若低工资水平与低劳动生产率像孪生兄弟一样联系在一起,则有可能抵消低工资水平所带来的收益。同样地,劳工供应的短缺,也会导致工资标准今后上升到超出地区调查时的标准。

6. 建筑成本和土地成本

不同的工厂选址方案,在土地的征用、赔偿、拆迁、平整上的花费是不同的。一般来说,应尽可能避免占用农业用地,而尽量选取不适于耕作的土地作为工厂地址。同样,不同方案的建筑成本往往也不相同,高建筑成本导致未来产品成本中固定成本部分加大,于竞争不利。

(二) 主要的非成本因素

1. 社区的情况

服务行业的地点往往接近于顾客。对于一家百货商店或是一家冷饮店来说,位于客流量大的繁华商业区也许就是成功的先兆。一家位于人口密度大的居民区的理发店,很有可能获得稳定的销售额。主要公路上的汽车流量将直接影响路旁加油站的业务量大小。对于服务性行业来说,周围环境的客流量、购买力水平、人口密度,将直接影响选址。

就制造行业而言,周围的文化娱乐设施、公用设施条件,以及服务网点状况,住房及教育情况,将直接影响职工的生活条件,偏僻的山郊荒野难以吸引人员前来工作。企业为弥补生活娱乐设施缺乏所带来职工生活的不便,将不得不在这方面进行额外投资。

2. 气候和地下环境

有些行业受地理环境要求的限制,造船厂应位于海边,以便造好的船只从船坞直接下水;一般制造厂要求土地表面平坦,易于平整施工,如选择稍有坡度的地方,则可利用斜面,便于搬运和建造排水系统;在地震断裂层地带、下沉性地带、地下有稀泥或流沙以及在可开采的矿区或已开采过的矿坑上和有地下工程的区域应慎重选址。土壤结构应能承担工厂的全部载重。气温对于产品和作业人员均会产生影响,气温过冷或过热都将增加气温调节的费用,潮湿多雨的地区不适合棉纺、木器、纸张的加工。

3. 环境保护

生产系统的产出包括产品,也包括废物。环境保护问题日益受到人类重视,近年的毒气泄漏事件和核电站事故使人类得到血的教训。生产系统直接形成的污染包括空气污染、水污染、噪声污染等。各国和各地区纷纷制定了保护当地居区及生态环境的各种环境保护法规。民间组织也活动频繁。同时,受污染危害的工人也对企业构成极大的压力。因此,在选址过程中应充分考虑环境保护的因素,应便于进行污染处理。

4. 当地政府的政策

有些地区采取鼓励在当地投资建厂的政策,在当地划出工业区及各种经济开发区,低价出租或出售土地、厂房、仓库,并在税收、资本等方面提供优惠政策。同时,这些地区的基础设施情况往往很好,交通、通信、能源、用水均很便利。专门的工业区,如高技术产业开发区、服装纺织工业区，还有利于行业住处的迅速传播，相互刺激发展。

二、服务类企业选址

影响服务类企业选址的因素主要有以下四类。

（一）选址地区的潜在顾客群状况

选址商圈内潜在顾客群状况对服务企业是最重要的影响因素，它是企业所拥有的市场。顾客群状况是一系列指标的综合，包括选址地区人口数量和密度、日均人流量、年龄结构、文化水平、职业分布、人均可支配收入等指标。企业在选址时要根据自己的目标顾客群进行调查，如肯德基在中国的目标顾客群定位为中上收入水平的人群、追求时尚的年轻人和喜欢新奇的儿童。在这一定位下，肯德基开店选址多在商业中心，通常紧挨大型商场，一方面可以更好地面向以上这些顾客群；另一方面利用商业区相对高昂的房租，隔离资金紧张的中小规模的中式快餐店，以免受到低价竞争的影响。

服务类企业在选址时对商圈内潜在顾客群状况一定要做大量的市场调查与可行性分析。据了解，几乎所有进入中国的欧美大型连锁集团，如家乐福、麦德龙、阿霍德、沃尔玛、大荣、西友、伊藤洋华堂、佳世客等，在进入中国市场之前，都对中国市场进行了长达数年的深入细致的调查，投入了成百上千万元的市场调查费用。麦当劳在选址时对潜在顾客的调查要花费很多时间，甚至用秒表测算选址处人流量。其结果是他们在中国的投资鲜有失败。

（二）交通条件和相邻产业情况

交通条件对于商圈的大小有很大影响。如果选址周围有许多公交车或是道路，交通方便，那么销售辐射的半径就可以大为放大。必要的停车条件，顾客停车场地及厂商用进货空间，车辆行人进出是否方便，行人道、街道是否有区分，过往车辆的数量及类型，道路宽窄等，都对服务业的顾客源有所影响。不同的服务企业，对交通条件的要求各有不同，并不是道路越宽、车流越大越好。就一般城市道路交通状况看，街面宽度小于16米的街道旁做中小型铺面的效果就要好些。这种街道只有车道与人行道之分，且没有护栏分隔，机动车、非机动车和人流穿行其中，很符合中国人逛街购物的消费习惯。那种人行道、非机动车道、慢车道、快车道之间以及道路中心线有护栏或绿化带隔断的，车辆通行快，横向人流不易通过，往往形成"假口岸"，不宜开设中小型商业店铺。

（三）城市规划情况

城市规划情况如街道开发计划、道路拓宽计划、高速公路建设计划、区域开发规划、商业网点数及结构、配套设施结构等，都会对未来服务业产生巨大的影响，应该及时捕捉，准确把握其发展动态。

（四）相邻产业情况

学校、图书馆、医院、公园、体育馆、旅游设施、政府机关等公共设施能起到吸引消费者的作用。地区的治安、消防、银行服务等支撑条件，一定的商圈范围内竞争企业的数量，与附近服务设施的互补性，对服务企业的经营也都有影响。因此，了解城市设施的种类、数目、规模、分布状况等，对选址是很有意义的。

总之，每一家服务类企业都有自己的特点，也有其对环境的特殊要求。而且，各种业态之间既有一定的竞争关系，又能互相弥补对方的不足，合理布局就能起到优势互补和繁荣市场的作用。只有切实了解各种业态的优缺点，广泛调研，认真分析各类消费者的消费心态和需求，才能充分发挥各种业态的长处，取得最大的效益。

三、生产活动和服务业场所布局

（一）生产活动布局

生产活动布局即生产线布局，取决于产品的工艺流程和操作工人的技能施展。而大规模生产和小批量生产又有不同的要求。但不管什么类型的生产，生产布局都要注意流程流畅，节省时间，提高效率。就像家庭厨房设计一样，既要操作方便，又要符合人体生物工程要求。

（二）服务业场所布局

服务业场所布局还要注重客户的消费环境、客户的进出，以及服务提供的流程。例如，知名家具店宜家家居设计了顾客参观购物的路线指向标记，深得顾客欢迎。上海市普陀区中心医院在寸土寸金、车位稀少的情况下，设计了从侧门进入经过挂号厅再到正门离开的私家车路线，病人及家属深感方便。

第四节　生产经营组织

一、生产经营组织的含义

生产经营组织就是将研发组织、资金预算、流程设计和调度、标准化/集约化/个性化、能源和存货控制、设备/厂房维护、信息化/自动化、质量控制和检验有机地组织起来，构成一个有效的整体。

二、信息技术在生产经营组织中的运用

信息技术在生产经营组织中的运用可分为以下几个发展阶段。

（一）信息管理系统阶段

企业的信息管理系统（management information system，MIS）主要是记录大量原始数据，支持查询、汇总等方面的工作。

（二）物料需求计划阶段

物料需求计划（material requirement planning，MRP）是指根据产品结构各层次物品

的从属和数量关系，以每个物品为计划对象，以完工时期为时间基准倒排计划，按提前期长短区别各个物品下达计划时间的先后顺序，是一种工业制造企业内的物资计划管理模式。

物料需求计划是根据市场需求预测和顾客订单制订产品的生产计划，然后基于产品生成进度计划，组成产品的材料结构表和库存状况，通过计算机计算所需物料的需求量和需求时间，从而确定材料的加工进度和订货日程的一种实用技术。

（三）制造资源计划阶段

制造资源计划（manufacture resource planning，MRPⅡ）是一种生产管理的计划与控制模式，因其效益显著而被当成标准管理工具在当今世界制造业普遍采用。制造资源计划实现了物流与资金流的信息集成，是计算机集成制造系统（CIMS）的重要组成部分，也是企业资源计划（enterprise resource planning，ERP）的核心主体，是解决企业管理问题、提高企业运营水平的有效工具。简单来说，制造资源计划是在物料需求计划上发展出的一种规划方法和辅助软件。

MRP 即确定供给需求以及新生产流程的时间表的过程，凭此预测产品交付时间、应对市场中或产品的突发变化。在 MRP 管理系统的基础上，MRPⅡ系统增加了对企业生产中心、加工工时、生产能力等方面的管理，以实现计算机进行生产排程的功能，同时也将财务的功能囊括进来，在企业中形成以计算机为核心的闭环管理系统，这种管理系统已能动态监察到产、供、销的全部生产过程。

（四）企业资源计划阶段

进入 ERP 阶段后，以计算机为核心的企业级的管理系统更为成熟，系统增加了包括财务预测、生产能力、调整资源调度等方面的功能，配合企业实现准时制生产方式（just in time，JIT）、全面质量管理和生产资源调度管理及辅助决策的功能。

企业资源计划（ERP）是由美国 Gartner Group 公司于 1990 年提出的，是继 MRPⅡ之后的下一代制造业系统和资源计划软件。除了 MRPⅡ已有的生产资源计划、制造、财务、销售、采购等功能外，ERP 还有质量管理、实验室管理、业务流程管理、产品数据管理、存货、分销与运输管理、人力资源管理和定期报告系统。目前，在我国 ERP 所代表的含义已经被扩大，用于企业的各类软件已经统统被纳入 ERP 的范畴。它跳出了传统企业边界，从供应链范围去优化企业的资源，是基于网络经济时代的新一代信息系统。它主要用于改善企业业务流程，以提高企业核心竞争力。

ERP 系统主要包括以下功能：供应链管理、销售与市场、分销、客户服务、财务管理、制造管理、库存管理、工厂与设备维护、人力资源、报表、制造执行系统（manufacturing executive system，MES）、工作流服务和企业信息系统等。此外，还包括金融投资管理、质量管理、运输管理、项目管理、法规与标准和过程控制等补充功能。

ERP 是将企业所有资源进行整合集成管理，简单地说是将企业的物流、资金流和信息流进行全面一体化管理的管理信息系统。它的功能模块已不同于以往的 MRP 或

MRPⅡ的模块,它不仅可用于生产企业的管理,而且在许多其他类型的企业,如一些非生产、公益事业的企业,也可导入 ERP 系统进行资源计划和管理。

在企业中,一般的管理主要包括三方面的内容:生产控制(计划、制造);物流管理(分销、采购、库存管理);财务管理(会计核算、财务管理)。这三大系统本身就是集成体,它们互相之间有相应的接口,能够很好地整合在一起。另外,要特别一提的是,随着企业对人力资源管理的重视,已经有越来越多的 ERP 厂商将人力资源管理纳入了 ERP 系统。

(五) 能力需求计划阶段

在闭环 MRP 系统中,把关键工作中心的负荷平衡称为资源需求计划,或称为粗能力计划,它的计划对象为独立需求件,主要面向的是主生产计划。把全部工作中心的负荷平衡称为能力需求计划(capacity requirement planning,CRP),或称为详细能力计划,而它的计划对象为相关需求件,主要面向的是车间。由于 MRP 和 MPS(master production schedule,主生产计划)之间存在内在联系,所以资源需求计划与能力需求计划之间也是一脉相承的,而后者正是在前者的基础上进行计算的。

(六) 电子商务时代的 ERP

互联网技术的成熟为企业信息管理系统增加与客户或供应商实现信息共享和直接的数据交换的能力,从而强化了企业间的联系,形成共同发展的生存链,体现企业为达到生存竞争的供应链管理思想。ERP 系统相应实现这方面的功能,使决策者及业务部门实现跨企业的联合作战。

三、生产经营组织的新手段和新理念

(一) 精益生产

精益生产(lean production)是衍生自丰田生产方式的一种管理哲学。包括众多知名的制造企业,以及麻省理工学院教授在全球范围内对丰田生产方式的研究、应用并发展,促使了精益生产理论和生产管理体系的产生。该体系目前仍然在不断演化发展中。精益生产从过去关注生产现场的持续改善转变为库存控制、生产计划管理、流程改进(流程再造)、成本管理、员工素养养成、供应链协同优化、产品生命周期管理(产品概念设计,产品开发,生产线设计,工作台设计,作业方法设计和改进)、质量管理、设备资源和人力资源管理、市场开发及销售管理等企业经营管理涉及的诸多层面。

精益生产是通过系统结构、人员组织、运行方式和市场供求等方面的变革,使生产系统能很快适应用户需求的不断变化,并能使生产过程中一切无用、多余的东西被精简,最终达到包括市场供销在内的生产的各方面最好结果的一种生产管理方式。与传统的大生产方式不同,精益生产的特点是多品种、小批量。

(二) 全面质量管理

全面质量管理(total quality management,TQM)就是一个组织以质量为中心,以全员参与为基础,目的在于通过让顾客满意和本组织所有成员及社会受益而达到长期成功的管理途径。

全面质量管理理论涉及公司内部流程的回顾、重组和改善。该活动不仅限于生产流程,同时涵盖了企业各个方面的流程。

(三) 工业机器人

工业机器人(industrial robot,IR)是面向工业领域的多关节机械手或多自由度的机器装置。它能自动执行工作,是靠自身动力和控制能力来实现各种功能的一种机器。它可以接受人类指挥,也可以按照预先编排的程序运行。现代的工业机器人还可以根据人工智能技术制定的原则、纲领行动。

本章课业

一、课业任务

观察并分析本校食堂的经营布局,提出优化服务改进建议。以小组为单位完成课业任务。

二、课业目的

理解、巩固所学知识,锻炼个人分析能力和小组合作能力,提升解决问题的能力,培养学生在校期间的主人翁意识。

三、课业要求

结合理论知识和目前食堂存在的问题,分小组调研,提出食堂流程改进建议。时间为1周。

四、理论指导

学习并理解经营活动的含义、服务类企业经营布局、信息技术的运用等。

五、课业操作

4~5人组成一个小组,考察、调研食堂的经营情况,发现流程布局存在的问题或值得改进的地方,在不改变食堂建筑结构的情况下提出合理化建议,撰写改进/设计报告,打印提交。

六、课业评价标准

本章课业评价标准如表12-1所示。

表 12-1 课业评价标准

评价项目	理论运用	设计/改进方案	报告
评价标准	理论运用得当,有针对性选择	解决高峰时排队的拥挤、优化购买、就餐、送餐具、离开的流程/路线,避免人流交叉,小组成员分工明确	书面表达清晰,结构合理,画出布局图
评分比重(%)	30	50	20

七、课业范例

(1) 食堂现状:面积、高峰客流量、平均排队购餐时间、窗口数量等。

(2) 存在问题:排队时长、高峰人流交叉、学生进出线路不合理等(含布局图)。

(3) 改进建议:窗口分工、桌椅摆放调整、剩饭和餐具收纳位置、线上(手机)预订、批量购买预约等。

企业的经营是根据企业的资源状况和所处的市场竞争环境对企业长期发展进行战略性规划和部署,制定企业的远景目标和方针的战略层次活动。

现代运营的范围已从传统的制造业企业扩大到非制造业,研究内容也已不局限于生产过程的计划、组织与控制,而是扩大到包括运营战略的制定、运营系统设计以及运营系统运行等多个层次的内容。把运营战略、新产品开发、产品设计、采购供应、生产制造、产品配送直至售后服务看作一个完整的"价值链",对其进行集成管理,这就是广义的运营。

按照生产过程组织的构成要素,可以将生产过程分为物流过程、信息流过程和资金流过程。

经营活动的类型包括批量生产和单件生产、单一产品生产和联合产品生产、流水线生产和自动化生产。

生产经营组织的新手段和新理念有精益生产、全面质量管理、工业机器人等。

经营 广义的运营 批量生产 单件生产 单一产品生产 联合产品生产 流水线生产 企业资源计划 适时生产 精益生产 全面质量管理

复习思考题

1. 狭义的和广义的经营活动分别是什么?
2. 生产经营活动由哪些要素构成?

3. 产品生产过程包含的要素有哪些?
4. 产品生产过程的特点是什么?
5. 批量生产和单件生产有什么不同特点,请举例说明。
6. 单一产品生产和联合产品生产有什么不同特点,请举例说明。
7. 工厂选址一般需要考虑哪些因素?
8. 服务企业选址一般需要考虑哪些因素?
9. 实时生成、精细生产、全面质量管理的含义分别是什么?

案例分析

根据表12-2提供的资料分析。

表12-2 2015年国内百货零售业关店名单

商　家	时　间	城市	关 闭 记 录
百盛	5月至11月	保定	退出保定
		郑州	万象城店
玛莎百货(M&S)	3月至8月	常州	新北万达店、吾悦广场
		无锡	江阴万达店
		上海	嘉定江桥万达店
		温州	龙湾万达店
华堂商场	4月	北京	右安门店
远东百货	3月	天津	东马路店
阳光百货	3月	沈阳	北站店
金鹰购物中心	5月至12月	合肥	百花井店、大东门店、宿州路店
		昆明	南亚店
尚泰百货	8月	成都	万象城店
津乐汇	3月至5月	北京	此次闭店后意味着市场中将再无津乐汇百货
		天津	
家乐福	2015年	全国	昆山、合肥、嘉兴、南通、宁波、佛山、绍兴、长春、大连、西安等部分地区18家门店
卜蜂莲花	3月	北京	六里桥店
乐购	2015年	山东	6家商城已全部关闭
人人乐	2015年	全国	截至第三季度已关闭4家店,10月后仍在继续施行关店计划
新华都购物广场	6月前	全国	截至上半年报告已关闭3家店
天虹商场	2月至8月	湖州	吴兴爱山店
		泉州	云鹿路店
		成都	红牌楼店
		东莞	厚街店
		深圳	深南君尚店

续表

商　家	时　间	城市	关　闭　记　录
novo 百货	7月至12月	武汉	国际广场店
		广州	正佳广场店
		成都	天府店
王府井百货	7月	抚顺	东一路店
万达百货	2015年	全国	上半年,万达百货关闭了位于宁波、沈阳、东莞等地的10家门店;7月,万达内部文件表示将关闭济南、唐山、江门、温州、荆州等地46家严重亏损门店
沃尔玛	12月	汕头	12月7日沃尔玛汕头南国分店闭店。2016年年初,沃尔玛宣布将在全球关闭269家门店

(资料来源:彭适. 最大"关店潮"来袭　2015年百货业关店大盘点. 新华网, http://news.xinhuanet.com/fashion/2016-02/15/c_128699087.htm)

思考题:

1. 为什么我国近期出现包括沃尔玛在内的外资大型零售企业关店潮?

2. 结合零售企业的经营模式,谈谈你对马云所说的"纯电商将死,新零售时代已来"的理解。

第十三章 行政管理

名人名言

把群体成员安排在明确的权威等级中,可提高行政管理效率。

——[美]赫伯特·西蒙

学习目标

1. 理解行政及组织行政管理的含义;
2. 理解办公室的性质和地位;
3. 描述办公室管理的重要性;
4. 列举办公室工作人员的素质要求;
5. 列举办公室主任的素质要求;
6. 列举办公室常用设备;
7. 解释办公自动化和无纸化办公的含义;
8. 描述办公室设备财产的安全性措施;
9. 描述办公室人员健康和安全措施。

办公室作为一个综合、全面的办事机构,既担负着执行、调研、智囊等宏观管理职能,又担负着文件起草、督办协调、业务接待、公文处理等具体任务,是企业承上启下、协调左右、联系内外的"枢纽"。新的形势对办公室强化政务、搞好事务、规范服务等方面提出了更高的要求。从行政管理的角度来看,办公室面对的工作主要是上级部门以及本单位下达的各项行政工作,面对的人员主要是领导和各部门工作人员。办公室的行政管理职能主要有四个方面。

(1) 助手作用。办公室对上级机关的部署结合本单位领导的意见贯彻执行并组织实施和检查落实执行结果,对加强机关管理、维护正常工作秩序、保证工作质量起到组织、执行的重要作用。

(2) 参谋作用。办公室人员要经常深入工作一线,了解基层情况并听取意见、总结经验、提出改革建议,及时向领导汇报并提出建设性参考意见,做好领导参谋。

(3) 协调作用。办公室在管理工作中的确需要负责协调工作,以维持正常的工作秩序,及时转达传送上级主管部门以及本单位领导的各项指示精神,主动协调好各部门的关系,起着承上启下、联系内外的枢纽作用。

(4) 保障作用。既要保证上级主管部门以及本单位分派和布置的各项具体事务工作及时有效地完成,保证领导集中精力思考和处理工作中的重大问题,又要同单位内各部门建立良好的工作关系,倾听他们的意见,充分调动员工的积极性,齐心协力完成各项任务。

(资料来源:杨延东. 新时期办公室管理工作的实践体会. 全刊赏析网, http://www.123renren.net/article/9dbf6509-fad0-4277-9f98-aa28e07e51a8.htm)

本章从一个特殊的领域探讨组织管理的话题,即组织的行政管理。首先介绍组织行政机构的含义、行政管理与一般管理的不同,接着讲解行政管理的主要机构——办公室的含义和办公室管理的性质,然后对办公室管理的特点和办公室人员的素质进行了详细阐述,最后讲解办公自动化和办公室的安全问题。

第一节 行政管理概述

一、行政管理的相关概念

(一) 行政

行政有国家层面的含义,也有组织层面的含义。国家行政是指由国家行政机关对于不属于审判、检察、立法中的其他法律的具体应用问题,以及自己依法制定的法规进行的解释。狭义地讲,行政是指国家职能中,除立法和司法外的全部职能的总称;广义地讲,行政是指作为决策职能的政治以外的执行职能。

这里的行政是指一定的社会组织在其活动过程中所进行的各种组织、控制、协调、监督等活动的总称,是机关、企业、团体等内部的管理工作。

行政主要是日常事务的处理,后勤主要是供给保障。

行政偏向管理方面,后勤是具体地为组织服务的,以具体的杂事为主。当然,作为行政往往把自己看作组织的服务部门。

企业的行政管理体系是企业的中枢神经系统。它是以总经理为最高领导、由行政副总分工负责、由专门行政部门组织实施、操作,其触角深入企业的各个部门和分支机构的方方面面的一个完整的系统、网络。行政管理体系担负着企业的管理工作;企业中除行政管理外的工作,都是某个方面的"业务"。行政管理体系推动和保证着企业的技术(设计)、生产(施工)、资金(财务)、经营(销售)、发展(开发)几大块业务的顺利、有效进行和相互之间的协调。

(二) 行政管理

行政管理也可以泛指一切企业、事业单位的行政事务管理工作。行政管理系统是一类组织系统。它是社会系统的一个重要分系统。随着社会的发展,行政管理的对象日益广泛,包括经济建设、文化教育、市政建设、社会秩序、公共卫生、环境保护等各个方面。现代行政管理多应用系统工程的思想和方法,以减少人力、物力、财力和时间的支出和浪费,提高行政管理的效能和效率。组织的行政管理机构通常是指办公会。

(三) 办公室

办公室是组织的行政机构,是一个重要的职能部门,如厂长办公室、院长办公室、总裁办公室、市政府办公室、国务院办公厅等。办公室是社会组织中为领导决策和实施决策服务的综合办事机构,是承上启下、联系左右、沟通内外的枢纽,是单位信息的聚散地。一般情况下,办公室在组织结构中的地位如图13-1所示。

一个单位形象好坏、效率高低、领导决策科学与否,在很大程度上取决于办公室工作人员的能力和水平。

办公室一般设在领导办公场所的附近,是领导工作的支持机构。

进入21世纪,随着网络技术和信息技术的飞速发展,办公室的工作内容和工作方式也不断地发生变化,做好办公室工作仅靠原有的勤劳、耐心、细致已不能满足当今社会对办公室工作的要求,更需要具备较强的创新能力、应变能力和接受新生事物的能力。

(四) 办公管理

办公管理也称为办公室管理、行政管理、办公行政管理等,是指研究办公管理的理论和技术,以提高企业和组织办公管理效率与效能的一门学科,是一种与企业或组织的领导和决策关系密切的专门性管理活动,包括企业中的"办公室""行政部""综合管理部"

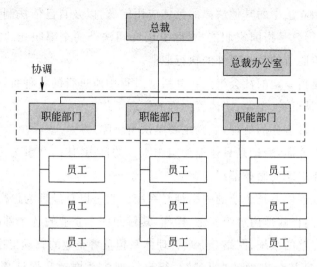

图 13-1 办公室在组织结构中的地位

"行政办公室"等不同名称的部门。

企业办公管理主要定位于服务和协调,服务对象主要是企业领导层。如果用一句话来概括企业的行政管理或办公室管理,那就是"办公室就是服务好领导"。服务职能包括文书管理(文字秘书、档案整理、公文处理)、会务管理(组织、协调会议)、后勤管理(迎来送往的接待、公司车辆的管理、办公耗材管理、办公设施设备、公司食堂的管理等);协调职能主要是协调内部各领导层、各部门之间的工作,达到高效运转。另外,还包括对外公共关系的维护,包括媒体联络、法务联络等。不同企业的定位略有不同,内涵和外延也在变化,但基本的职能就是服务和协调。

二、办公室管理的性质

(一) 政策性

办公室通常是组织政策的传递部门,是领导层的喉舌。

(二) 综合性

办公室事务是基础工作的组合、信息的组合、多重技能的组合、多种学科的组合。

(三) 服务性

办公室不仅对上服务,也对下服务,具有协调性作用。

(四) 时效性/突击性

办公室有时需要配合领导处理临时性的重大事项,如上级来访、假日活动,还要处理突发的情况或意外的变故。

(五) 保密性

办公室工作的内容一般涉及高层决策和内部信息。

第二节 办公室职责与人员素质要求

一、办公室的职责

办公室的职责包括以下几个方面。
(1) 辅助决策。
(2) 信息和档案管理：收集、加工、分析、保管。
(3) 保障、协调、监督日常工作。
(4) 沟通管理：会议管理、文书传达。
(5) 协助制定规章制度。
(6) 办公设备维护。

二、办公室人员的素质要求

(一) 办公室人员能力和技能要求

(1) 语言能力（口头和书面表达）。
(2) 沟通技能，如倾听、接纳、换位思考。
(3) 日程/时间管理能力。
(4) 创造性思维能力。
(5) 团队能力。
(6) 办公软件使用技能。
(7) 意外事件应对能力。
(8) 特殊技能，如外语、绘图、办公设备使用、摄影等。

(二) 办公室人员道德素质和个人品德要求

(1) 尽职尽责，对办公室主任和团队负责。
(2) 追求卓越。
(3) 服从大局。
(4) 树立集体主义观念。
(5) 保守单位机密，管住嘴巴，约束行为。

三、办公室主任的职责

办公室主任是办公室的最高领导者。办公室主任有着双重性任职者身份，既是办公室人员中的一位，又是办公室队伍中的管理者和指挥员。对外是单位领导和全体员工的联络员、服务员；在办公室内部则是一室之长，对全室工作和人员负有领导责任。有的办公室主任又是本单位领导集体中的一员,那么他还是办公室上级机构的领导成员。

办公室主任的职责主要包括以下三个方面。

(一) 参谋职责

决策是领导者的基本功能和职责,办公室主任履行参谋职责有其他人所不具备的优势和便利条件。办公室主任工作同领导层的工作同步运行与操作。由于办公室的工作有着同其他部门明显不同的从属性的特点,领导层要抓的工作大多是办公室主任着力要办的事情,使办公室主任的工作与领导同志的工作合拍,从而为办公室主任辅助领导决策提供了便利。办公室主任与领导层之间具有经常接触的便利条件,可以随时向领导同志陈述自己的见解和主张。办公室主任接触面大,信息较为灵通,对外联系广泛,客观上为领导提供咨询服务,为当好领导的"参谋"提供了便利。因此,当好领导的"参谋",对办公室主任而言责无旁贷。

(二) 管理职责

对机关行政事务实行管理,也是办公室主任应尽的职责。办公室主任的管理职责主要包括以下五个方面。

1. 文书管理

文书管理是指围绕公文的拟制、处理与保管而进行的撰稿、审稿、签发、印刷、收发、登记、批办、催办、立卷、归档等环节所构成的整个流程。

2. 信息管理

办公室主任辅助领导决策,发挥参谋职能,主要是通过向领导提供适用信息、出谋献策实现。

3. 机关财务管理

办公室主任还要负责完成行政任务和业务计划,以及有关经费的领拨、运用、缴销、管理和监督等经济事务。

4. 人事管理

办公室主要管好事就必须首先管好人。办公室主任应该在知人善用、人尽其才等方面多下功夫,并加强对现任办公室人员的培训工作。

5. 事务管理

作为领导工作的协助者,办公室主任既要参与政务,又要承办大量的具体事务;包括为领导开展工作所需要办理的各种事项,也包括为机关工作人员生活服务的有关事项。

(三) 协调职责

联系内外、沟通上下左右等诸多方面也是办公室主任应尽的职责。从工作形式上来分,办公室主任的协调职责可以概括为纵向协调、横向协调和内部协调。首先,办公室主任要搞好纵向协调,即致力于上下级之间关系融洽,上令下行,下情上达,上下紧密配合,步调一致地协调工作。其次,要注重横向协调,致力于同级各业务部门之间关系的协调。

最后,还应当注意内部协调。只有办公室内部的员工能够和谐相处,配合工作,办公室主任的工作才能真正得心应手。

干过办公室主任的人都知道,办公室主任不好干。不好干的原因,一是因为岗位特殊。这种特殊性,有人把它描述为"上级、下级、同一级,级级来找;大事、小事、麻烦事,事事缠身"。二是因为岗位重要。这种重要性,有人把它归纳为"参谋长""总调度""执行官"和"大管家"。三是因为职责重大。就是必须对上对下全面负责,对内对外全面协调,大事小事全面关心;既要务实又要务虚,既要动手又要动脑,既要瞻前又要顾后。四是因为能力要求较高。有人戏言,衡量一名办公室主任的工作是否称职到位,"摆平就是水平,搞定就是稳定,无事就是本事,人缘就是资源,酒量就是力量",如此等等。

 办公设备与办公自动化

一、办公设备

主要的办公设备有以下几类。

(1) 现代办公室电话设备。现代办公室电话设备包括智能总机系统、程控交换、自动应答和转接、菜单或属性应答系统、个人分机系统、电话监控系统。同时要保管好使用记录、通话录音。

(2) 内部对讲系统。内部对讲系统不属于公众电话网,包括电话、网络、报警装置、手机互联系统等。

(3) 计算机通信硬件。计算机通信硬件包括电缆、网卡、集线器、网桥、路由器、网关、外设、显示、打印、存储、绘图、报警等设备。

(4) 计算机通信软件、专业计算机软件。

(5) 计算机通信网络、局域网、广域网、多媒体通信。

二、办公设备管理

(一) 传真机的使用和维护

了解传真机的功能和操作,传真机应 24 小时待机,记录纸应充足。如不兼作电话,应设为自动接收。传真机异常时应及时排除问题,避免高温、日照、浸水、尘土进入。有些老式传真机不能经常当作复印机使用,使用计算机传真软件应注意软件的安全和文件的保存。

(二) 办公室计算机通信的使用问题

注重成本、效率的平衡,公私分明,设置权限控制,交叉监督制衡。人员应相对稳定,数据安全控制,硬件安全管理,网络安全管理。

计算机通信需注意的问题有软件更新、硬件维护、网络安全、病毒防护、文件备份、版权保护、数据库管理、人员管理和监督。

三、办公自动化

办公自动化是指利用先进的科学技术,使部分办公活动物化于各种现代化办公设备中,由人与技术设备构成服务于某种办公业务目的的人—机信息处理系统。

办公自动化没有统一的定义,凡是在传统的办公室中采用各种新技术、新机器、新设备从事办公业务,都属于办公自动化的领域。

四、无纸化办公

无纸化办公是指办公不用纸张,是在无纸化办公环境中进行的一种工作方式。无纸化办公是需要硬件、软件与通信网络协力才能达到的办公体验。

可将领导在传统的纸质文件上的批示、签署信息转换为电子文档借助软件打开,通过对文件传阅、审批流程的定义,领导便可使用搭载原笔迹手写技术的电磁屏通过手写,对电子文件进行亲笔圈阅、批注和签名,对所传阅讨论的文件发表各自的意见、相互交流并进行最终的定稿及签署。省去传真打印的烦琐步骤,避免纸张的浪费,不需要学习烦琐的键盘输入方法,与日常在纸上办公时批阅、签署文档一样,能方便地无纸化办公。

(一) 无纸化办公的网络安全性

领导办公可以与工作的各环节紧密结合,动态电子签名认证保证了领导签名内容的不可更改性和来源的真实性。用户利用动态电子签名认证可以实现可靠的身份确认功效,比传统键盘密码更安全、更有效。用动态签名认证替代传统密码口令验证,极大增加系统中信息的安全性,而且使用更加方便、更加容易。

(二) 无纸化办公高度的灵活性

具备无纸化办公属性的硬、软件可以大大减少重复劳动,可以使各个部门、各个环节的单独处理工作串联起来,也能处理流程上多环节的任务;可以方便地进行各个环节的审核、批复、签字,也可以进行不同环节的批复与查询。

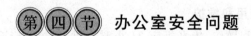 办公室安全问题

一、办公室安全的重要性

办公室的安全工作是办公室的一项重要工作内容,它主要涉及办公室的财产设施安全(如防火、防盗)、人员健康安全、资料和信息的安全(如防失密、泄密)等多方面的内容。

（一）办公室财产设施

办公室财产主要有以下几类。

（1）办公家具：桌椅、箱柜、饮水机、冰箱、微波炉、空调等。

（2）办公设备：计算机、电话、传真机、复印机、网络服务器、车辆。

（3）安全设施：报警器、探头、密码锁、防盗门等。

（4）办公文具：笔、纸、尺、刀剪、订书机。

办公室设施主要有以下几类。

（1）房间、墙壁、立柱、地板、配电箱、分线盒、门窗。

（2）装饰物：字画、窗帘、花卉、展品。

（3）外墙、走廊、防盗窗、门禁。

办公室财产设施具有贵重、固定、使用频繁、耐用性强、专业性强的特点。

（二）办公室人员及其健康保护的特殊性

办公室人员工作环境特点是布局密度高，工作人员长时间在室内，人员和设备关系密切。因此存在人员安全健康潜在问题。

岗位重要易被坏人利用、收买，工作压力大时易得不到宣泄，易出现亚健康问题，生病易出现工作中断现象。

办公室人员健康安全问题解决方法：加强自我保护意识的宣传教育；加班时安排保安值班；安排岗位轮休；福利待遇有所侧重；保持良好的室内环境，如通风、换气、消毒、灭虫；条件允许可以安排健康检查和疗养。

（三）材料保管和信息系统的安全保密性

保密就是保证价值的完整性。资料应装入密封袋，设置密码或双重密码。

资料信息保密的要求：建立授权调用制度，建立备份制度，建立泄密防范制度。

二、办公室管理制度化

（1）安全管理要具体化，责任落实到人。

（2）健全责任制度。

（3）定期检查保养设备。

（4）做好设备日常使用的维护。

三、安全设施

（一）法律、制度保障

（1）刑法、财产安全法、保密法、人身安全法规等。

（2）社会治安条例、公平竞争条例、劳动法规等。

（3）企业制度保障。

(4) 岗位责任制、审批制度、生产安全制度等。

(5) 管理制度、权力集中/分散、加密制度、奖惩制度、应激预案等。

（二）泄密的防范

(1) 内部人员泄密,加强人员管理。

(2) 办公设备泄密,财产保管、提高性能、定期维护。

(3) 传媒泄密,合理应对媒体、对外宣传的管理。

(4) 科技泄密,不断提升保密设施的性能和方法。

（三）办公室保卫工作措施和要求

(1) 建立健全安全保卫和保密制度。这些制度应该既符合上级要求,又符合本地本机关的实际情况,有较强的可行性。

(2) 要有必备的设施。办公室内要有防盗设施、防火工具等。文件保管要实现"三铁"(铁窗栅栏、铁门、铁柜)。各电源、电线安置要合乎要求。钱柜、绝密文件保管处要有警报设置等。

(3) 保卫人员要始终保持高度的警惕性,严格、自觉地遵守各项制度,一丝不苟地按规章制度办事,而且要有高度的责任心,坚守岗位,工作要细致、周到,要经常检查要害部位,注意发现隐患并及时解决。

一、课业任务

全班讨论：刚入职的你怎样面对单位领导安排的喝酒应酬？

二、课业目的

理解、巩固所学的知识,锻炼个人思维能力和口头表达能力。

三、课业要求

收集资料,结合理论知识和现实社会文化情况,采用头脑风暴法完成课业。

四、理论指导

学习并理解办公室的性质、办公室人员素质、办公室人员健康安全等。

五、课业操作

每位同学根据表 13-1 先自我定位,然后各抒己见,想出尽可能多的应对方法。

表13-1 自我定位表

	喜欢喝酒	一般喜欢	不喜欢喝酒
酒量很差			
酒量一般			
酒量可以			

六、课业评价标准

本章课业评价标准如表13-2所示。

表13-2 课业评价标准

评价项目	讨论表现	理论引用	口头表达
评价标准	积极发言	有逻辑性、创新性	语言准确，表达规范
评分比重(%)	40	30	30

本章小结

行政是指一定的社会组织，在其活动过程中所进行的各种组织、控制、协调、监督等活动的总称，是机关、企业、团体等内部的管理工作。

企业的行政管理体系是企业的中枢神经系统。它是以总经理为最高领导，由行政副总分工负责，由专门行政部门组织实施、操作，触角深入企业的各个部门和分支机构的方方面面，是一个完整的系统。

办公室是组织的行政机构，是重要的职能部门，是为领导决策和实施决策服务的综合办事机构，是承上启下、联系左右、沟通内外的枢纽，是单位信息的聚散地。一个单位形象好坏，效率高低，领导决策科学与否，在很大程度上取决于办公室工作人员的能力和水平。企业办公管理主要定位于服务和协调。服务对象主要是企业领导层。

办公室主任是办公室的最高领导者。办公室主任有着双重性任职者身份，既是办公室人员中的一位，又是办公室队伍中的管理者和指挥员。对外是单位领导和全体员工的联络员、服务员；在办公室内部则是一室之长，对全室工作和人员负有领导责任。

办公自动化是指利用先进的科学技术，使部分办公活动物化于各种现代化办公设备中，由人与技术设备构成服务于某种办公业务目的的人—机信息处理系统。

无纸化办公是指办公不用纸张，是在无纸化办公环境中进行的一种工作方式。无纸化办公是需要硬件、软件与通信网络协力才能达到的办公体验。

办公室的安全工作是办公室的一项重要工作内容，它主要涉及办公室的财产设施安全(如防火、防盗)、人员健康安全、资料和信息的安全(如防失密、泄密)等多方面的内容。

重要概念

行政　行政管理　办公室　办公室主任　办公设备　办公自动化　无纸化办公　办公室安全

复习思考题

1. 什么是组织的行政管理？其性质和地位怎样？
2. 组织的办公室是怎样一个部门？在组织结构中处于什么位置？
3. 作为办公室工作人员应具备怎样的素质？
4. 你认为办公室主任的主要职责是什么？为什么？
5. 列举办公室的常用设备,哪些你已经会操作使用了？
6. 什么是办公自动化和无纸化办公？
7. 如何保证办公室设备财产的安全？

案例分析

做好办公室主任的几点体会

在多年的基层办公室工作岗位上,我最深的体会,也是个人认为必须牢牢把握的原则有三条：①工作要就位、到位,不能"越位",哪怕是"参谋长"也不例外；②做人要脚踏实地,不怕吃苦吃亏,即使是"总调度"也要遵循；③做事要缜密周全,不能张扬张狂,作为"执行官"和"大管家"尤应如此。在此基础上,还需要加强自身修养和学习锻炼。

1. 始终保持奋发有为的精神状态

有什么样的精神状态,就有什么样的工作水平。作为办公室主任,敬业是基础,能力是关键,作风是保证。只有树立强烈的事业心和责任感,始终保持奋发有为的精神状态,才能担负起"火车头"等工作重任。就办公室主任岗位工作而言,首先,要有干事的激情。也就是要带着感情、事业、责任和追求去干工作,做到任务面前敢于承担,困难面前勇于进取,压力面前善于化解,批评面前乐于承受。这恐怕也是做好办公室主任工作的一些必备条件。凡事畏首畏尾、"推三拉四",或缺乏"舍我其谁""我不下地狱谁下地狱"的勇气,难以担任办公室主任的岗位。当然,凡事"知关节、识大体、讲方法"等事前准备工作除外。其次,要有服务的豪情。服务是办公室工作的天职,是办公室工作的出发点和归宿。办公室主任要带领全办人员"搞服务",必须在岗位上坚持高境界、高标准、高起点,以"三服务"(服务领导决策、服务机关运转、服务基层群众)、"三满意"(领导满意、部门满意、群众满意)和"四转变"(从侧重办文、办事、办会转变为既办文、办事、办会,又出谋献策;从单纯收发传递信息转变为既收发传递信息,又综合处理信息;从单凭老经验办事转变为科学化管理;从被动服务转变为主动服务)来要求自己,不断创新工作思路、工作制度、工作方法,努力提高工作质量和层次,力使服务举措与领导的思想合拍共振,争取以自己的"有为"带动大家的"有位",从而以"有位"促进办公室的更加"有为"。最后,要有敬业的痴情。"火车跑得快,全靠车头带。""喊破嗓子,不如干出样子。"作为办公室主任,就是要兢兢业业、任劳任怨、当好"班长"、做好表率,真正把精力用到推动工作上。同时,还要着眼全局,力避"既要马儿跑得好,又要马儿不吃草"的现象,想方设法把"三个留人"(感情留人、事业留人、适当的待遇留人)这一工作机制落到实处,旗帜鲜明地鼓励上进、激励成功、善待挫折、宽容失误,努力营造风平、气正、心齐的工作氛围。

2. 始终保持顾全大局的清醒头脑

从事办公室主任工作,除要有强烈的紧迫感、责任感和服务意识外,最关键的是要讲政治、守纪律、顾大局。要坚持正确的政治立场、方向和观点,增强政治敏锐性和鉴别力,在大是大非面前,始终做到旗帜鲜明、立场坚定。要坚决维护和切实遵守党的政治纪律和组织工作纪律,做到不该说的坚决不说,不该做的坚决不做,不该要的坚决不要。要牢固树立大局意识,把全盘工作放在党委、政府或本部门、单位的大局中来认识和把握,不折不扣地执行好上级的决策部署和领导的思想意图,并采取积极有效的措施,切实加以推动。同时,本着"打铁还需自身硬"的意识理念,切实加强自身学习和修养,提高理论水平,增强讲政治、顾大局、谋大事、善协调的能力。

3. 始终保持求真务实的严谨作风

"文秘工作,必作于细";服务工作,贵在落实。办公室主任作为承上启下、联系内外、协调左右的"二传手",更需要在求真务实上下功夫,真正做到摸实情、说实话、办实事、求实效,才能把参谋服务工作做到位。摸实情,就是要深入基层、深入群众、深入调查研究,掌握第一手材料,提出切实可行的意见和建议,供领导决策参考。说实话,就是在服务工作中,要通过分析综合,把不同的情况、问题、观点、方法真实地反映出来,促进党政领导决策的民主化、科学化。办实事,就是把多献良策与多干实事结合起来,积极为领导、为机关和为基层群众排忧解难,力使服务工作体现出"情为民所系、利为民所谋、事为民所办"的宗旨。求实效,就是要坚持真抓实干,不图虚名、不辱使命、不负众望,实实在在地在办公室平凡的岗位上为"三服务"工作作出贡献。

4. 始终保持清正廉洁的优良品质

清正廉洁是为官从政的第一准则,更是办公室主任岗位的第一要求。作为机关单位"窗口"和"门面"的"总调度",领导身边的参谋、助手、"喉舌"和"耳目",更要保持清醒的头脑,处处对自己从严要求,时刻不忘自警、自重、自省、自律,慎言、慎思、慎微、慎行,做到台上台下一个样、人前人后一个样、工作时间和业余时间一个样。要注重培养健康向上的生活习惯，谨防个人情趣变成人生陷阱。要学会拒绝和"挡驾"，不被人情和"面子"所累，始终绷紧廉洁自律这根弦，筑牢思想道德这根线。在抓好自身廉洁自律的同时，还要管好自己的一班人，切实维护办公室严谨、高效、务实、团结的良好形象。

（资料来源：范作惠.提升素质才能担负重任——做好办公室主任的几点体会.秘书，2008年7月）

思考题：

1. 你是否愿意毕业后马上成为一名办公室文员？为什么？
2. 你认为办公室主任好当吗？为什么？

第十四章 组织环境

名人名言

重要的不是环境,而是对环境作出的反应。

——[美]鲍勃·康克林

学习目标

1. 理解组织环境的含义及组织环境与组织的关系;
2. 描述组织内部环境要素及它们之间的关系;
3. 描述组织外部的主要环境因素;
4. 描述竞争分析法的分析原理;
5. 运用竞争分析法分析企业竞争环境;
6. 描述宏观环境分析法的原理;
7. 运用宏观环境分析法分析企业宏观环境;
8. 描述现状分析法的原理;
9. 运用现状分析法分析企业现状。

 在中国水土不服的巨头企业

随着滴滴收购中国优步尘埃落定,本土派又一次领先过江龙。近日,媒体再度曝出同为"独角兽"的全球短租巨头 Airbnb,在中国市场也遭遇与其他海外互联网企业一样的问题——水土不服。

Airbnb 在 2015 年 8 月引入红杉资本(中国)与宽带资本两家中国战略合作伙伴后,宣布正式进驻中国市场。入华近一年,Airbnb 却一直不温不火。这家公司依靠房屋租赁已经做到了 255 亿美元的估值,在全球"独角兽"当中排名第三,仅次于 Uber 和小米。可它在中国市场,却是除了互联网的圈内人,鲜有人知道它的存在。对于 Uber 和 Airbnb 在中国市场的水土不服,有媒体总结为三大原因:一是照搬海外模式,用户体验差,在很多使用习惯上都不符合中国人的需求;二是因为本土投资者"群狼环伺",说得直接一点就是山寨学习者太多;三是监管缺位,政策尚存空白地带。其实海外巨头在国内市场水土不服,还有一个根本原因——不尊重市场,表面是坚持所谓的"产品情怀",但实质上是缺乏对中国用户和中国市场必要的尊重。

在中国市场失手,Uber 不是第一个,也不会是最后一个。从风靡全球的 eBay 与亚马逊,到开创互联网门户时代的雅虎,再到曾横扫全球的团购鼻祖 Groupon,无一不是在中国市场败走麦城。总结起来,他们都是带着无限希望来到中国市场,但面对中国用户,他们却不肯低下自己高傲的头颅,总想把自己的行为准则强加给中国用户,但中国用户最终用脚投了票。可以想象,一个连服务团队都远在美国西雅图的企业,客服人员连中文都讲不太清楚的公司,要赚中国网民的钱,难度可想而知。

(资料来源:李迩.从水土不服看中国市场的力量[N].深圳商报,2016-08-12)

本章内容包括组织环境的含义、内部环境和外部环境的区别、内部环境要素、外部环境要素及划分、组织环境分析方法(包括五力分析法、环境分析法和现状分析法)。

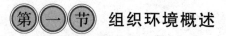 组织环境概述

一、组织环境的含义与特点

(一)组织环境的含义

组织环境(organization environment)是指所有潜在影响组织运行和组织绩效的因素或力量。组织环境调节着组织结构设计与组织绩效的关系,影响组织的有效性。组织环境对组织的生存和发展起着决定性的作用,是组织管理活动的内在与外在的客观条件。

环境是组织生存的土壤,它既为组织活动提供条件,同时也必然对组织的活动起制约作用。所以,组织环境的类型影响应采用的组织结构的类型,组织中的不同部门或事业都必须与不同的环境相适应。组织应该调整战略以适应环境,究竟如何调整应视环境的不利程度而定。

(二) 组织环境的特点

组织环境是组织系统所处的环境,这种环境是与组织及组织活动相关的、在组织系统之外的一切物质和条件的统一体。

组织环境是相对于组织和组织活动而言的,只有相对于组织和组织活动的外部物质、条件才具有组织环境的意义。在人类产生之前,自然界就客观存在,只有当人类通过分工协作形成了自己的社会活动,从而也产生了对这些活动的管理之后,自然界的一部分与人类的这种活动相关联,才成为组织环境。因而,组织环境的性质与内容都与组织和组织活动息息相关:与一定经济组织的经济管理活动相联系的是经济组织环境,与一定军事组织的军事管理活动相联系的是军事组织环境;与一定教育组织的教育管理活动相联系的是教育组织环境,等等。这些组织环境都是与一定组织和组织活动相对应的。

组织环境具有以下一些特点。

1. 客观性

组织环境是客观存在的,它不随着组织中人们的主观意志为转移。不管你想不想、愿意不愿意,组织环境都是客观存在的,而且它的存在客观地制约着组织的活动。作为组织环境基础的自然的和社会的各种条件是物质实体或物质关系,它们是组织赖以存在的物质条件,对组织来说是一种客观存在的东西。

2. 系统性

组织环境是由与组织相关的各种外部事物和条件相互有机联系所组成的整体,它也是一个系统。我们可以将它称为组织的外部系统。组成这个系统的各种要素,如自然条件、社会条件等相互关联,形成一定的结构,表现出组织环境的整体性。组织所处的社会是一个大系统,组织的外部环境和内部环境构成了不同层次的子系统。任何子系统都要遵循它所处的更大系统的运动规律,并不断进行协调和运转。人们的管理活动就是在这种整体性的环境背景中进行的。

3. 动态性

组织环境的各种因素是不断变化的,各种组织环境因素又在不断地重新组合,不断形成新的组织环境。组织系统既要从组织环境中输入物质、能量和信息,也要向组织环境输出各种产品和服务,这种输入和输出的结果必然要使组织环境发生或多或少的变化,使组织环境本身总是处于不断地运动和变化中。这种环境自身的运动就是组织环境的动态性。组织环境处于经常的发展变化中,使组织内部要素与各种环境因素的平衡经常被打破,往往形成了组织结构的变化。因此,组织必须及时修订自己的经营方案,以适应不断变化的环境,通过调整组织系统输入输出的结果,促使组织环境更加有序化地朝着有利于组织系统生存和发展的方向运动。

组织环境的客观性、系统性、动态性等特征说明了组织环境本身就是一个有着复杂结构的运动着的系统。正确分析组织所面临的环境中的各种组成要素及其状况,是任何一个管理者进行成功的管理活动所不可缺少的前提条件。

二、组织与环境的关系

组织环境对组织的形成、发展和灭亡有着重大的影响。组织环境为某些组织的建立起积极的促进作用,如蒸汽机技术的出现导致了现代工厂组织的诞生。某些环境的变化为组织的发展提供了有利条件。相反,由于某些组织未能适应环境的变化,因而已不复存在。在当代和未来,组织的目标、结构及其管理等只有变得更加灵活,才能适应环境多变的要求。

组织与环境的关系,不是组织对环境作出单方面的适应性反应,组织对环境也具有积极的反作用。主要表现在:组织主动地了解环境状况,获得及时、准确的环境信息;通过调整自己的目标,避开对自己不利的环境,选择适合自己发展的环境;通过自己的力量控制环境的状况和变化,使之适应自己活动和发展,而无须改变自身的目标和结构;可以通过自己的积极活动创造和开拓新的环境,并主动地改造自身,建立组织与环境新的相互作用关系。另外,组织对环境的反作用也有消极的一面,即对环境的破坏。这种消极的反作用又会影响组织的正常活动和发展。

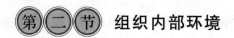

一、组织内部环境的构成要素

组织环境也叫组织的环境要素。一般来说,以组织界线(系统边界)划分,可以把环境分为内部环境和外部环境。组织内部环境是指管理的具体工作环境。影响管理活动的组织内部环境包括物理环境、心理环境和文化环境等。

(一) 物理环境

物理环境包括工作地点的空气、光线和照明、声音、色彩等,对于员工的工作安全、工作心理和行为、工作效率都有极大的影响。物理环境因素对组织设计提出了人本化的要求,防止物理环境中的消极性和破坏性因素,创造一种适应员工生理和心理要求的工作环境,这是实施有序、高效管理的基本保证。

(二) 心理环境

心理环境是指组织内部的精神环境,对组织管理有着直接的影响。心理环境制约着组织成员的士气和合作程度的高低,影响组织成员的积极性和创造性的发挥,进而决定了组织管理的效率和管理目标的达成。心理环境包括组织内部和睦融洽的人际关系、人事关系、组织成员的责任心、归属感、合作精神和奉献精神等。

(三) 文化环境

组织文化环境至少有两个层面的内容:①组织的制度文化,包括组织的工艺操作规程和工作流程、规章制度、考核奖励制度及健全的组织结构等;②组织的精神文化,包括组织的价值观念、组织信念、经营管理哲学及组织的精神风貌等。一个良好的组织文化是组织生存和发展的基础和动力。

二、组织内部环境的职能划分

从管理职能的角度,一般把组织内部环境要素划分为 7 个方面,即 7 个职能环境:采购和供应环境、交流和沟通环境、研究和发展环境、生产和运营环境、人力资源环境、资金和财务环境、市场营销环境。

如图 14-1 所示,组织的上述七个内部环境要素之间存在着相互影响、相互制约的关系。同时,每一个要素又相对独立。其中,生产和运营环境处于核心地位,既是把采购和供应环境、市场营销环境连接成一个作业链,又是把其他 4 个要素凝聚成一个整体,构成完整的转换过程。

图 14-1 组织内部 7 个职能环境的关系

上述每一个环境要素都有其独立的作用,因此构成了单独的管理特点,这就是内部环境管理。比如,人力资源管理、财务管理、供应链管理、市场营销管理、研发管理等。因为这 7 个职能环境管理的专业性强,所以组织,尤其是企业,也往往根据职能环境要素划分不同的部门,即职能部门。这方面的内容在第五章中已有详述。

第三节 组织外部环境

一、组织外部环境的含义与分类

（一）组织外部环境的含义

组织作为一个开放的系统，必然时刻与环境进行物质、能量、信息的交换。组织外部环境可以理解为对组织各项活动具有直接或间接作用的各种条件和因素的总和。对外部环境作分析，目的是要寻找出在这个环境中可以把握住哪些机会，必须要回避哪些风险，抓住机遇，健康发展。

组织外部环境与组织内部环境相比，具有下列特征。

1. 复杂性

构成组织外部环境的因素是多方面的、复杂的。它包括人的因素、物的因素、政治经济、技术、文化、自然条件等多方面的因素。

2. 交叉性

构成组织外部环境的各种因素是相互依存和相互制约的。无论哪方面的因素发生变化，都会直接地或间接地引起其他因素的变化。

3. 变动性

组织外部环境因素是不断变化的。

（二）组织外部环境的分类

组织外部环境可以分为一般外部环境和特定外部环境。

1. 一般外部环境

一般外部环境包括的因素有社会人口、文化、经济、政治、法律、技术、资源等。一般外部环境的这些因素，对组织的影响是间接的、长远的。当外部环境发生剧烈变化时，会导致组织发展的重大变革。

2. 特定外部环境

特定外部环境因素主要是针对企业组织而言的，包括的因素有供应商、顾客、竞争者、政府和社会团体等。特定外部环境的这些因素，对企业组织的影响是直接的、迅速的。外部环境从总体上来说是不易控制的，因此它的影响是相当大的，有时甚至能影响整个组织结构的变动。

二、组织外部环境的层次划分

组织外部环境按照范围大小可划分为不同的层次，由小到大依次为社区环境、本土（本地）环境、行业环境、国家环境、国际环境，如图 14-2 所示。

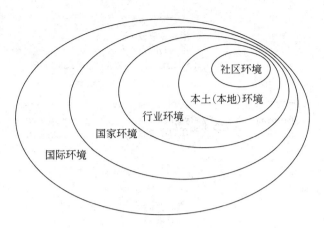

图 14-2 组织外部环境的层次划分

对组织外部环境的管理是指合理利用外部环境资源,尽可能控制外部环境因素对组织的负面影响,避免和化解外部因素的风险。外部环境管理的先决条件是对环境的分析。

第四节 组织环境分析方法

一、竞争分析法

竞争分析法又称波特五力分析模型(Michael Porter's Five Forces Model),是迈克尔·波特(Michael Porter)于20世纪80年代初提出的,对企业的战略制定产生了全球性的深远影响。竞争分析法用于竞争战略的分析,可以有效地分析客户的竞争环境。五力分别是供应商的议价能力、购买者的议价能力、潜在竞争者进入的能力、替代品的替代能力、行业内竞争者现在的竞争能力,如图14-3所示。五种力量的不同组合变化将影响行业利润潜力的变化。

竞争战略从一定意义上讲是源于企业对决定产业吸引力的竞争规律的深刻理解。任何产业,无论是国内的或国际的,无论生产产品的或提供服务的,竞争规律都将体现在这五种竞争的作用力上。因此,波特五力分析模型是企业制定竞争战略时经常利用的战略分析工具。

(一) 供应商的议价能力

供应商主要通过提高投入要素价格与降低单位价值质量的能力,影响行业中现有企业的盈利能力与产品竞争力。供应商力量的强弱主要取决于它们所提供给买主的是什么投入要素,当供应商所提供的投入要素的价值构成了买主产品总成本的较大比例、对买主产品生产过程非常重要,或者严重影响买主产品的质量时,供应商对于买主的潜在

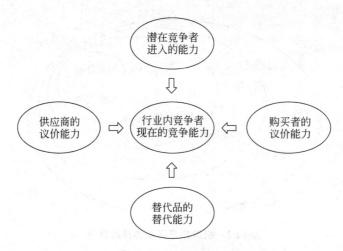

图14-3 波特五力分析模型

讨价还价力量就大大增强。一般来说,满足以下条件的供应商会具有比较强的议价能力。

(1) 供应商所处的行业是由一些具有比较稳固市场地位而不受市场激烈竞争困扰的企业所控制,其产品的买主很多,以至于每一单个买主都不可能成为供应商的重要客户。

(2) 供应商的产品具有一定特色,以至于买主难以转换或转换成本太高,或者很难找到可与供应商产品相竞争的替代品。

(3) 供应商能够方便地实行前向联合或一体化,而买主难以进行后向联合或一体化。

(二) 购买者的议价能力

购买者主要通过其压价与要求提供较高的产品或服务质量的能力,影响行业中现有企业的盈利能力。以下几种情况下,购买者的议价能力相对较强。

(1) 购买者的总数较少,而每个购买者的购买量较大,占了卖方销售量的很大比例。

(2) 卖方行业由大量相对来说规模较小的企业组成。

(3) 购买者所购买的基本上是一种标准化产品,同时向多个卖主购买产品在经济上也完全可行。

(4) 购买者有能力实现后向一体化,而卖主不可能前向一体化。

(三) 潜在竞争者进入的能力

新进入者在给行业带来新生产能力、新资源的同时,也希望在已被现有企业瓜分完毕的市场中赢得一席之地,这就有可能会与现有企业发生原材料与市场份额的竞争,最终导致行业中现有企业盈利水平降低,严重的还有可能危及这些企业的生存。竞争性进入威胁的严重程度取决于两方面的因素:一是进入新领域的障碍大小;二是预期现有企业对于进入者的反应情况。

进入障碍主要包括规模经济、产品差异、资本需要、转换成本、销售渠道开拓、政府行为与政策、不受规模支配的成本劣势、自然资源、地理环境等方面,这其中有些障碍是很难借助复制或仿造的方式突破的。预期现有企业对进入者的反应情况主要是采取报复行动的可能性大小,取决于有关厂商的财力情况、报复记录、固定资产规模、行业增长速度等。总之,新企业进入一个行业的可能性大小,取决于进入者主观估计进入所能带来的潜在利益、所需花费的代价与所要承担的风险这三者的相对大小情况。

(四) 替代品的替代能力

两个处于同行业或不同行业中的企业,可能会由于所生产的产品是互为替代品,从而在它们之间产生相互竞争行为。这种源自于替代品的竞争会以各种形式影响行业中现有企业的竞争战略。

(1) 现有企业产品售价及获利潜力的提高,将由于存在着能被用户方便接受的替代品而受到限制。

(2) 由于替代品生产者的侵入,使现有企业必须提高产品质量,或者降低成本,或者使产品具有特色。否则,销量与利润增长的目标就可能受挫。

(3) 源自替代品生产者的竞争强度,受产品买主转换成本高低的影响。

总之,替代品价格越低、质量越好、用户转换成本越低,所能产生的竞争压力就强;而这种来自替代品生产者的竞争压力的强度,可以具体通过考察替代品的销售增长率、替代品厂家的生产能力与盈利扩张情况加以描述。

(五) 行业内竞争者现在的竞争能力

大部分行业中的企业,相互之间的利益都是紧密联系在一起的,作为企业整体战略一部分的各企业竞争战略,目标都在于使自己的企业获得相对于竞争对手的优势,所以,在实施中就必然会产生冲突与对抗现象,这些冲突与对抗就构成了现有企业之间的竞争。现有企业之间的竞争常常表现在价格、广告、产品介绍、售后服务等方面,其竞争强度与许多因素有关。

一般来说,出现下述情况将意味着行业中现有企业之间竞争的加剧:①行业进入障碍较低,势均力敌的竞争对手较多,竞争参与者范围广泛;②市场趋于成熟,产品需求增长缓慢;③竞争者企图采用降价等手段促销;④竞争者提供几乎相同的产品或服务,用户转换成本很低;⑤一个战略行动如果取得成功,收入相当可观;⑥行业外部实力强大的公司在接收了行业中实力薄弱企业后,发起进攻性行动,结果使刚被接收的企业成为市场的主要竞争者;⑦退出障碍较高,即退出竞争要比继续参与竞争代价更高。在这里,退出障碍主要受经济、战略、感情以及社会政治关系等方面的影响,具体包括资产的专用性、退出的固定费用、战略上的相互牵制、情绪上的难以接受、政府和社会的各种限制等。

二、宏观环境分析法

宏观环境又称一般环境,是指一切影响行业和企业的宏观因素。对宏观环境因素进行分析,不同行业和企业根据自身特点与经营需要,分析的具体内容会有差异,但一般都应对政治(political)、经济(economic)、社会(social)和技术(technological)这四大类影响企业的主要外部环境因素进行分析。因而宏观环境分析法又称PEST分析法。

(一) 政治环境

政治环境包括一个国家的社会制度,执政党的性质,政府的方针、政策、法令等。不同的国家有着不同的社会性质,不同的社会制度对组织活动有着不同的限制和要求。即使社会制度不变的同一国家,在不同时期,由于执政党的不同,其政府的方针特点、政策倾向对组织活动的态度和影响也是不断变化的。

政府的政策广泛影响着企业的经营行为,即使在市场经济中较为发达的国家,政府对市场和企业的干预似乎也是有增无减,如反托拉斯、最低工资限制、劳动保护、社会福利等方面。当然,政府的很多干预往往是间接的,常以税率、利率汇率、银行存款准备金为杠杆,运用财政政策和货币政策实现宏观经济的调控,以及通过干预外汇汇率来确保国际金融与贸易秩序。因此,在制定企业战略时,对政府政策的长期性和短期性的判断与预测十分重要,企业战略应对政府发挥长期作用的政策有必要的准备;对短期性的政策,则可视其有效时间或有效周期而作出不同的反应。

市场运作需要有一套能够保证市场秩序的游戏规则和奖惩制度,这就形成了市场的法律系统。作为国家意志的强制表现,法律法规对于规范市场和企业行为有着直接作用。立法在经济上的作用主要体现在维护公平竞争、维护消费者利益、维护社会最大利益三个方面,因此企业在制定战略时,要充分了解既有的法律规定,特别要关注那些正在酝酿中的法律,这是企业在市场中生存、参与竞争的重要前提。

(二) 经济环境

经济环境主要包括宏观经济环境和微观经济环境。宏观经济环境主要是指一个国家的人口数量及其增长趋势,国民收入、国民生产总值及其变化情况,以及通过这些指标能够反映国民经济发展水平和发展速度。微观经济环境主要是指企业所在地区或所服务地区的消费者的收入水平、消费偏好、储蓄情况、就业程度等因素。这些因素直接决定企业目前及未来的市场大小。

企业需重点监视的关键经济变量有:GDP及其增长率、中国向工业经济转变贷款的可得性、可支配收入水平、居民消费(储蓄)倾向、利率、通货膨胀率、规模经济、政府预算赤字、消费模式、失业趋势、劳动生产率水平、汇率、证券市场状况、外国经济状况、进出口因素、不同地区和消费群体间的收入差别、价格波动、货币与财政政策。

(三) 社会环境

社会环境包括一个国家或地区的居民教育程度和文化水平、宗教信仰、风俗习惯、审美观点、价值观念等。文化水平会影响居民的需求层次;宗教信仰和风俗习惯会禁止或抵制某些活动的进行;价值观念会影响居民对组织目标、组织活动,以及组织存在本身的认可与否;审美观点则会影响人们对组织活动内容、活动方式,以及活动成果的态度。

关键的社会文化因素有:妇女生育率、特殊利益集团数量、结婚数、离婚数、人口出生死亡率、人口移进移出率、社会保障计划、人口预期寿命、人均收入、生活方式、平均可支配收入、对政府的信任度、对政府的态度、对工作的态度、购买习惯、对道德的关切度、储蓄倾向、性别角色投资倾向、种族平等状况、节育措施状况、平均教育状况、对退休的态度、对质量的态度、对闲暇的态度、对服务的态度、污染控制对能源的节约、社会活动项目、社会责任、对职业的态度、对权威的态度、城市城镇和农村的人口变化、宗教信仰状况。

(四) 技术环境

技术环境除要考察与企业所处领域的活动直接相关的技术手段的发展变化外,还应及时了解:①国家对科技开发的投资和支持重点;②领域技术发展动态和研究开发费用总额;③技术转移和技术商品化速度;④专利及其保护情况;等等。

有时,企业也会用到 PEST 分析法的扩展变形形式,如 SLEPT 分析、STEEPLE 分析。STEEPLE 是以下因素英文单词的缩写:社会/人口(social/demographic)、技术(technological)、经济(economic)、环境/自然(environmental/natural)、政治(political)、法律(legal)、道德(ethical)。此外,地理因素(geographical factor)有时也可能会对企业经营产生显著影响。

三、现状分析法

现状分析法又称为 SWOT 分析模型、TOWS 分析法、道斯矩阵、态势分析法。SWOT 分析代表分析企业优势(strengths)、劣势(weakness)、机会(opportunity)和威胁(threats)。因此,SWOT 分析实际上是对企业内外部条件各方面内容进行综合和概括,进而分析组织的优劣势、面临的机会和威胁的一种方法。优劣势分析主要是着眼于企业自身的实力及其与竞争对手的比较,而机会和威胁分析将注意力放在外部环境的变化及对企业的可能影响上。在分析时,应把所有的内部因素(即优劣势)集中在一起,然后用外部的力量对这些因素进行评估。

(一) OT 分析

随着经济、社会、科技等诸多方面的迅速发展,特别是世界经济全球化、一体化过程的加快,全球信息网络的建立和消费需求的多样化,企业所处的环境更为开放和动荡。这种变化几乎对所有企业都产生了深刻的影响。正因为如此,环境分析成为一种日益重要的企业职能。

环境发展趋势分为两大类:一类表示环境威胁;另一类表示环境机会。环境威胁是指环境中一种不利的发展趋势所形成的挑战,如果不采取果断的战略行为,这种不利趋势将导致公司的竞争地位受到削弱。环境机会就是对公司行为富有吸引力的领域,在这一领域中,该公司将拥有竞争优势。

(二) SW 分析

识别环境中有吸引力的机会是一回事,拥有在机会中成功所必需的竞争能力是另一回事。每个企业都要定期检查自己的优势与劣势,这可通过"企业经营管理检核表"的方式进行。企业或企业外的咨询机构都可利用这一格式检查企业的营销、财务、制造和组织能力。每一要素都要按照特强、稍强、中等、稍弱或特弱划分等级。

当两个企业处在同一市场或者说它们都有能力向同一顾客群体提供产品和服务时,如果其中一个企业有更高的盈利率或盈利潜力,那么,我们就认为这个企业比另外一个企业更具有竞争优势。换句话说,竞争优势是指一个企业超越其竞争对手的能力,这种能力有助于实现企业的主要目标——盈利。

竞争优势可以指消费者眼中一个企业或它的产品有别于其竞争对手的任何优越的东西,它可以是产品线的宽度、产品的大小、质量、可靠性、适用性、风格和形象以及服务的及时、态度的热情等。虽然竞争优势实际上是指一个企业比其竞争对手有较强的综合优势,但是明确企业究竟在哪一个方面具有优势更有意义,因为只有这样,才可以扬长避短,或者以实击虚。

由于企业是一个整体,并且由于竞争优势来源的广泛性,所以,在做优劣势分析时必须从整个价值链的每个环节上,将企业与竞争对手做详细的对比。如产品是否新颖,制造工艺是否复杂,销售渠道是否畅通,以及价格是否具有竞争性等。如果一个企业在某一方面或几个方面的优势正是该行业企业应具备的关键成功要素,那么,该企业的综合竞争优势也许就强一些。需要指出的是,衡量一个企业及其产品是否具有竞争优势,只能站在现有潜在用户角度上,而不是站在企业的角度上。

企业在维持竞争优势过程中,必须深刻认识自身的资源和能力,采取适当的措施。因为一个企业一旦在某一方面具有了竞争优势,势必会吸引到竞争对手的注意。一般地说,企业经过一段时期的努力,建立起某种竞争优势;然后就处于维持这种竞争优势的态势,竞争对手开始逐渐作出反应;而后,如果竞争对手直接进攻企业的优势所在,或采取其他更为有力的策略,就会使这种优势受到削弱。

SWOT 分析有四种不同类型的组合:优势—机会(SO)组合、弱点—机会(WO)组合、优势—威胁(ST)组合、弱点—威胁(WT)组合。

一、课业任务

用 SWOT 分析法分析你从第一章开始关注的两家企业的现状。

二、课业目的

理解、巩固所学的知识,锻炼个人思维能力,提升分析问题的能力。

三、课业要求

整理平时收集的资料,结合理论知识写成分析报告。时间为 2 周。大企业的分析字数不得少于 1500 字,小组织的分析不少于 800 字。提交打印好的分析报告。

四、理论指导

学习并理解组织环境的含义、内部和外部环境要素、SWOT 分析法的理解和运用等。

五、课业操作

每人根据要求独立完成,可以上网收集资料,可以相互讨论,相同的组织分析可以不一样。完成时间为 2 周。

六、课业评价标准

本章的课业评价标准如表 14-1 所示。

表 14-1 课业评价标准

评价项目	理论运用	分析	书面表达能力
评价标准	理论运用得当,有针对性选择	有针对性,有侧重点,全面客观,引用资料丰富	语言准确,言简意赅,图文并茂,排版合理
评分比重(%)	30	40	30

说明:大企业分析占 60%,小组织分析占 40%。

七、课业范例

沃尔玛公司的 SWOT 分析

1. 优势

沃尔玛是著名的零售业品牌,它以物美价廉、货物繁多和一站式购物而闻名。

沃尔玛的销售额有明显增长,并且在全球化的范围内进行扩张。例如,它收购了英国的零售商 ASDA。

沃尔玛的一个核心竞争力是由先进的信息技术所支持的国际化物流系统。例如,在该系统支持下,每一件商品在全国范围内的每一间卖场的运输、销售、储存等物流信息都可以清晰地看到。信息技术同时也加强了沃尔玛高效的采购过程。

沃尔玛的一个焦点战略是人力资源的开发和管理。优秀的人才是沃尔玛在商业上成功的关键因素,为此沃尔玛投入时间和金钱对优秀员工进行培训并建立忠诚度。

2. 劣势

沃尔玛建立了世界上最大的食品零售帝国。尽管它在信息技术上拥有优势,但因为其巨大的业务拓展,这可能导致对某些领域的控制力不够强。

因为沃尔玛的商品涵盖了服装、食品等多个部门,它可能在适应性上比起更加专注于某一领域的竞争对手存在劣势。

沃尔玛公司是全球化的,但是只开拓了少数几个国家的市场。

3. 机会

采取收购、合并或者战略联盟的方式与其他国际零售商合作,专注于欧洲或者大中华区等特定市场。

沃尔玛的卖场当前只开设在少数几个国家内。因此,拓展市场(如中国、印度)可以带来大量的机会。

沃尔玛可以通过新的商场地点和商场形式来获得市场开发的机会。更接近消费者的商场和建立在购物中心内部的商店可以使过去仅仅是大型超市的经营方式变得多样化。

沃尔玛的机会存在于对现有大型超市战略的坚持。

4. 威胁

沃尔玛在零售业的领头羊地位使其成为所有竞争对手的赶超目标。

沃尔玛的全球化战略使其可能在其业务国家遇到政治上的问题。

多种消费品的成本趋向下降,原因是制造成本的降低。造成制造成本降低的主要原因是生产外包向世界上的低成本地区。这导致了价格竞争,并在一些领域内造成了通货紧缩。恶性价格竞争是一个威胁。

组织环境是指所有潜在影响组织运行和组织绩效的因素或力量。组织环境调节着组织结构设计与组织绩效的关系,影响组织的有效性。

组织环境是组织系统所处的环境,这种环境是与组织及组织活动相关的、在组织系统之外的一切物质和条件的统一体。组织环境具有客观性、系统性和动态性的特征。组织环境对组织的形成、发展和灭亡有着重大的影响。组织环境为某些组织的建立起到积极的促进作用。组织与环境的关系,不是组织对环境作出单方面的适应性反应,组织对环境也具有积极的反作用。

一般来说,以组织界线(系统边界)划分,可以把环境分为内部环境和外部环境。

组织内部环境是指管理的具体工作环境。影响管理活动的组织内部环境包括物理环境、心理环境、文化环境等。从管理职能的角度,一般把组织内部环境要素划分为7个方面,即7个职能环境:采购和供应环境、交流和沟通环境、研究和发展环境、生产和运营环境、人力资源环境、资金和财务环境及市场营销环境。

组织外部环境是指组织所处的社会环境,外部环境影响着组织的管理系统。一般外部环境包括的因素有社会人口、文化、经济、政治、法律、技术、资源等。外部环境按照其范围大小可划分为不同的层次,由小到大依次为社区环境、本土(本地)环境、行业环境、国家环境、国际环境。

组织环境分析方法主要有竞争分析法、宏观环境分析法和现状分析法。

重要概念

组织环境　内部环境　外部环境　社区环境　行业环境　国际环境　竞争分析法　宏观环境分析法　现状分析法

复习思考题

1. 什么是组织环境?组织环境与组织本身存在着怎样的关系?
2. 什么是组织内部环境?内部环境各要素之间存在怎样的关系?
3. 什么是组织外部环境?组织外部环境因素包括哪些?
4. 波特五力分析法的原理是什么?运用波特五力分析法分析你所关注企业的竞争环境。
5. PEST 分析法的原理是什么?每个环境要素包括哪些具体内容?
6. SWOT 分析法的原理是什么?用此方法分析你的学习现状。

案例分析

SWOT 分析:Apple Pay、微信、支付宝的"三国杀"

2016 年 2 月 18 日凌晨,苹果支付(Apple Pay)正式登陆中国市场并分批开放,支付大佬银联亲自为其背书,称其最新推出的"云闪付"会与 Apple Pay 结合,一时舆论沸腾。19 日上午,"果粉对 Apple Pay 的过度热情,使苹果的服务器都一度挂掉"与"Apple Pay 首秀遭吐槽,用户骂声一片"两种截然不同的声音在互联网散播,关于 Apple Pay 的科普相信今天大家已经看了很多,这里小编想用 SWOT 分析法,和大家一起讨论 Apple Pay 是否真的能够颠覆国内的移动支付市场,还是只可能是昙花一现?

众所周知,SWOT 分析是来自麦肯锡咨询公司的著名竞争分析法,主要包含分析企业的优势、劣势、机会和威胁。在现在的战略规划报告里,SWOT 分析应该算是一个众所周知的工具。Apple Pay 正式入华,是否具有竞争力将一目了然。

1. 优势

(1)据悉,Apple Pay 背靠银联这座大山,将通过两部分获取收益:一是以 Apple Pay 绑定用户银行卡数量获取银行付费;二是作为消费支付通道获取银行分成。二者的强强联合无疑是双赢的,2014 年银联和运营商曾经对搭载 NFC(近场通信)支付的手机厂商进行过巨额补贴,却因受制国内近场支付生态环境不成熟而发展缓慢,此次 Apple Pay 将一度沉寂的 NFC 支付技术重新激活，出货量排位前十的多数手机厂商已经和银联签署合作协议，但是后续跟进的国产手机厂商在支付分成上将明显弱于苹果，甚至没有。

（2）Apple Pay 被称为目前技术上最安全，体验也是最好的移动支付手段。苹果利用的"Tokenization"技术，将银行卡信息转化成一个字符串（Token）存在手机、手表等智能终端中。而实际的卡号既不存储在设备上，也不存储在苹果的服务器上，系统会分配一个唯一的设备账号，对该账号加密，并以安全的方式将其存储在设备的安全芯片中，每次交易都使用一次性的唯一动态安全码进行授权。相对于其他支付的银行卡支付功能，缩短了交易环节，降低了用户信息泄露的可能。从硬件上看，芯片里的安全区与芯片的其他部分是隔离的，无用户授权无法对其访问，从而保障敏感信息的安全。

（3）Apple Pay 的"非接取款"功能是支付宝和微信没有并且未来也不一定会有的。除了可以在银联的 POS 上刷机消费，Apple Pay 还可以让苹果终端在 ATM 上感应取款。另外，相比支付宝或微信支付要求联网的环境，Apple Pay 可在无网络的环境下运作。

（4）苹果本身的高品牌、高知名度都无疑为 Apple Pay 打下良好的基础，果粉对苹果产品及技术的热情与支持也一直是苹果产品高销量、高市场占有率的保证。

2. 劣势

（1）支付宝、微信支付有独立账户系统，可以存零钱、转账收款、买理财产品等，用户甚至不需要绑卡便可以发生购买行为。而 Apple Pay 并非第三方支付工具，只是一个支付表现形式，在移动支付中的是存在很多非现场场景，Apple Pay 的覆盖范围是远不及支付宝和微信支付。

（2）中国移动支付市场上，支付宝、微信已经占据将近九成份额，绝大多数电商都支持支付宝作为付款手段，微信利用公众号为商家提供了交易平台，Apple Pay 缺乏自己的消费生态场景，势必免礼巨大挑战，恐难以从中分得一杯羹。

（3）中国用户要用 Apple Pay，首选需要拥有一部 iPhone 6。AppleWatch 则需要与 iPhone 5 或更新机型配对才能在店铺支付，iPad 则只支持线上。换句话说，Apple Pay 的用户群受制于苹果新型号手机持有者。另外，不断更新 iPhone 版本的用户多为青少年，他们的消费能力和信用卡渗透率非常有限。而支付宝与微信则支持当下大多数型号与系统的智能机，并且使用门槛很低。

（4）支付宝和微信支付烧钱给用户提供补贴、返现来提高打开率的已经不是新鲜事儿，这一点就是 Apple Pay 很难比拟的。用户的使用习惯、熟悉程度及个人喜好也为其推广带来了极大的阻碍。

（5）虽然 Apple Pay 宣称拥有强大的技术保障支付安全，但目前并没有推出防御措施。反观支付宝早与国内首家互联网保险公司众安保险强强联手，推出了支付宝账户安全险，微信支付也提供了相应的财产保险。

3. 机会

（1）从数据上看，支付宝、微信支付两大应用占据了超过八成的第三方移动支付市场份额,但是他们本质上是线上支付,但交易在线上,服务在线下,离不开网络环境。而基于 NFC 的移动支付可完全脱离网络环境,并令人感觉更为安全。NFC 从某方面来说,是帮助 Apple Pay 将支付宝与微信支付重新来回到同一起跑线。

(2) 支付宝、微信支付使用的二维码扫描,依托的是第三方支付账户,属于弱实名账户,不受法律保护。而 Apple Pay 则不然,它使用的 NFC 支付依托的是银行卡,属于强实名账户,受到国家法律的保护及银行的认证,无疑能够成为二维码支付有力的竞争者。

(3) 移动支付在中国还属于新兴技术,普及也是近两年的事情,并且普及率仍然在增长,市场仍然具有很大的空间。对于新进入的人群,Apple Pay、支付宝、微信支付的起跑线是一样的。

(4) "懒人经济"已经成为发展方向,"懒人"群体不断扩大,潜在商机十分明显。在支付步骤上,Apple Pay 只需手机触碰 POS 机便可快速完成支付,而其他支付方式则需:手机解锁点亮屏幕-点击应用弹出支付码-扫描完成支付,无论是步骤还是时间都不如 Apple Pay 更"懒"。

4. 威胁

(1) 根据市场研究机构 Gartner 发布的最新报告显示,2015 年第四季度全球智能手机销售同比增长 9.7%,至 4.03 亿部,创 2008 年以来最低增速。其中,苹果 iPhone 销量出现上市以来首次同比下滑,市场份额同步缩水,iPhone 同期销量下滑 4.4% 至 7153 万部,市场份额从前一年同期的 20.4% 下降至 17.7%。智能手机市场的发展,大量性价比高的手机品牌正一步步侵蚀 Apple 的市场份额,苹果用户的降低能够直接导致 Apple Pay 的使用情况。

(2) 支付宝和微信支付都有强大的地推团队,一家一家和商户协商,团队有明确的考核和激励。而国内已有众多企业或商家与阿里、腾讯有合作,并且阿里与腾讯也有非常大的企业投资。苹果公司将 Apple Pay 推广到银行简单,要推广到本地商户则不易,商户一来不一定有动力引导持卡人使用 Apple Pay,二来有可能因为合作问题对 Apple Pay 进行抵制。苹果支付虽然牵手银联,来势汹汹,但单从 SWOT 分析上来看,未必能轻易撼动支付宝与微信支付的霸主地位,关于"Apple Pay 是牛排还是鸡肋"我们不能轻易地下定论,但无疑,技术的进步最终受益的,都是使用新技术的人们。至于资本市场的那些事儿,小编也就只能始终保持强势围观的心态,继续嗑自己的瓜子了。

(资料来源:佚名.SWOT 分析:Apple Pay、微信、支付宝的"三国杀".搜狐网,https://www.sohu.com/a/59671095_115492)

思考题:

1. 现在三家企业的现状与案例分析结果一致吗?你自己还有补充分析吗?
2. 根据案例和你的补充分析,你认为三家企业哪一家会成为行业老大?为什么?

第十五章 组织文化

名人名言

世界上一切资源都可能枯竭,只有一种资源可以生生不息,那就是文化。

——任正非

学习目标

1. 理解文化的含义,掌握人类文化的种类划分;
2. 理解组织文化的含义及其形成过程;
3. 列举企业文化的构成要素和主要内容;
4. 描述企业文化的不同分类方法及具体类别;
5. 解释文化冲突的含义和现象;
6. 解释企业跨文化管理的含义;
7. 理解企业文化重塑的意义。

 华润

华润前身是1938年在香港成立的联和行,1948年改组更名为华润公司。华润是拥有光荣历史的红色央企。几代人的艰苦创业为华润积淀了优秀的企业文化,铸就了独特的企业之魂。这是华润宝贵的精神财富,是推动华润事业不断发展壮大的内在动力。

今天,面对企业内外部环境发生的深刻变化,华润积极顺应经济新常态,贯彻中央提出的"创新、协调、绿色、开放、共享"发展理念,秉持"守正出新、正道致远"的重要理念,以"传承红色基因、谨守商业本分、彰显制度尊严、坚持诚实守信"为指导方针,密切配合华润集团"十三五"战略方向,对华润文化进行了深刻反思和系统梳理,在广泛征求经理人和员工意见的基础上,形成了新时期的华润文化理念体系。

新的华润文化理念体系包括:使命、愿景、价值观、发展理念和企业精神五大要素。其中,使命回答的是"我们为什么而存在"的问题,体现了华润作为央企的崇高责任,是华润持续发展的内在驱动力;愿景回答的是"我们要去哪里"的问题,描绘了全体华润人为之奋斗的理想蓝图,是华润为履行庄严使命必须树立的追求;价值观回答的是"我们应该怎样做"的问题,是华润文化的核心,是全体华润必须共同信奉和始终坚守的价值标准和基本信念;发展理念回答的是"我们遵循何种法则",是指导华润经营管理活动的总体原则,是为履行使命、实现愿景而必须遵循的经营哲学;企业精神回答的是"我们应具有什么样的内心态度和行为风格"的问题,是全体华润人应该具备的团队气质和精神风貌,是华润价值观在员工思想行为层面的延伸。

(资料来源:华润官网,http://www.crc.com.hk/about/culture/)

本章从文化、企业文化这些耳熟能详的概念出发,介绍企业文化的内容,划分企业文化的类别,从文化冲突的角度阐述企业跨文化管理的重要性。

 文化与组织文化

一、文化的含义

文化是凝结在物质之中又游离于物质之外的,能够被传承的国家或民族的历史、地理、风土人情、传统习俗、生活方式、文学艺术、行为规范、思维方式、价值观念等,是人类之间进行交流的普遍认可的一种能够传承的意识形态。

笼统地说,文化是一种社会现象,是人们长期创造形成的产物,是人类生活习惯的长期结晶。同时,文化又是一种历史现象,是社会历史的积淀物。确切地说,文化是指一个国家或民族的历史、地理、风土人情、传统习俗、生活方式、文学艺术、行为规范、思维方

式、价值观念等。

二、文化的功能

人类由共同生活的需要创造文化，文化在所涵盖的范围内和不同的层面发挥主要功能。

（一）整合

文化的整合功能是指它对于协调群体成员的行动所发挥的作用。社会群体中不同的成员都是独特的行动者，他们基于自己的需要，根据对情景的判断和理解采取行动。文化是他们之间沟通的中介，如果他们能够共享文化，那么他们就能够有效地沟通，消除隔阂，促成合作。

（二）导向

文化的导向功能是指文化可以为人们的行动提供方向和可供选择的方式。通过共享文化，行动者可以知道自己的何种行为在对方看来是适宜的，可以引起积极回应的，并倾向于选择有效的行动，这就是文化对行为的导向作用。

（三）维持

文化是人们以往共同生活经验的积累，是人们通过比较和选择认为是合理并被普遍接受的东西。某种文化的形成和确立，意味着某种价值观和行为规范的被认可和被遵从，这也意味着某种秩序的形成。而且只要这种文化在起作用，那么由这种文化所确立的社会秩序就会被维持下去，这就是文化维持社会秩序的功能。

（四）传续

从世代的角度看，如果文化能向新的世代流传，即下一代也认同、共享上一代的文化，那么，文化就有了传续功能。

三、文化的分类

文化的分类方法是多样的，具体如下。
(1) 按地区或地理位置划分：亚洲、欧洲、非洲等。
(2) 按时间划分：远古、原始、文明史等。
(3) 按形成的原因划分：自然、人为等。
(4) 按形式划分：物质(陶瓷、建筑、饮食等)和非物质(技术、手艺、语言、能力等)。
(5) 按层次划分：理念文化、制度文化、行为文化、物质文化。
(6) 按范围大小划分：组织文化/企业文化、地域文化、亚文化、国民文化。
(7) 按人的活动内容划分：着装文化、饮食文化、休闲/娱乐文化、交往/礼仪文化等。

四、组织文化的形成

企业文化(corporate culture)或称组织文化(organizational culture)，是一个组织由

价值观、信念、仪式、符号、处事方式等组成的特有的文化形象。

企业文化是企业在经营活动中形成的经营理念、经营目的、经营方针、价值观念、经营行为、社会责任、经营形象等的总和。企业文化是企业个性化的根本体现，它是企业生存、竞争、发展的灵魂。

企业文化与企业相伴而生，共同成长。自从企业创立那一天起，企业文化就开始在一定的环境中孕育、生长，其外部环境主要是各种经济、技术、社会人文环境，内部环境主要是具有各色文化背景的人物（这些人物有些文化背景相同有些相斥）及制度与管理等。

（一）创始人

企业文化的起源首先与企业创始人的创业意识、经营思想、工作作风、管理风格，以及意志、胆量、魄力、品格等有着直接的关系。因为企业创始人的地位显赫，他们的行为方式和风格往往通过他们的决策规划、领导指挥、组织协调以及待人接物等活动表现出来，容易被人感知、感受、体会和仿效，从而形成一种无形的导向、一种潜在的推动力。

（二）员工

企业文化也起源于员工的共同理解，如共同的忧患意识、共同的目标追求、共同的行为方式等。这些共同理解除受创始人的思想和行为的影响外，往往与企业经营中发生的重大事件和关键事件有关。

（三）制度与管理

一种企业文化的形成，也与企业制度创新和管理思潮的变化有密切关系。一种新的企业制度和管理思潮形成后，以极大的影响力和渗透力对那些在这一时期诞生的企业文化产生重大影响。一种企业制度、组织形式和管理风格一经形成，犹如某种定势、某种范式一样，引导着企业文化的方向，决定着企业文化的主要特征。

第二节 企业文化的构成与分类

一、企业文化的要素

20世纪80年代初，美国哈佛大学教育研究院的教授特雷斯·迪尔和麦肯锡咨询公司顾问阿伦·肯尼迪在长期的企业管理研究中积累了丰富的资料。他们在6个月的时间里，集中对80家企业进行了详尽的调查，写成了《企业文化——企业生存的习俗和礼仪》一书。该书在1981年7月出版后，成为最畅销的管理学著作之一。

迪尔和肯尼迪把企业文化整个理论系统概述为5个要素，即企业环境、价值观、英雄人物、文化仪式和文化网络。

（一）企业环境

企业环境是指企业的性质、企业的经营方向、外部环境、企业的社会形象、与外界的联系等。它往往决定企业的行为。

（二）价值观

价值观是指企业内成员对某个事件或某种行为好与坏、善与恶、正确与错误、是否值得仿效的一致认识。价值观是企业文化的核心，统一的价值观使企业内成员在判断自己行为时具有统一的标准，并以此选择自己的行为。

（三）英雄人物

英雄人物是指企业文化的核心人物或企业文化的人格化，作为一种活的样板，给企业中其他员工提供可供仿效的榜样，对企业文化的形成和强化起着极为重要的作用。

（四）文化仪式

文化仪式是指企业内的各种表彰、奖励活动、聚会以及文娱活动等，它可以把企业中发生的某些事情戏剧化和形象化，生动地宣传和体现本企业的价值观，使人们通过这些生动活泼的活动来领会企业文化的内涵，使企业文化"寓教于乐"。

（五）文化网络

文化网络是指非正式的信息传递渠道，主要传播文化信息。它是由某种非正式的组织和人群，以及某一特定场合组成的，所传递出的信息往往能反映职工的愿望和心态。

二、企业文化的层次

能够落地的企业文化主要由三个层次组成。

（一）企业理念

企业文化的第一层次是企业理念，是企业文化最核心的层次。企业理念也可以称为企业发展的定位和未来的愿景。

（二）企业的核心价值观

企业文化的第二层次是企业的核心价值观。它是指明确的做事原则，也就是企业对待员工、对待客户、对待工作的准则。其中包含企业规定的员工价值趋向和做事情的行为态度等内容。例如，"认真、敬业和共享"的价值观就是要求员工在工作中以认真作为准则，选人时以敬业作为条件，日常工作中要能相互支持与实现信息共享等。再例如，有的企业提出"以此为生，精于此道"的价值观，就是对员工的规范要求和期望。

（三）企业的形象与标识

企业文化的第三层次是企业的形象与标识。企业形象是企业精神文化的一种外在表现形式，它是社会公众与企业接触交往过程中所感受到的总体印象。这种印象是通过人体的感官传递获得的。企业标识是通过造型简单、意义明确的统一标准的视觉符号，将经营理念、企业文化、经营内容、企业规模、产品特性等要素，传递给社会公众，使之识别和认同企业的图案和文字。

三、企业文化的内容

企业文化的内容十分广泛,其中最主要的有以下几个方面。

(一) 经营哲学

经营哲学也称企业哲学,是一个企业特有的从事生产经营和管理活动的方法论原则。它是指导企业行为的基础。一个企业在激烈的市场竞争环境中,面临着各种矛盾和多种选择,要求企业有一个科学的方法论指导,有一套逻辑思维的程序决定自己的行为,这就是经营哲学。例如,日本松下公司提出的"讲求经济效益,重视生存的意志,事事谋求生存和发展",就是它的战略决策哲学。

(二) 价值观念

价值观念是人们基于某种功利性或道义性的追求而对人们(个人、组织)本身的存在、行为和行为结果进行评价的基本观点。价值观不是人们在一时一事上的体现,而是在长期实践活动中形成的关于价值的观念体系。企业的价值观是指企业职工对企业存在的意义、经营目的、经营宗旨的价值评价和为之追求的整体化、个异化的群体意识,是企业全体职工共同的价值准则。只有在共同的价值准则基础上,才能产生企业正确的价值目标。有了正确的价值目标,才会有奋力追求价值目标的行为,企业才有希望。因此,企业价值观决定着职工行为的取向,关系企业的生死存亡。只顾企业自身经济效益的价值观,不仅会损害国家和人民的利益,还会影响企业形象;只顾眼前利益的价值观,就会急功近利,搞短期行为,使企业失去后劲,导致灭亡。

我国老一代的民族企业家卢作孚(民生轮船公司的创始人)提倡"个人为事业服务,事业为社会服务,个人的服务是超报酬的,事业的服务是超经济的",从而树立起"服务社会,便利人群,开发产业,富强国家"的价值观念,这一为民为国的价值观念促进了民生公司的发展。北京西单商场的价值观念以求实为核心,即实实在在的商品、实实在在的价格、实实在在的服务。在经营过程中,严把商品进货关,保证商品质量;控制进货成本,提高商品附加值;提倡"需要理解的总是顾客,需要改进的总是自己"的观念,提高服务档次,促进了企业的发展。

(三) 企业精神

企业精神是指企业基于自身特定的性质、任务、宗旨、时代要求和发展方向,并经过精心培养而形成的企业成员群体的精神风貌。企业精神要通过企业全体职工有意识的实践活动体现出来。因此,它又是企业职工观念意识和进取心理的外化。

企业精神是企业文化的核心,在整个企业文化中占据支配地位。企业精神以价值观念为基础,以价值目标为动力,对企业经营哲学、管理制度、道德风尚、团体意识和企业形象起着决定性的作用。可以说,企业精神是企业的灵魂。

企业精神通常用一些既富于哲理，又简洁明快的语言予以表达，便于职工铭记在心，时刻用于激励自己；也便于对外宣传，容易在人们脑海里形成印象，从而在社会上形成个性鲜明的企业形象。如王府井百货大楼的"一团火"精神，就是用大楼人的光和热去照亮、温暖每一颗心，其实质就是奉献服务；西单商场的"求实、奋进"精神，体现了以求实为核心的价值观念和真诚守信、开拓奋进的经营作风。

（四）企业道德

企业道德是指调整本企业与其他企业之间、企业与顾客之间、企业内部职工之间关系的行为规范的总和。它是从伦理关系的角度，以善与恶、公与私、荣与辱、诚实与虚伪等道德范畴为标准来评价和规范企业。

企业道德与法律规范和制度规范不同，不具有那样的强制性和约束力，但具有积极的示范效应和强烈的感染力，当被人们认可和接受后具有自我约束的力量。因此，它具有更广泛的适应性，是约束企业和职工行为的重要手段。中国老字号同仁堂药店之所以三百多年长盛不衰，在于它把中华民族优秀的传统美德融于企业的生产经营过程中，形成了具有行业特色的职业道德，即"济世养身、精益求精、童叟无欺、一视同仁"。

（五）团体意识

团体即组织，团体意识是指组织成员的集体观念。团体意识是企业内部凝聚力形成的重要心理因素。企业团体意识的形成使企业的每个职工把自己的工作和行为都看成实现企业目标的一个组成部分，使他们为自己作为企业的成员而感到自豪，为企业的成就产生荣誉感，从而把企业看成自己利益的共同体和归属。因此，他们就会为实现企业的目标而努力奋斗，自觉地克服与实现企业目标不一致的行为。

（六）企业形象

企业形象是企业通过外部特征和经营实力表现出来的，被消费者和公众所认同的企业总体印象。由外部特征表现出来的企业形象称为表层形象，如招牌、门面、徽标、广告、商标、服饰、营业环境等，这些都给人以直观的感觉，容易形成印象；通过经营实力表现出来的企业形象称为深层形象，它是企业内部要素的集中体现，如人员素质、生产经营能力、管理水平、资本实力、产品质量等。表层形象是以深层形象为基础的，没有深层形象这个基础，表层形象就是虚假的，也不能长久地保持。

（七）企业制度

企业制度是在生产经营实践活动中所形成的，对人的行为带有强制性，并能保障一定权利的各种规定。从企业文化的层次结构看，企业制度属中间层次，它是精神文化的表现形式，是物质文化实现的保证。企业制度作为职工行为规范的模式，使个人的活动得以合理进行，内外人际关系得以协调，员工的共同利益受到保护，从而使企业有序地组织起来为实现企业目标而努力。

四、企业文化的分类

（一）按照企业管理的主动性划分

按照企业管理的主动性,企业文化可分为预见文化(reactive culture)与应对文化(proactive culture)。预见文化是指企业前摄的、积极主动出击的、先发制人的管理模式。应对文化是指企业事后的、被动应对的、后发制人的管理模式。

（二）按照企业的任务和经营方式划分

按照企业的任务和经营方式,特雷斯·迪尔和阿伦·肯尼迪将企业文化分类如下。

(1) 硬汉型文化。这种文化鼓励内部竞争和创新,鼓励冒险。这种类型的企业竞争性较强,产品更新快。

(2) 努力工作尽情享受型文化。这种文化把工作与娱乐并重,鼓励职工完成风险较小的工作。这种类型的企业竞争性不强,产品比较稳定。

(3) 赌注型文化。这种文化具有在周密分析基础上孤注一掷的特点。这种类型的企业一般投资大,见效慢。

(4) 过程型文化。这种文化着眼于如何做,基本没有工作的反馈,职工难以衡量他们所做的工作。这种类型的企业机关性较强、按部就班就可以完成任务。

（三）按照企业的状态和作风划分

按照企业的状态和作风,企业文化可以分为以下三种类型。

(1) 有活力的企业文化。其特点是：重组织、追求革新,有明确的目标,面向外部,上下左右沟通良好,责任心强。

(2) 停滞型企业文化。其特点是：急功近利,无远大目标,带有利己倾向,自我保全,面向内部,行动迟缓,不负责任。

(3) 官僚型企业文化。其特点是：例行公事,官样文章。

（四）按照企业的性质和规模划分

按照企业的性质和规模,企业文化可以分为以下四种类型。

(1) 温室型。这是传统国有企业所特有的企业文化类型。其特点是：对外部环境不感兴趣,缺乏冒险精神,缺乏激励和约束。

(2) 拾穗者型。这是中小型企业特有的企业文化类型。其特点是：战略随环境变动而转移,组织结构缺乏秩序,职能比较分散,价值体系的基础是尊重领导人。

(3) 菜园型。具有这种类型文化的企业力图维护在传统市场的统治地位,家长式经营,工作人员的激励处于较低水平。

(4) 大型种植物型。这是大企业特有的企业文化类型。其特点是：不断适应环境变化,工作人员的主动性、积极性受到激励。

（五）按照企业对各种因素重视的程度划分

按照企业对各种因素重视的程度,企业文化可以分为以下三种类型。

（1）科层型。这是在垄断市场中从事经营的公司所拥有的企业文化类型。其特点是：非个性化的管理作风，金字塔式组织结构，注重对标准、规范和刻板程序的遵循，组织内部缺乏竞争，人们暗地里勾心斗角。

（2）职业经理型。其特点是：工作导向，有明确的标准和严格的奖惩制度，组织结构富于灵活性，内部竞争激烈。

（3）技术型。其特点是：技术专家掌权，着重依赖技术秘诀，职能制组织结构。

 文化冲突与跨文化管理

一、文化冲突

文化的产生是以人的生命体验和生存经验为基础的。不同生存环境的刺激和作用，造成了人们对自身及自身以外的世界的不同感受与看法，而处在相同生存环境里的人，又会形成许多共同的感受和经验。在封闭的生存环境里，这些共同的东西是产生部落或者村落文化的基础。随着历史的发展，部落或者村落之间人们的各种联系不断增多，封闭的状态逐渐就会被打破。人们带着自己所处的环境里所形成的感受、认识，习惯等互相交往，必然要产生冲突和摩擦。所以，文化的冲突是由文化的"先天性"或者文化的本性所决定的，是文化在不断发展过程中不可避免的一种必然现象。

文化冲突(culture conflict)是指两种组织文化在互动过程中，由于某种抵触或对立状态所感受到的一种压力或者冲突。在对企业并购过程中的文化冲突问题的研究中，多数学者探讨的对象是指不同组织形态的公司文化之间相互排斥、对立的演变过程。它包括企业内部由于工种、背景不同引发的冲突，也包含企业在跨国经营过程中因社会观念、民族区域的不同而产生的冲突。

二、跨文化管理

跨文化管理（span-culture management）又称为交叉文化管理（cross cultural management），即在全球化经营中，对子公司所在国的文化采取包容的管理方法，在跨文化条件下克服异质文化的冲突，并据以创造出独特的文化，形成卓有成效的管理的过程。

所谓跨文化管理，包括跨越国界和跨越民族界限的文化管理。消除文化的差异是跨文化管理着力解决的核心问题。文化差异可能来自沟通与语言的理解不同、宗教信仰与风俗习惯迥异、刚性的企业文化隔阂等诸多因素。

跨文化管理的目的是在不同形态的文化氛围中设计出切实可行的组织结构和管理机制，在管理过程中寻找超越文化冲突的企业目标，以维系具有不同文化背景的员工共同的行为准则，从而最大限度地控制和利用企业的潜力与价值。全球化经营企业只有进

行成功的跨文化管理,才能使企业顺利运转,竞争力得以增强,市场占有率得以扩大。

因此,跨文化管理需要对以下问题进行有效管理:①如何清晰本企业的文化价值倡导;②如何避免文化的本位主义;③如何确定本企业的跨文化管理策略(文化同化、文化折中、文化融合);④如何进行人才的本土化培养。

对子公司的员工尤其是管理人员进行跨文化培训是解决文化差异,搞好跨文化管理最基本、最有效的手段。跨文化培训的主要方法就是对全体员工,尤其是非本地员工,进行文化敏感性训练。将具有不同文化背景的员工集中在一起进行专门的培训,打破他们心中的文化障碍和角色束缚,增强他们对不同文化环境的反应和适应能力。文化敏感性训练可采用多种方式。

(一)跨文化管理文化教育

跨文化管理文化教育是指聘请专家以授课方式介绍东道国文化的内涵与特征,指导员工阅读有关相关的书籍和资料,为他们在新的文化环境中工作和生活提供思想准备。

(二)跨文化管理环境模拟

跨文化管理环境模拟是指通过各种手段从不同侧面模拟东道国的文化环境,将在不同文化环境中工作和生活可能遇到的情况和困难展现在员工面前,让员工学会处理这些情况和困难的方法,并有意识地按东道国文化的特点思考和行动,提高自己的适应能力。

(三)跨文化研究

跨文化研究是指通过学术研究和文化交流的形式,组织员工探讨东道国文化的精髓及其对管理人员的思维过程、管理风格和决策方式的影响。这种培训方式可以促使员工积极探讨东道国文化,提高他们诊断和处理不同文化交融中疑难问题的能力。

(四)语言培训

语言是文化的一个非常重要的组成部分,语言交流与沟通是提高对不同文化适应能力的一条最有效的途径。语言培训不仅可使员工掌握语言知识,还能使他们熟悉东道国文化中特有的表达和交流方式,如手势、符号、礼节和习俗等。组织各种社交活动,让员工与来自东道国的人员有更多接触和交流的机会。

三、企业文化重塑

首先,企业文化重塑是企业应对外部环境变化、提升自我适应能力的要求。企业的发展时刻受外部环境的影响,外部环境的变化需要企业加以应对。企业如何迅速捕获外部的环境变化、组织企业加以应对、提升企业应对环境变化的能力,这些首先需要企业有快速应对变化的基因,即不断调整并适应环境的企业文化。

其次,企业文化重塑是企业转型发展的必然要求。企业文化与企业发展相辅相成、相互促进,企业文化的发展服务企业的发展,企业的发展反过来促进企业文化的发展。因此,企业文化发展要与企业发展实际相结合,企业文化变革务必与企业发展紧密结合。

在企业转型发展期间,要重塑与转型发展相适应的企业文化。企业文化作为企业生存和发展的灵魂,在企业转型发展这一特定的历史阶段,企业文化不可避免地面临重塑与再造。

最后,企业文化重塑是重塑企业信心,稳定队伍,挖掘和释放员工潜能的有效途径。在转型发展过程中,企业必然会遇到来自业务与服务、网络与技术、运营机制与商业模式、组织与人力资源等方面转型的种种挑战和困难。如何重塑企业信心,稳定队伍,挖掘和释放员工潜能是必须要回答的问题。

企业文化是企业的灵魂,它是一种被全体员工所共同认同的基本价值观,直接决定着员工的行为方式,使员工产生主人翁意识和归属感,能在企业内形成一种向心力、凝聚力,在很大程度上减弱个人目标和企业目标的矛盾,阻止员工的离心倾向。

一、课业任务

课上观看电影《上班一条虫》,进行课堂讨论。

二、课业目的

理解、巩固所学知识,锻炼个人思维能力,提升口头表达能力。

三、课业要求

认真观看电影,随时记下关键情节,积极参加讨论。

四、理论指导

学习并理解企业文化的含义、企业文化的构成要素、企业文化的内容、文化冲突等。

五、课业操作

观看电影后讨论以下问题。

(1) 分析彼得(Peter)的 G4 团队在公司里的角色。
(2) 彼得的 G4 团队成员之间是怎样彼此沟通的?
(3) 你认为比尔·兰博(Bill Lumbergh)的领导风格是怎样的?
(4) 概括该公司的企业文化。

六、课业评价标准

本章的课业评价标准如表 15-1 所示。

表 15-1　课业评价标准

评价项目	电影观看	课堂讨论
评价标准	专心,认真,有记录	理论运用得当;有针对性选择;发言踊跃;表达清晰
评分比重	40%	共60%,每项15%

文化是凝结在物质之中又游离于物质之外的,能够被传承的国家或民族的历史、地理、风土人情、传统习俗、生活方式、文学艺术、行为规范、思维方式、价值观念等。

企业文化或称组织文化,是一个组织由价值观、信念、仪式、符号、处事方式等组成的特有的文化形象。企业文化整个理论分为5个要素,即企业环境、价值观、英雄人物、文化仪式和文化网络。

企业文化的内容包括经营哲学、价值观念、企业精神、企业道德、团体意识、企业形象、企业制度。

文化冲突是指两种组织文化在互动过程中由于某种抵触或对立状态所感受到的一种压力或者冲突。

跨文化管理又称为交叉文化管理,即在全球化经营中,对子公司所在国的文化采取包容的管理方法,在跨文化条件下克服任何异质文化的冲突,并据以创造出企业独特的文化,从而形成卓有成效的管理过程。

企业文化是企业的灵魂,它是一种被全体员工所共同认同的基本价值观,直接决定着员工的行为方式,使员工产生主人翁意识和归属感,能在企业内形成一种向心力、凝聚力,在很大程度上减弱个人目标和企业目标的矛盾,阻止员工的离心倾向。

文化　企业文化　文化冲突　跨文化管理

复习思考题

1. 文化的概念是什么?
2. 什么是组织文化?组织文化是怎样形成的?
3. 企业文化的构成要素和主要内容有哪些?
4. 如何对企业文化进行分类?
5. 文化冲突的含义是什么?如何化解文化冲突?
6. 什么是企业跨文化管理?其重要性有哪些?
7. 企业文化重塑的意义是什么?
8. 观察并思考你们班级或宿舍来自不同省份的同学之间的文化习俗差异。

案例分析

企业文化案例分析：海尔文化（节选）

1. 海尔的"吃休克鱼"理论

人们习惯上将企业间的兼并比作"鱼吃鱼"，或者是大鱼吃小鱼，或者是小鱼吃大鱼。海尔吃的是什么"鱼"？海尔人认为，他们吃的不是"小鱼"，也不是"慢鱼"，更不是"鲨鱼"，而是"休克鱼"。海尔集团总裁张瑞敏说："我们的国情决定了中国的企业搞兼并重组不可能照搬国外的模式。由于体制的原因，小鱼不觉其小，慢鱼不觉其慢，各有所倚，自得其乐，缺乏兼并重组的积极性、主动性。所以大鱼不可能吃小鱼，也不可能吃慢鱼，更不能吃掉鲨鱼。活鱼不会让你吃，吃死鱼你会闹肚子，因此只有吃'休克鱼'。"

什么叫"休克鱼"？张瑞敏的解释是：鱼的肌体没有腐烂，比喻企业的硬件很好，而鱼处于休克状态，比喻企业的思想、观念有问题，导致企业停滞不前。这种企业一旦注入新的管理思想，有一套行之有效的管理办法，很快就能够被激活起来。

吃"休克鱼"的理论为海尔选择兼并对象提供了现实依据。海尔看重的不是兼并对象现有的资产，而是潜在的市场、潜在的活力、潜在的效益。如同在资本市场上买期权而不是买股票。海尔18件兼并案中，被兼并企业的亏损总额达到5.5亿元，而最终盘活的资产为15.2亿元，实现了低成本扩张。在海尔看来，红星厂属于"休克鱼"，海尔要以自己的企业文化激活"休克鱼"。

2. 统一企业文化，以无形资产盘活有形资产

1995年7月4日，在青岛市政府的支持下，红星厂整体划归海尔，连同所有的债务。海尔对红星厂的改造分两步走：第一步，在海尔企业文化中心的指导下，教育新员工接受海尔的企业文化，从原咨询认证中心派出质量控制人员；第二步，提高工作效率，海尔派出质量保证体系审核小组检查工厂的所有环节。

海尔集团认为盘活资产的关键在于盘活人，要"以无形资产盘活有形资产"。所以张瑞敏相信他找到了改变原红星员工观念的捷径：大力宣传海尔的文化价值及行为规范，当然，最大的困难是让他们认识并统一到海尔企业文化的目标上。在给新员工做过几次介绍海尔企业文化的讲话之后，企业文化中心主任认为，对兼并的企业重要工作是"你告诉他们什么是对的，什么是错的"，下一步就是找出好的和坏的行为例子，并将其转化为《海尔人》报纸上的故事，这样员工们就能记住和讨论。

在1995年7月5日——划归的第二天，海尔集团常务副总裁杨绵绵带领海尔的原咨询认证中心、资产管理中心、规划发展中心、财务中心以及企业文化中心五个部门的负责人到达了红星。他们向全体员工讲了话，解释了海尔的企业精神："敬业报国，追求卓越"。杨绵绵这位一直抓管理、抓质量的海尔高层领导讲述了海尔强调个人职责，追求最高质量信誉及实行岗位责任制。她讲述了只有通过公开竞争他们才能生存下去，重申工人们不应该由于红星衰落而受到指责，管理人员要负至少80%的责任。

8月,张瑞敏亲自向公司中层干部阐述了同样一个问题。他给他们讲了人力资本是生产力中最重要的因素。他概述了中层干部在企业发展中的职责,号召大家立即行动起来在每个营运环节(每个人及每笔交易)做好计划。

3. "范萍事件"与海尔文化的推进

海尔管理上有个"80/20原则"。企业里发生的任何一件过错,管理者都要承担80%的责任。兼并后的一周内,海尔集团公司对红星洗衣机的方方面面进行了初探。红星的不少干部深有感触地说,企业要发展,关键在于人,人的问题关键在于干部,红星厂干部的问题关键在于从来没有动真格的。

1995年7月12日,已经更名的海尔洗衣机有限总公司公布了一项处理决定:质检员范萍由于责任心不强,造成选择开关插头插错和漏检,被罚款50元。这时的洗衣机产品开箱和社会返修率与第一家电名牌的要求还有很大的差距。海尔管理者认为这绝不是范萍一个人造成的,主要是管理上的漏洞,使范萍由"偶然"变为"必然"。海尔要求掌握全局的管理干部要承担责任,先检查管理上的问题,即范萍的上级要负责任,只有这样才能使"范萍们"的错误减少。

《海尔报》在1995年7月19日点名指出:"范萍的上级应负什么责任?""范萍事件"引起强烈震动。在此之前,该厂从未因产品质量出问题而追究过其上级领导的责任,其他工作也一样,从未有"80/20原则"的思路。当然,多数工人认为这样做公平,因为"领导就必须承担领导责任"。海尔洗衣机分管质量的负责人对此触动很大,决定自罚300元,并做了书面检查。同时制定措施,从体系上对洗衣机的质量进行整改。

在海尔全新理念的导向下,原红星电器公司的一切工作都围绕市场展开。

——建立健全了质量保证体系,建立了行之有效的奖罚制度,使产品走向市场有了可靠的保证。

——建立高效运作机制,全面调整内部机构。撤销原来的34个处室,成立销售部、财务部、制造部、技术质量部、综合部和科研所,实行5部1所管理。按照"公开竞争、择优上岗"的原则,中层干部105人减至45人。尽管精简干部这一工作难度太大,但柴永森总经理还是坚持按海尔的文化模式调整了基层管理班子。

——改革干部制度,变"相马"式的干部提拔制度为"赛马"式的竞争制度。公开招聘、选拔一流人才,充实各部门的干部岗位,仅销售部门就招聘了50多位大专学历以上的营销人员。崭新的用人观念,调动了干部的积极性,给企业人才市场注入了活力,也使洗衣机营销系统寻找到新的启动点。

——调整销售战略,重塑市场信誉。根据国内市场和消费者的需求,克服种种困难,加大产量,将过去单纯面向国际市场的全自动洗衣机,也投放国内市场,并冠以朗朗上口的"小神童"新品牌;新开发了一种适销对路、大容量的气泡双桶洗衣机,起名为"小神泡"。两种新品牌产品投放全国各地市场后,一炮打响,供不应求,重新赢得了失去的洗衣机市场。

（资料来源：胡泳.张瑞敏管理日志[M].北京：中信出版社，2008）

思考题：

1. 结合本案例和第八章要求看的电影情节，归纳海尔的企业文化内容。

2. 张瑞敏在中国加入世界贸易组织的时候曾提出海尔狼文化的理念，要求企业要变成狼，再与狼共舞。结合本案例和之前一些章节的内容，谈谈你对狼文化的理解。

第十六章 企业伦理与社会责任

名人名言

法律是显露的道德,道德是隐藏的法律。

——[美]林肯

学习目标

1. 理解道德和伦理的含义及道德的主要特征;
2. 理解企业伦理的含义和内容;
3. 描述企业伦理的作用;
4. 解释企业社会责任的含义;
5. 描述社会责任标准 SA8000 的主要内容;
6. 分析企业社会责任和经济利益之间的矛盾及化解方法;
7. 解释企业管理哲学的含义;
8. 理解和谐管理的理念。

导入案例　▶▶▶　奶制品污染事件

2008年,中国奶制品污染事件是一起严重的食品安全事故。事故起因是很多食用三鹿奶粉的婴儿被发现患有肾结石,随后在其奶粉中被发现化工原料三聚氰胺。根据公布数字,截至2008年9月21日,因使用婴幼儿奶粉而接受门诊治疗咨询且已康复的婴幼儿累计39965人,正在住院的有12892人,此前已治愈出院1579人,死亡4人。另截至9月25日,中国香港有5人、中国澳门有1人确诊患病。事件引起各国高度关注和对乳制品安全的担忧。国家质检总局公布对国内乳制品厂家生产的婴幼儿奶粉的三聚氰胺检验报告后,事件迅速恶化,包括伊利、蒙牛、光明、圣元及雅士利在内的多个厂家的奶粉都检出三聚氰胺。该事件也重创中国制造商品信誉,多个国家禁止中国乳制品进口。9月24日,国家质检总局表示,牛奶事件已得到控制,9月14日以后新生产的酸乳、巴氏杀菌乳、灭菌乳等主要品种的液态奶样本的三聚氰胺抽样检测中均未检出三聚氰胺。2010年9月,中国多地政府下达最后通牒:若在2010年9月30日前上缴2008年的问题奶粉,不处罚。2011年,中国中央电视台《每周质量报告》调查发现,仍有七成中国民众不敢买国产奶。

本章从道德层面介绍组织的环境因素。首先讲道德、伦理、法律等基本概念及其关系,企业伦理道德的概念及其内容;然后讲企业社会责任,包括社会责任的国家标准规范;最后让大家思考企业管理哲学、和谐管理等理念。

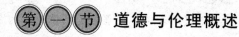 第一节　道德与伦理概述

一、道德与伦理的含义

道德(morality)是衡量行为正当的观念标准,是指一定社会调整人们之间以及个人和社会之间关系的行为规范的总和。一个社会一般有社会公认的道德规范。只涉及个人、个人之间、家庭等的私人关系的道德,称私德;涉及社会公共部分的道德,称为社会公德。

伦理(ethics)一般是指一系列指导行为的观念,是从概念角度上对道德现象的哲学思考。伦理不仅包含着对人与人、人与社会和人与自然之间关系处理中的行为规范,而且也深刻地蕴含着依照一定原则规范行为的深刻道理。

"伦理"一词在汉语中最早是分开使用的,从中文词源来看,"伦"有辈、条理、顺序、道理等含义,可以被引申为不同辈分之间、人与人之间的关系。"理"则指物质本身的纹路、客观事物的次序,也有事物的规律、得失的标准的含义。"伦""理"合在一起是指人与人

以及人与自然的关系和处理这些关系的规则。同"伦理"一词相同,"道德"一词在汉语中最开始时也是分开使用的。"道"最初的含义是道路,后来引申出方向、方法、道理、真理的意思。"德"的本意为顺应自然、社会和人类客观需要去做事。由于大道无言无形,看不见、听不到、摸不着,只有通过我们的思维意识去认识和感知它。"德"是"道"的载体,是"道"的体现。先秦以后,"道德"一词开始有了确定的含义,意指做人的品质、精神境界和人们共同生活及其行为的准则和规范。

在西方,"伦理的"和"道德的"两个词语分别来自希腊语和拉丁语,最初的词义均为"遵从习惯或习俗"。在现代,"伦理的"和"道德的"这两个术语又经常被当作"善"的代名词。

由以上释义可以看出,"伦理"与"道德"两词在含义上有很大的相同处,在生活中这两个词语也时常通用,甚至于"伦理道德"有时连在一起变成了一个概念。然而事实上,这两个词语之间却有着较大的差异。

首先,从两个词的取向来看,"道德"是一个褒义词,带有正面的价值取向;"伦理"则是一个中性词,无所谓褒义或贬义。在生活中,我们经常说一种做法是"不道德的",但很少说它是"不伦理的"。"伦理"一词作为一个偏学术性的词汇,很少用于生活中的评价性描述,也就不具有较明显的价值取向。比如,我们通常会说"一个有道德的人",而不会说"有伦理的人",同样我们也只会说"伦理学"而不会说"道德学"。其次,"道德"更存在于人的主观方面,更多地用于个人,有特殊性的意味。不论是社会中"道德"的标准还是对于一件事情"道德与否"的判断,都主要来源于个人的主观臆测;"伦理"则更偏向于社会普遍存在的客观标准,面向整个社会,强调共性和理性,适用于社会普遍事物。在日常用法中,道德更多用于人,更含主观、主体、个体的意味,而伦理则更具有客观、客体、社会、团体的意味。

二、道德、伦理与法律的区别

伦理是我们自身与外界各方面关系的应有状态和规范。道德是以善恶为评价标准,通过社会舆论、传统习俗和内心信念维系并发生作用的行为规范的总和。法律是由国家制定的且由法院适用,并由国家实施的行为规范。

道德不是法律,讲道德的人可能不守法,遵守法律的人却不讲道德。有的人逃过了法律的制裁,却遭到了"道德法庭"的审判。但法律却可以说是道德规范。道德与法律都具有时代特征,现今的法律就是对道德的进一步规范,也就是说现在的法律就是现代社会的基本道德标准。两者越来越重叠。

三、道德的特征

(一)共同性

道德有一定的共同性,它是指同一社会的不同阶级,甚至不同社会的不同阶级的道德之间,由于类似或相同的经济条件、文化背景和民族心理而存在着某类相似或相同的特性。

(二) 民族性

民族性是一个民族区别于其他民族的个性特征,包括民族的精神、气质、心理、感情、性格、语言、风俗、习惯、趣味、理想、传统,以及生活方式和理解事物的方式等诸多方面。不同民族间道德的原则标准也有所不同。

(三) 历史继承性

道德与其他观念一样,既有发展的一面,又有继承的一面。

(四) 自律性

道德主体借助于对客观世界的认识,借助于对现实生活条件的认识,自愿地认同社会道德规范,并结合个人的实际情况践行道德规范,从而把被动的服从变为主动的律己,把外部的道德要求变为自己内在良好的自主行动。

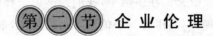 企 业 伦 理

一、企业伦理的概念

企业伦理(enterprise ethics)又称企业道德,也称商业伦理(business ethics),是企业经营本身的伦理。不仅企业,凡是与经营有关的组织都涉及伦理问题。只要由人组成的集合体在进行经营活动时,在本质上始终都存在着伦理问题。一个有道德的企业应当重视人性,不与社会发生冲突与摩擦,积极采取对社会有益的行为。

二、企业伦理的内容

企业伦理的内容依据主题可以分为对内和对外两部分。

(一) 企业与员工间的劳资伦理

劳资伦理的内容包括劳资双方如何互信、劳资双方如何拥有和谐关系、如何加强职业训练等。

(二) 企业与客户间的客户伦理

客户伦理的核心精神是满足顾客的需求,顾客是企业经营的主角,是企业存在的重要价值。客户伦理中最主要是服务伦理。服务的特质包括无形性(intangibility)、不可分割性(inseparability)、异质性(heterogeneity)与易逝性(perishability)。

(三) 企业与同业间的竞争伦理

竞争伦理包括不削价竞争(恶性竞争)、不散播谣言(黑函、恶意中伤)、不恶性挖角、不窃取商业机密等。

(四) 企业与股东间的股东伦理

企业最根本的责任是追求利润,因此企业必须积极经营、谋求更多的利润,为股东创造更多的权益。为此,企业必须清楚地区分经营权和所有权,让专业经理人充分发挥才干,确保公司营运自由。

(五) 企业与社会间的社会责任

企业与社会息息相关,企业无法脱离社会而独立运作。企业要重视社会公益,提升企业形象,谋求企业发展与环境保护之间的平衡。

(六) 企业与政府间的政商伦理

政府的政策需要企业的配合与支持,企业不但要遵守政府相关的法规,更要响应与配合政府的政策。

三、伦理道德在企业经营管理中的作用

伦理道德以其特有的社会功能对企业发展施以影响。在企业内部,伦理道德规范作为一种校正人们行为及人际关系的软约束,能使企业人员明确善良与邪恶、正义与非正义等一系列相互对立的道德范畴和道德界限,从而具有明确的是非观、善恶观,提高工作效率和道德水准。伦理道德以其规范力量,有助于企业确立整体价值观和发扬企业精神,有助于群体行为合理化,提高群体绩效。没有伦理道德素质的普遍加强,最终将妨碍企业发展的力度和速度,甚至将企业引上歧路。

在企业经营管理过程中,伦理道德发挥着以下作用。

(1) 崇高的企业目标为企业发展指明了正确的方向。将企业的发展目标与国家、民族乃至人类社会的发展相联系,这一崇高的企业目标赋予了企业一种庄严的使命感,为企业发展指明了方向。

(2) 提高员工的道德素质有利于企业人力资源和物质资源的配置。

(3) 管理者运用伦理手段可以调动员工的积极性和创造性,有利于企业在竞争激烈的市场中立于不败之地。

(4) 管理者的人格魅力可以增强企业的内聚力。管理者的人格魅力主要由管理者的道德素质决定,它能产生威信,使管理者赢得员工的信任,有助于二者之间的沟通;它能产生感染力和号召力,使员工产生一种归属感、安全感、责任感,并进一步转化为对企业的忠诚,产生强大的内聚力。

(5) 产品伦理道德内涵是企业立足社会的保证。产品质量、企业信誉和服务是一个企业立足社会的三大要素,产品伦理道德内涵意味着企业在生产经营过程中坚持一流的产品意识,坚持信誉高于一切和坚持一流的服务意识和行动。

(6) 注重社会效益是企业长期发展的动力。企业在追求经济效益的同时,还要注重社会效益。企业不仅要为社会提供优质的产品和服务,还要积极参与社会公益活动,履行社会责任,从而树立良好的企业形象。

(7) 高尚的道德觉悟是企业间竞争与合作的基础。

四、企业伦理是现代企业制度和管理中不可缺少的软件

企业伦理之所以成为现代企业存在和发展的重要条件，就是因为企业伦理是现代企业制度和管理中不可缺少的软件。

首先，企业伦理是企业正确认识和处理它在社会上、市场上的角色、功能、责任、义务所不可缺少的，可以为企业正确处理它和社会、生态环境之间的关系提供正确的指导原则。企业作为一种生产经营单位，它的经济功能是为社会、为市场提供有益的商品和服务。但是，企业在提供商品和服务的过程中，会对社会和生态环境产生各种影响，有些影响是消极的、负面的，社会为克服或忍受这种消极的、负面的影响，常常要支付一定的社会成本。这就要企业对社会、对环境承担一定的义务和责任，要求企业分清有益和有害、正当和不正当、合理和不合理的伦理道德界限，要求企业提供有益的而不是有害的供求，采取正当的而不是不正当的手段，获取合理的而不是不合理的利润和效益，要求企业正确处理经济效益、社会效益、环境效益三者之间的关系。

企业伦理可以为企业处理上述问题和关系提供一种基本的理念、原则和方法，在企业和社会、环境之间建立一种融洽、和谐、协调发展的关系。这种关系既是现代社会、现代市场经济发展所需要的，也是现代企业发展所需要的。在当代社会文化条件下，我们已经不能设想，一个同社会、环境处于尖锐矛盾、对立的企业能够生存和发展下去；我们已经看到，那些对环境造成了严重污染的企业、那些违法经营的企业已经越来越难以逃脱法律的制裁和社会舆论的谴责。现代企业在社会上、市场上的竞争已不仅是经济上的竞争，还是社会效益、环境效益上的竞争，是精神文化、伦理道德、文明程度上的竞争。在经济效益相同的情况下，社会、市场肯定会选择那些具有更好的社会效益和环境效益、具有更好的思想道德文化的企业；在经济效益和社会效益、环境效益发生冲突和矛盾的情况下，人们已更加清楚地认识到，为了一时的经济效益而牺牲社会效益、环境效益，在根本上是不利于经济和社会的持续发展的。

其次，企业伦理是正确处理企业内部各种关系、化解企业内部的各种矛盾、增强企业内部的团结和凝聚力所不可缺少的。现代企业在管理过程中首先会碰到投资者、经营者、劳动者三者之间的责权利关系问题，这牵涉到如何认识和评价资本、劳动、管理在企业生存和发展中的地位和作用，也牵涉到如何在分配过程中恰当地处理三者之间的利益关系，处理不当就会侵犯某一方的正当利益，影响某一方的积极性，而任何一方的正当利益受到侵犯、积极性受到影响，都不利于企业的生存和发展。

然而，解决这类问题的复杂性还在于，这三者在生产经营过程中的贡献及相应的利益关系，并不是完全能够依据技术原则、经济原则精确地定量确定的，目前已经采用的各种定量计算的方法实际上都存在着不确定的、不准确的方面。因此，在处理这三者关系时，还不同程度地要依赖伦理道德原则，即在进行分配时，既要从技术原则、经济原则出

发，根据三者的贡献去分配三者之所得，又要使三者所得的差距符合伦理道德上的公正合理的原则。

现代企业管理过程中还碰到如何对待人和机器的关系问题。现代社会化大生产企业一般都是机械化乃至自动化的企业，人（无论是劳动者还是管理者）往往成为机械化、自动化机器体系中的一种附件。这就提出了一个问题：是把人作为机器体系的一个组成部分加以管理，还是把人同机器体系区别开来加以管理。如果按照前一观点去管理，有可能忽视人所具有的特殊性；如果按照后一观点去管理，有可能违反机器体系所具有的运动规律。显然，解决这个问题，除根据技术原则、经济原则外，还要根据伦理原则。在按照技术原则、经济原则把人整合到机器体系中时，要考虑对人的要求的伦理合理性；在按照科学的、技术的、经济的原则对生产经营过程进行严格管理，以求得最有效地利用资源并获得高效率、高效益时，不能违反尊重人的尊严、人格及各种基本权利的伦理原则。

近年来，在私营企业、三资企业、外资企业中，都不断发生在所谓严格管理的借口下侵犯人的尊严、践踏人的人格、破坏人的各种基本权利的事件。有些商业企业为防止商品丢失、被盗，在商店中贴出了严重伤害顾客精神和心灵的不文明的刺激性用语。这些现象的存在表明，明确严格管理的伦理界限在我国今天还是很有现实意义的。物质利益原则是现代企业管理中重要的激励原则，因为人们进入企业获得一份工作，在现阶段来说主要目的还是谋生，是为获得一定的经济报酬和物质利益。但是人们到企业来工作劳动还有各种社会的、精神文化的、伦理道德上的需要和追求，人们希望企业不仅是一个劳动场所，还是一个人们接触社会、交往他人的社交场所，要求企业、车间、办公室不仅具有工作劳动的环境，而且具有精神的、文化的、伦理道德的氛围。这就要求我们在管理中除贯彻物质利益、经济报酬的原则外，还要加强企业文化、企业精神、企业伦理的建设和培育，使人们在企业劳动和工作中同时得到文化上、精神上、伦理道德上的满足、完善和发展。

有必要指出，现在不少企业家对伦理道德在企业内部管理和建立现代企业制度中的重要性，还没有充分足够的认识。中国零点市场调查与分析公司所做的调查表明，在被调查的300位企业家中，有50％的人认为商业道德的作用主要表现在企业和客户的交往中，有19.7％的人认为主要表现在企业的形象上，而只有4.7％的人认为应该表现在企业和员工的关系中，只有2％的人认为应表现在企业和主管部门的交往中，只有3.3％的人认为应表现在企业领导人的自我修养上，只有5.3％的人认为应表现在企业员工素质的提高上。这说明，我们仍然需要通过各种形式向企业家们宣传企业伦理在企业内部管理上的重要性。

总之，现代企业制度不过是处理企业内外各种关系的原则、方式、方法的经常化、持久化、稳定化、制度化的体现。它的建立和完善既要有经济上、技术上的根据，又要有伦理道德、社会文化上的根据。现代企业制度必须在经济上是有效率的，在技术上是科学的，在社会文化上是文明进步的，在伦理道德上是公正合理的。因此，企业伦理建设是建立和完善现代企业制度所不可缺少的基础建设、软件建设,企业伦理中的根本原则应成为现代企业制度理论基础中的重要构件,企业伦理中的各种具体规范、规则应成为现代企业制度的一部分,从事企业伦理建设的组织机构应成为现代企业组织管理机构的组成部分。可以这样说,经济伦理、企业伦理将具有日益显著的地位,发挥日益重要的作用,这是当代市场经济和企业发展的一种明显的不可阻挡的历史趋势。

 企业社会责任

一、企业社会责任的概念

企业社会责任(corporate social responsibility,CSR)是指企业在创造利润、对股东承担法律责任的同时,还要承担对员工、消费者、社区和环境的责任。企业的社会责任要求企业必须超越把利润作为唯一目标的传统理念,强调要在生产过程中对人的价值的关注,强调对环境、对消费者、对社会的贡献。

随着经济和社会的进步,企业不仅要对盈利负责,而且要对环境负责,并承担相应的社会责任。

二、社会责任原则

联合国全球盟约要求各企业在各自的影响范围内遵守、支援、实施一套在人权、劳工标准及环境方面的十项基本原则。这些基本原则来自《世界人权宣言》、国际劳工组织的《关于工作中的基本原则和权利宣言》以及《里约环境与发展宣言》,涉及以下四个方面的内容。

(一) 人权方面

(1) 企业应该尊重和维护国际公认的各项人权。

(2) 保证不与践踏人权者同流合污。

(二) 劳工标准方面

(1) 企业应该维护结社自由,承认劳资集体谈判的权利。

(2) 彻底消除各种形式的强制性劳动。

(3) 消除童工。

(4) 消除就业和职业方面的歧视。

(三) 环境方面

(1) 企业界应支持采用预防性方法应付环境挑战。

(2) 采取主动行动促进在环境方面更负责任的做法。

(3) 鼓励开发和推广环境友好型技术。

(四) 反腐败

企业界应努力反对一切形式的腐败,包括敲诈和贿赂。

三、社会责任标准

社会责任标准[Social Accountability 8000(SA8000)]是依据国际劳工组织条例所建立的国际性社会责任标准,包括以下几方面的内容。

(一) 童工

(1) 不得雇用童工。
(2) 现有童工的教育。
(3) 童工保护措施与工时限制。
(4) 禁止危险的工作环境。

(二) 强迫性劳动

禁止强迫劳动。

(三) 健康与安全

(1) 提供安全环境的义务。
(2) 管理代表指派。
(3) 职安卫训练实施。
(4) 建立危害侦测、规避与回应的机制。
(5) 提供卫生设施及饮用水。
(6) 有宿舍时要确保安全卫生。

(四) 结社自由及集体谈判权利

(1) 自由参加工会以及集体谈判权利。
(2) 协助结社的机制。
(3) 禁止歧视工会员工。

(五) 歧视

(1) 禁止就业歧视。
(2) 尊重信仰和风俗的权利。
(3) 禁止性骚扰。

(六) 惩戒性措施

禁止体罚、精神或肉体惩罚措施与言语侮辱。

(七) 工作时间

(1) 遵守法定正常工时及延时规定。
(2) 禁止强迫加班。
(3) 依集体协定要求弹性加班。

（八）报酬

(1) 满足基本工资。

(2) 不因惩戒扣薪。

(3) 保证不规避员工照雇义务。

第四节 企业管理哲学与和谐管理

一、企业管理哲学

管理哲学一般是指科学管理中的普遍原理、原则和哲学观。《企业管理百科全书》认为,管理哲学是指最高管理者为人处世的信仰和价值观等。

企业管理哲学的集中体现就是管理价值观。管理价值观即管理情景下的价值取向,是指在管理实践中形成的对管理现状、管理环境、管理对象、管理目标、管理结果和管理发展的价值前提。管理人员的管理价值观不同,其管理实践活动也不同。例如,决策者在战略决策、领导风格、人力资源管理模式等方面,都体现自己的价值取向。价值观是员工理解工作性质、工作过程、期望得到的待遇等方面的中心成分和倾向。当工作活动与深层次的价值取向不一致时,就会感到不满意、不舒服、缺乏归属感,进而产生冲突。

企业的社会责任和经济利益往往存在一定的冲突,处理两者的关系属于哲学问题,关乎管理价值观。一般认为,企业诞生和发展初期以追求经济利益为主,靠的是企业家的智慧和冒的风险,往往忽视对社会责任的担当。当企业逐步成长壮大后,企业从社会获取的资源越来越多,回馈社会、承担一定的社会责任逐渐成为必然,大的企业家往往也是大的慈善家就是这个道理。这其中也需要企业在追求经济利益和承担社会责任之间注意权衡。当企业成为有实力的明星企业后,企业家也同时提升自己的境界,尽社会责任成为永远的第一位的目标,在承担社会责任的同时,企业不断获取经济利益,两者构成良性循环。

二、和谐管理

和谐管理(harmonious management)是组织为达到目标,在变动的环境中,围绕和谐主题的分辨,以优化和削减不确定性为手段,提供问题解决方案的实践活动。

和谐管理的内容包括以下五个方面。

（一）企业与环境和谐

所谓企业与环境和谐,就是企业的发展不能以牺牲环境为代价,也不能以牺牲有限的资源为代价,更不能以职工的健康为代价。目前,节能降耗和环境污染问题已引起了各国政府的高度重视,不管在什么地方,再走"高能耗、高污染、低产出"的"粗放式经营"

老路是不行的,再走"用职工的健康和生命换取社会财富"的老路也是不行的。

(二) 企业与社会和谐

企业存在于社会之中,企业活动于社会之上,因此企业与社会和谐十分重要。与社会和谐,第一表现在与邻里的关系上,第二表现在社会责任上。与邻里的关系就是要同邻里搞好关系,不能以邻为壑,更不能与邻为仇。表现在社会责任上,就是企业要为社会多作贡献,遵纪守法,以树立企业形象。

(三) 企业与市场和谐

这表现在产品的质量和性能、营销服务、售后服务等几个方面。

产品是不是适销对路,花色品种和质量是否能满足顾客的要求?至于见利忘义搞假冒伪劣,甚至添加有毒有害物质以获取暂时性的效益和搞阴谋诡计以损人利己,并不可取。双赢和多赢才是最好的结果。

营销服务表现在对顾客的尊重上,常说顾客是上帝,要真正使顾客有上帝的感觉。

在售后服务上,有的在销售时吹得天花乱坠,兑现时百般推诿,这对企业的形象损害是很大的。夸张宣传和霸王条款都是不可取的。诚信是企业进入市场的通行证,缺乏诚信的企业是走不远的。虚假广告即使可以得逞一时,但不可能永远得逞,触犯了刑律是要负法律责任的。

(四) 企业与政府和谐

政府是自然资源和社会资源的管理者,在经济发展中处于举足轻重的地位。任何企业要想长远发展,都需要和政府和谐相处,遵守政府法规。

(五) 企业与职工和谐

企业虽有老板和职工之分、管理人员同一般职工之别,但企业仍然是一个利益共同体。只有利益兼顾的企业才可能和谐。企业要创造利润,老板要赚钱,但绝不能以损害职工的利益为代价。因此,那种为了减少成本而刻意创造恶劣的工作环境,为利润最大化而任意增加职工劳动时间,为减少职工所得而采取的高处罚,以及为缓解经营压力而任意裁员都是不可取的。

一、课业任务

每人介绍一位现实生活中讲诚信守道德的企业家或企业领导。将素材整理成PPT演示文稿,在课堂上交流,最后全班投票评比,列出排名榜单。

二、课业目的

理解、巩固所学的知识,锻炼查询资料能力和演示技能,提升个人道德情操。

三、课业要求

收集资料、结合理论知识,将材料整理成 PPT 格式,提交 PPT 大纲打印版。

四、理论指导

学习并理解道德的含义、企业伦理、企业社会责任、道德和利润的关系等。

五、课业操作

每人选定一位有记载的企业家(尽可能全班不重复,由教师协调),收集他关于慈善、道德、公益活动的资料,整理成 PPT,提交打印大纲。课堂交流,同学投票对企业家评比排名。准备时间为 2 周。演示利用业余时间。每人 5 分钟。

六、课业评价标准

本章课业评价标准如表 16-1 所示。

表 16-1 课业评价标准

评价项目	课业选题	理论运用	演示环节	PPT 质量
评价标准	事例详尽	理论运用得当,有针对性选择	有逻辑性,技巧得当	内容突出,影音图像并茂,排版合理
评分比重(%)	20	30	30	20

本章小结

道德是衡量行为正当的观念标准,是指一定社会调整人们之间以及个人和社会之间关系的行为规范的总和。伦理一般是指一系列指导行为的观念,是从概念角度上对道德现象的哲学思考。它不仅包含着对人与人、人与社会和人与自然之间关系处理中的行为规范,而且也深刻地蕴含着依照一定原则规范行为的深刻道理。

道德不是法律,道德与法律都具有时代特征,现今的法律就是对道德的进一步规范,也就是说现在的法律就是现代社会的基本道德标准。两者越来越重叠。

企业伦理又称为企业道德,也称商业伦理,是企业经营本身的伦理。

企业社会责任是指企业在创造利润、对股东承担法律责任的同时,还要承担对员工、消费者、社区和环境的责任。企业的社会责任要求企业必须超越把利润作为唯一目标的传统理念,强调要在生产过程中对人的价值的关注,强调对环境、消费者、对社会的贡献。社会责任标准(SA8000)是依据国际劳工组织条例所建立的国际性社会责任标准。

管理哲学一般是指科学管理中的普遍原理、原则和哲学观。《企业管理百科全书》认为,管理哲学是指最高管理者为人处世的信仰和价值观等。

和谐管理是组织为达到其目标,在变动的环境中,围绕和谐主题的分辨,以优化和消减不确定性为手段,提供问题解决方案的实践活动。

重要概念

道德　伦理　企业伦理　企业社会责任　社会责任标准(SA8000)　管理哲学　和谐管理

复习思考题

1. 道德和伦理分别指的是什么?道德的主要特征有哪些?
2. 企业伦理道德是指什么?它包含哪些具体内容?
3. 企业伦理道德对企业管理和长远发展有什么作用?
4. 什么是企业的社会责任?企业的社会责任包含哪些内容?
5. 简述社会责任标准(SA8000)的主要内容。
6. 企业社会责任和经济利益之间有矛盾吗?如果有,你认为应如何化解?
7. 如何理解和谐管理的理念?请举例说明。

案例分析

全球最道德企业:麦当劳落榜,苹果从未入围

什么企业是道德的?位于美国纽约的国际智库道德界协会(Ethisphere Institute)给出了答案。最近,该机构发布了本年度全球最具商业道德企业名单,145家企业脱颖而出,被列为推广商业道德标准的领导者。这些公司大部分来自美国,只有不到1/3的公司来自美国以外。中国消费者所熟悉的公司如微软、eBay、百事可乐、欧莱雅、星巴克等公司纷纷上榜。

1. 道德与利润不矛盾

这已是该协会连续六年发布这一榜单。记者发现,今年参评的企业数目为历年最多,包括近50个行业的约5000家企业。

"这表明企业渴望受到高道德标准的认可。"《福布斯》曾这样解释参评企业年年增多的现象。"我们从全球最道德企业名单的认可中获得了多种益处,其中包括因为获得第三方的认可而维持了客户关系,并且提高了员工的士气。"多位企业CEO的如是表态也从另一方面解释了它们为何会认可企业道德榜。

有研究表明,技能最熟练的员工通常倾向于为有道德的企业工作,而入选最道德企业的公司不仅是各行各业遵守道德的典范,而且他们的利润通常比普通的公司高,这显示了坚守道德标准与企业赚取利润并不矛盾。

记者发现,上榜的企业中,有23家公司已是连续六年登上这个榜单,如美国运通、通用电气、星巴克等。道德界协会出版的季刊 Ethisphere 总编辑斯蒂凡·林森告诉《国际先驱导报》,这些公司持续上榜有很多理由,而他们受到推崇的行为也因为行业不同而有不同。他们的共性在于对供货商行为有严格的监管;公司上下在遵守约定和道德方面有着明确的目标;公司内部在强调道德方面态度明确而一致;对于自身在履行企业社会责任方面的行动和努力的披露方面很透明;对于企业道德在推动整个公司的进步上所扮演的角色有着清晰的理解。

林森表示,上榜的每家公司都施行了一些独特的方案,从而使其从行业竞争者中脱颖而出。比如全球最大的服装零售商美国 Gap 公司关注整个供应链的人权和社会纠纷;福特汽车公司关注全线汽车的燃料效率;英特尔公司则一直"与来自冲突地区的原材料战斗",力图避免其原料采购会成为冲突地区反人道主义势力的资金来源,并支持实现工作场所多元化;通用电气拥有众多卓越的方案,以及一个用于公司道德衡量的有效工具。

2. 有新来的,也有落榜者

自2007年道德界协会推出这一年度奖项以来,获奖企业数量呈逐年递增趋势,从六年前的不足100家企业发展到今年的145家。

记者发现,软件业巨头微软直至2011年才得以登上该榜单,在此前长达4年的时间里,微软均与"道德"无缘。针对这一变化,林森解释说,在他们最初编制榜单时,微软正深陷于有关不信任的法律纠纷中,因此它没能登上榜单。近年来,微软已经付出有效的努力,包括通过其基金会来支持全球的非营利机构,积极赞助联合国全球契约人权项目,并建立 CREATe.org 网站推进全球范围的正当的知识产权保护。

较受关注的还有,连续多年登上道德榜单的汽车业巨头日本丰田公司和餐饮业老大麦当劳均在2010年黯然消失。追溯上一年度的新闻,不难发现:2009年年底,丰田汽车因脚垫滑动卡住油门踏板缺陷,陷入"召回门",这让数代丰田人苦心经营的"重质量、重信誉"的品牌形象遭受到严峻考验,也使丰田在美国形象尽毁,至今仍未能重回"全球最具道德企业"榜单。

而麦当劳也同样受到负面事件困扰。美国营养师布鲁索把从麦当劳餐厅买回来的儿童餐打开,放在家里的架子上,一年之后拍摄的照片显示,除了汉堡牛肉排萎缩和面包坯干裂外,外形上看薯条和汉堡竟然没有明显变化。这一事件使麦当劳被指责其食品含有过多的防腐剂。而麦当劳公司的名字也从"全球最具道德企业"榜单中应声滑落,至今仍与"道德"无缘。

林森对于有公司落榜的原因不愿做详细解释,笼统表示,一些公司落榜的原因通常包括新的或大的诉讼,或者在提升道德实践方面落后于行业内的其他公司。

3. 有些知名企业从未上榜

更值得关注的是,最近几年备受关注的明星品牌苹果,从未出现在"最具商业道德企业"的名单中。有媒体评价说,这可能与苹果的经营理念有关。乔布斯回归苹果之后,做了很多惊人改变，其中重要一项就是终止所有慈善项目以"增加利润"，因此被称为"美国最不慈善公司"。他说："等到我们盈利以后再说吧。"现在苹果盈利了，但对慈善事业仍不积极。

据公开报道，在去年"3·11"日本特大地震和海啸灾难后，微软、谷歌等科技巨头都纷纷捐款。而苹果公司仅仅是在iTunes中开通了向日本地震海啸捐款的基金，让希望给日本捐款的用户可以通过iTunes进行从5美元到200美元等不同额度的捐款，并承诺100%的捐款将捐给日本的红十字组织。

此外，苹果公司海外代工厂的劳动环境也备受美国媒体和消费者的谴责与抗议。有媒体评价指出，苹果在全球不断"敛财"却没有做到身为国际大企业应尽的社会责任，"索取"无限而"贡献"微薄，难免无法上榜。

林森不愿对此做过多解释，"苹果在很多方面都做得很好。在新的CEO库克领导下，我们相信，他们将比之前更加关注供应链环境的监管、企业社会责任等。"

或许由于企业文化是专注于监管要求和交易规则，并寻找规则的漏洞从而获利，华尔街的各大投行机构从未出现在榜单中。林森表示，缺乏透明度是这些公司的共性。"我们期待他们能很快上榜。"

（资料来源：帅蓉.谁是全球最道德企业？http://jingji.cntv.cn/20120416/113180.shtml）

思考题：

1. 为什么案例中的道德企业榜单鲜见知名企业？
2. 如何理解案例中提到的道德和利润不矛盾的观点？

第十七章 变革与创新管理

名人名言

变化才是唯一不变的真理。

——吴淡如

学习目标

1. 理解变革的含义及变革的不同方式;
2. 描述列文变革模型的含义及其变革过程;
3. 解释变革管理的主要原则;
4. 讨论创新的意义和主要方法;
5. 比较几种主要的企业创新战略。

 电子商务

全球首富比尔·盖茨曾说:"21世纪要么电子商务,要么无商可务。"阿里巴巴创始人马云也曾说过:"现在你不做电子商务,五年之后你必定会后悔。"二人的话虽然有些绝对,但也反映了未来的趋势。传统商城的销售正在被电子商务分流,电子商务未来会代替一部分传统商城的功能。就目前的形势来看,电子商务引导全球商品经济已是大势所趋。

市场经济崇尚竞争,在日趋激烈的竞争中,企业如何保持不败越来越重要。变革和创新成为企业永恒的话题。本章从变革的含义、变革的原因出发,讲述企业为什么要变革和创新,企业如何应对变革,如何鼓励创新,最后介绍几种主要的企业创新战略。

 组织变革及其管理

一、组织变革的含义及原因

(一)组织变革的含义

作为动词,变革是指改变事物的本质。组织变革(organizational change)是指运用行为科学和相关管理方法,对组织的权利结构、组织规模、沟通渠道、角色设定、组织与其他组织之间的关系,以及对组织成员的观念、态度和行为,成员之间的合作精神等进行有目的的、系统的调整和革新,以适应组织所处的内外环境、技术特征和组织任务等方面的变化,提高组织效能。

(二)组织变革的原因

企业的发展离不开组织变革,内外部环境的变化、企业资源的不断整合与变动,都给企业带来了机遇与挑战,这就要求企业关注组织变革。导致组织变革的原因包括以下几个方面。

1. 企业经营环境变化

企业所处的经营环境总是不断在变化,诸如国民经济增长速度的变化、产业结构的调整、政府经济政策的调整、竞争观念的改变、科学技术的发展引起产品和工艺的变革等。企业外部环境的变化必然要求企业组织结构作出适应性的调整。

2. 组织内部条件变化

企业内部条件的变化主要包括以下四个方面。

(1)技术条件的变化,如企业实行技术改造,引进新的设备,这就要求技术服务部门

的加强,以及技术、生产、营销等部门的调整。

(2) 人员条件的变化,如人员结构和人员素质的提高等。

(3) 企业组织结构的变化,如企业增设部门、增加管理层级等。

(4) 管理条件的变化,如实行计算机辅助管理、实行优化组合等。

3. 组织成长要求

企业处于不同的生命周期时,对组织结构的要求也各不相同,如小企业成长为中型或大型企业,单一品种企业成长为多品种企业,单厂企业成长为企业集团等。

二、组织变革的方式

对于企业组织变革的必要性,有这样一种流行的认识:企业要么实施变革,要么就会灭亡。然而事实并非总是如此,有些企业进行了变革,反而加快了灭亡。这就涉及组织变革方式的选择。本书将比较两种典型的组织变革方式:激进式变革和渐进式变革,即聚变和渐变。激进式变革力求在短时间内,对企业组织进行大幅度的全面调整,以求彻底打破初态组织模式,并迅速建立目的态组织模式。渐进式变革则是通过对组织进行小幅度的局部调整,力求通过一个渐进的过程,实现初态组织模式向目的态组织模式的转变。

(一) 激进式变革

激进式变革能够以较快的速度达到目的态,因为这种变革方式对组织进行的调整是大幅度的、全面的,所以变革过程就会较快。与此同时,大幅度的、全面的变革会导致组织的平稳性差,严重的时候会导致组织崩溃。这就是许多企业的组织变革反而加速了企业灭亡的原因。与之相反,渐进式变革依靠持续的小幅度变革来达到目的态,即调整量小,但波动次数多,变革持续时间长,这样有利于维持组织的稳定性。两种方式各有利弊,也都有着丰富的实践,企业应当根据组织的承受能力来选择企业组织变革方式。激进式变革的一个典型实践是"全员下岗、竞争上岗"。

(二) 渐进式变革

渐进式变革是通过局部的修补和调整来实现的。这种方式的变革对组织产生的震动较小,而且可以经常性地、局部地进行调整,直至达到目的。这种变革方式的不利之处在于容易产生路径依赖,导致企业组织长期不能摆脱旧机制的束缚。

激进式变革与渐进式变革的主要区别如表17-1所示。

比较企业组织变革的两种典型方式,企业在实践中应当加以综合利用。在企业内外部环境发生重大变化时,企业有必要采取激进式组织变革以适应环境的变化,但是激进式变革不宜过于频繁,否则会影响企业组织的稳定性,甚至导致组织的毁灭。因而,在两次激进式变革之间,在更长的时间里,组织应当进行渐进式变革。

表 17-1　激进式变革与渐进式变革的主要区别

项　目	激进式变革	渐进式变革
发起人	来自组织高层	来自组织中层
动因	外部(客户、对手、政策)	内部(员工、技术、管理)
方式	偶发的突变	持续的改进
节奏	节奏快、跳跃	节奏慢、稳健
广度	整个组织	组织局部
风险	风险高	风险低
绩效	有很大改善和进步	小幅、局部改善和进步

三、变革管理的含义及其原则

(一) 变革管理的含义

变革管理(change management)即当组织成长迟缓，内部不良问题产生，无法因应经营环境的变化时，企业必须作出组织变革策略，将内部层级、工作流程及企业文化进行必要的调整与改善管理，使企业顺利转型。

(二) 变革管理的主要原则

变革是必需的，又是有风险的，所以变革必须遵守一些基本的原则。变革管理的主要原则有以下几种。

1. 变革管理中"人性化的一面"

任何重大的变革都会产生"人的问题"：新的管理者被提升，工作内容随之变化，需要学习提高新的技巧和能力，而员工们态度暧昧，甚至可能会有抵触情绪。变革管理的方式，应该建立在对企业历史、变革前的准备，以及容纳变革能力的理性评估之上。

2. 从最高领导者开始

对于企业内部各个层次的员工来说，变革都是容易令人忐忑不安的。当变革即将到来时，所有人的目光都会投向 CEO，寻求来自领导层的力量、支持和指引。领导者们要身体力行，积极采纳新的方式，给下属们以挑战和激励。他们必须统一号令，并以身作则。领导者们还需要懂得，即便他们在公众中的对外形象是统一的，企业的变革还是要由那些一个个迥然相异的内部员工们最终完成。

3. 将各个层面的员工都带动起来

当企业的变革项目从初期的制定战略、明确目标，逐渐开展到具体方案设计和实施执行时，变革将影响整个公司的不同层面。在变革的措施中，需要在内部明确指定各级层次的领导者，然后将设计和实施执行的责任层层下放。这样，变革才能自上而下地顺利展开。在公司内部的每一个层面上，经过培训的被指定领导者，必须从公司愿景出发，严格执行自己的使命，让变革落到实处。

4. 将企业变革正规化

员工天生都是理智的，他们会问：怎样程度的变革才是公司需要的？公司是不是行进在正确的方向上？我们个人是不是值得致力于使转变切实发生呢？他们会向领导层去寻求答案。将企业变革描述成一种正式、正规的重大事件，并将公司的愿景以书面形式公布出来，对于统一领导层与下属团队的思路、促进整体团队协作来说，是非常好的机会。

这个过程可以通过三步完成：首先，正视现实，着重强调变革的重要性；其次，对公司持续发展的未来和达成目标表现出坚定的信念；最后，为指导变革实施的行动和决策提供一张路线图。领导者们需要针对公司内部的不同受众，用不同的方式传达变革的信息，使即将到来的变革与企业中的每个人切身相关。

5. 培养主人翁意识

主持企业变革项目的领导者，需要在变革期间有超水平的发挥，以一个企业变革倡导者甚至是狂热分子的形象，让大多数员工树立对变革的认同感，而非简单应允甚至被动地接受。主持企业变革，需要高层管理者们拥有主人翁意识，在自己的影响力范围内承担起责任。这就要求他们引导员工发现问题并提出解决方案，同时附以刺激性的激励和回报。激励的形式既可以是物质的（如津贴），也可以是精神上的（如伙伴情谊，与公司同命运的精神）。

6. 及时、有效地沟通信息

在很多情况下，变革的领导者们都容易犯一个错误：他们认为公司里的其他人员也同他们一样，深刻地理解了变革的必要性，看清了变革的方向。然而，事实并非如此。

在最佳的变革方案中，必定包含经常、及时地对核心问题进行重申和阐述。沟通需要自下而上、顺畅地进行，在适当的时候向员工们传达适当的信息，同时征求意见和反馈。一般来说，这可能需要通过多种渠道，进行大量甚至是重复性的沟通。

7. 对公司文化进行评估

成功的企业变革计划在自上而下地开展时，会逐渐提升实施速度和强度。因而，领导者在每一个层次上对企业文化的理解和主导变得十分重要。企业在变革期间常犯的错误是，太晚或是从不进行企业文化的评估。彻底地评估企业文化，有助于评价是否为即将到来的变革做好充分准备，找出主要问题，明确内部冲突。

对企业文化的"诊断"能够确立核心价值、信念、行为和感知，这些都是实施成功的变革所必须考虑的因素。它们作为重新设计企业的基本元素，对于确立新的企业愿景、建设变革所需的基础设施和项目等至关重要。

8. 明确地阐述企业文化

一旦企业文化为员工们所理解，就要像其他信息一样，在变革过程中不断地重申。企业的领导者们应当对自己的文化及其所代表的行为方式心中有数，并找寻机会树立、激励那些体现企业文化的行为。这需要确立一个底线，明确变革所需要的状态和文化，并详尽规划，以推动文化变革。

9. 做好准备迎接突发状况

没有一个变革项目是完完全全按照计划、一丝不苟地成功实施的。对于推进变革的高层来说,外部环境瞬息万变,员工们也可能会有始料未及的反应,原先预料会有抵制的地方可能风平浪静,原先以为顺利推进的部分可能会遇到意想不到的阻力。因此,管理者需要对变革的后果、企业的态度和适应力不断地重新评估。他们可依赖实时收集的一手数据信息和坚实可靠的决策流程,随时对实施进行调整,保证变革的动力和效果。

10. 看重与个人的交流

企业变革既是一个组织层面上的再造,更是一项针对员工个人的过程。员工们每周投入数十个小时工作,许多人将同事看作第二个家庭中的一分子。个人,或是由个人组成的集体,有理由知道他们的工作将如何变革?在变革的过程中和变革结束后公司期望他们做哪些工作?如何评价衡量他们的表现?变革的成功或失败对他们及周围意味着什么?团队领导人在这些方面应该尽可能地坦诚直率,提供诸如升职、赏识、奖金这类明晰可见的回报,这将在推广变革中起到奇效,而革除顽固阻碍者,可以维护、增强组织对于变革的决心。

四、组织变革过程模式

变革过程是变革所包含的主要进程,这些进程具有一定的逻辑顺序,也反映了变革的模式。这里主要介绍两种变革过程模式。

(一)列文变革模型

组织变革模型中最具影响的当属列文(Lewin)变革模型。列文于1951年提出了一个包含解冻、变革、再冻结三个步骤的有计划组织变革模型,用以解释和指导如何发动、管理和稳定变革过程。

1. 解冻

解冻的焦点在于创设变革的动机。鼓励员工改变原有的行为模式和工作态度,采取新的适应组织战略发展的行为与态度。为做到这一点,一方面,需要对旧的行为与态度加以否定;另一方面,要使干部员工认识到变革的紧迫性。可以采用比较评估的办法,把本单位的总体情况、经营指标和业绩水平与其他优秀单位或竞争对手一一比较,找出差距和解冻的依据,帮助干部员工"解冻"现有态度和行为,使他们迫切要求变革,愿意接受新的工作模式。此外,应注意创造一种开放的氛围和心理上的安全感,减少变革的心理障碍,提高变革成功的信心。

2. 变革

变革是一个学习过程,需要给干部员工提供新信息、新行为模式和新的视角,指明变革方向,实施变革,进而形成新的行为和态度。这一步骤中,应该注意为新的工作态度和行为树立榜样,采用角色模范、导师指导、专家演讲、群体培训等多种途径。列文认为,变革是个认知的过程,它由获得新的概念和信息得以完成。

3. 再冻结

在再冻结阶段,利用必要的强化手段使新的态度与行为固定下来,使组织变革处于稳定状态。为确保组织变革的稳定性,需要注意使干部员工有机会尝试和检验新的态度与行为,并及时给予正面的强化;同时,加强群体变革行为的稳定性,促使形成稳定持久的群体行为规范。

(二) 施恩的适应循环模型

艾德加·施恩(Edgar Schein)认为,组织变革是一个适应循环的过程,一般分为六个步骤。

(1) 洞察内部环境及外部环境中产生的变化。

(2) 向组织中有关部门提供有关变革的确切信息。

(3) 根据输入的情报资料改变组织内部的生产过程。

(4) 减少或控制因变革而产生的负面作用。

(5) 输出变革形成的新产品及新成果等。

(6) 经过反馈,进一步观察外部环境状态与内部环境的一致程度,评定变革的结果。

可以明显看出,这个变革过程依次经过了解环境、实施变革、调整和反馈几个环节,最终达到适应环境的结果。

五、克服变革的阻力

(一) 变革的阻力

变革在给组织带来整体利益的同时难免会在局部方面有所失去,有些部门或人员可能会接受不了新观念或担心失去既得利益。一般情况下,可以将组织变革的阻力按来源分为三个层面:个人层面的阻力、团队层面的阻力和组织层面的阻力。

1. 个人层面的阻力

(1) 盲目的抵抗。

(2) 情绪上的抵抗。

(3) 政治性的抵抗。

(4) 意识形态上的抵抗。

2. 团队层面的阻力

(1) 强调自己团队的重要性。

(2) 内部团队抵抗变革。

(3) 要求更换领导。

(4) 改变所有权。

3. 组织层面的阻力

(1) 业务活动惯性。

(2) 管理体系惯性。

(3) 组织文化惯性。
(4) 缺乏经验和能力。
(5) 整个组织的保守主义。

(二) 克服变革阻力的措施

要克服变革的阻力,应客观分析变革推力和阻力的强弱,有针对性地采取措施。

1. 参与和投入

人们对某事的参与程度越大,就会更多地承担工作责任,支持工作的进程。但是这种方法比较费时,在变革计划不充分时有一定风险。

2. 教育和沟通

教育和沟通方法适合信息缺乏和未知环境的情况,实施比较花费时间。教育和沟通能够分享资源,不仅带来相同的认识,而且在群体成员中形成一种感觉,即他们在计划变革中起着作用。

3. 以时间交换空间

即使不存在对时间的抵制,也需要时间来完成变革。组织成员需要时间来适应新的制度,排除障碍。如果领导没有耐心,加快速度推行改革,对下级会产生一种压迫感,产生新的抵制。

4. 群体策略

这里包括强烈的群体归属感,设立群体目标,培养群体规范,改变成员态度和价值观等。这种方法在用于人们由于心理调整不良而产生抵制时使用比较有效。

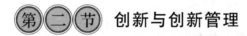 创新与创新管理

一、创新的含义与特性

创新是指以现有的思维模式提出有别于常规或常人思路的见解为导向,利用现有的知识和物质,在特定的环境中,本着理想化需要或为满足社会需求,而改进或创造新的事物、方法、元素、路径、环境,并能获得一定有益效果的行为。

创是始的意思,所以创造不是后造,而是始造。创造和仿造相对。通常说创造,含有造出了一个前所未有的事物的意味。说创新,大致有两种意思:一种是创造了新的东西,这和创造实际是同一个意思;另一种是本来存在一个事物,将它更新或者造出一个新事物来代替它。由此可见,创新中包含创造。但创造不可能凭空而起,新的创造一般是建立在原有的事物或其转化的基础上,包含对原有事物的创新,因而创造中又包含创新。人类的创造创新可以分解为两部分:第一部分是思考,想出新主意;第二部分是行动,根据新主意做出新事物。一般是先有创造创新的主意,然后有创造创新的行动。

在英语中，innovation（创新）这个词起源于拉丁语，有三层含义：一是更新，就是对原有的东西进行替换；二是创造新的东西，就是创造出原来没有的东西；三是改变，就是对原有的东西进行发展和改造。

创新是指人类为满足自身需要，不断拓展对客观世界及其自身的认知与行为的过程和结果的活动。具体来讲，创新是指人为一定的目的，遵循事物发展的规律，对事物的整体或其中的某些部分进行变革，从而使其得以更新与发展的活动。

创新是企业家首次向经济中引入的新事物，这种事物以前没有从商业的意义上被引入经济中。经济学对创新的一般定义是，创新是企业家向经济中引入的能给社会或消费者带来价值追加的新东西，这种东西以前未曾从商业的意义上引入经济中。

创新具有如下特性。

（1）创新的不确定性：市场不确定性，技术不确定性，战略不确定性。

（2）创新的保护性与破坏性。

（3）创新的受抵制性。

（4）创新的偶然性或机遇性。

二、创新的重要性

没有创新的企业是没有希望的企业，创新的重要性体现在优质高效和事业发展两个方面。

（一）优质高效需要开拓创新

（1）服务争优要求开拓创新。

（2）盈利增加仰仗开拓创新。

（3）效益看好需要开拓创新。

（二）事业发展依靠开拓创新

（1）创新是事业快速、健康发展的巨大动力。

（2）创新是事业竞争取胜的最佳手段。

（3）创新是个人事业获得成功的关键因素。

三、创新方法

创新方法一直为世界各国所重视，在美国被称为创造力工程，在日本被称为发明技法，在俄罗斯被称为创造力技术或专家技术。我国学者认为，创新方法是科学思维、科学方法和科学工具的总称。其中，科学思维是一切科学研究和技术发展的起点，始终贯穿于科学研究和技术发展的全过程，是科学技术取得突破性、革命性进展的先决条件。科学方法是人们进行创新活动的创新思维、创新规律和创新机理，是实现科学技术跨越式发展和提高自主创新能力的重要基础。科学工具是开展科学研究和实现创新的必要手段和媒介，是最重要的科技资源。由此可见，创新方法既包含实现技术创新的方法，也包含实现管理创新的方法。

创新方法包含试错法、六顶思考帽法、头脑风暴法、六西格玛法等。

（一）试错法

试错法是纯粹经验的学习方法。应用试错法的主体通过间断的或连续的改变黑箱系统的参量，试验黑箱所作出的应答，以寻求达到目标的途径。

（二）六顶思考帽法

六顶思考帽是英国学者爱德华·德·博诺（Edward de Bono）博士开发的一种思维训练模式，或者说是一个全面思考问题的模型。它提供了"平行思维"的工具，避免将时间浪费在互相争执上。

所谓六顶思考帽，是指使用六种不同颜色的帽子代表六种不同的思维模式。任何人都有能力使用以下六种基本思维模式。

(1) 白色思考帽：白色是中立而客观的。戴上白色思考帽，人们思考的是关注客观的事实和数据。

(2) 绿色思考帽：绿色代表茵茵芳草，象征勃勃生机。绿色思考帽寓意创造力和想象力。它具有创造性思考、头脑风暴、求异思维等功能。

(3) 黄色思考帽：黄色代表价值与肯定。戴上黄色思考帽，人们从正面考虑问题，表达乐观的、满怀希望的、建设性的观点。

(4) 黑色思考帽：戴上黑色思考帽，人们可以运用否定、怀疑、质疑的看法，合乎逻辑地进行批判，尽情发表负面的意见，找出逻辑上的错误。

(5) 红色思考帽：红色是情感的色彩。戴上红色思考帽，人们可以表现自己的情绪，人们还可以表达直觉、感受、预感等方面的看法。

(6) 蓝色思考帽：蓝色思考帽负责控制和调节思维过程。它负责控制各种思考帽的使用顺序，它规划和管理整个思考过程，并负责作出结论。

（三）头脑风暴法

头脑风暴法出自"头脑风暴"一词。头脑风暴（brain-storming）最早是精神病理学上的用语，是指精神病患者的精神错乱状态而言的，如今转而为无限制的自由联想和讨论，其目的在于产生新观念或激发创新设想。

（四）六西格玛法

六西格玛（six sigma）的概念于1986年由摩托罗拉公司的比尔·史密斯提出，此概念属于品质管理范畴。西格玛是希腊字母，这是统计学里的一个单位，表示与平均值的标准偏差。六西格玛法旨在生产过程中降低产品及流程的缺陷次数，防止产品变异，提升品质。所以，六西格玛法是一种持续性的质量改进方法。

四、创新管理的含义

创新管理（innovation management）是以组织结构和体制上的创新，确保整个组织采用新技术、新设备、新物质、新方法成为可能,通过决策、计划、指挥、组织、激励、控制等管理职能活动和组合,为社会提供新产品和服务,即管理创新的过程。所以,创新管理就是组织为创新活动提供内部的创新环境,以达到鼓励创新的目的。

管理的创新是社会组织为达到科技进步的目的,适应外部环境和内部条件的发展变化而实施的管理活动。

五、创新管理模式

(一)业务流程再造

业务流程再造(business process re-engineering,BPR)就是对企业的业务流程进行根本性的再思考和彻底性的再设计,从而获得可以用诸如成本、质量、服务和速度等方面的业绩来衡量的戏剧性的成就。

(二)技术创新

技术创新在本书中被定义为与新产品的制造、新工艺过程或设备的首次商业应用有关的研究开发、设计、制造及其他商业活动。它包括产品创新、工艺创新和服务创新。

(三)企业组织创新

任何组织机构,经过合理的设计并实施后,都不是一成不变的。它们如生物的机体一样,必须随着外部环境和内部条件的变化而不断地进行调整和变革,才能顺利地成长、发展,避免老化和死亡。应用行为科学的知识和方法,把人的成长和发展希望与组织目标结合起来,通过调整和变革组织结构及管理方式,使其能够适应外部环境及组织内部条件的变化,从而提高组织活动效益的过程,就是所谓的组织创新,又称组织开发。

六、创新战略

创新战略(innovation strategy)是以产品的创新以及产品生命周期的缩短为导向的一种竞争战略,采取这种战略的企业往往强调风险承担和新产品的不断推出,并把缩短产品由设计到投放市场的时间看成自身的一个重要目标。

创新战略又称结构性战略或分析性战略,是企业依据多变的环境,积极主动地在经营战略、工艺、技术、产品、组织等方面不断进行创新,从而在激烈竞争中保持独特的优势的战略。

(一)创新战略的内容

创新战略的内容包括以下四个方面。

1. 产品创新

从社会和技术发展需要出发,以基础研究和应用研究成果为基础,研制出具有新的原理、构思和设计,采用新的材料和元件,具有新的性能特点,具有新的用途或市场需求的新产品。

2. 生产技术创新

以产品创新为龙头,积极开发和应用新技术、新工艺、新设备和新材料。产品创新会带动和促进技术、工艺、设备和材料的一系列创新,而生产技术的创新又为更新产品准备了必要的生产技术条件,产品创新和生产技术创新循环往复、互为影响。

3. 组织与管理创新

对组织结构模式和管理方法的创新。

4. 研究开发创新

通过基础研究、应用研究和开发研究,为技术创新提供保证与前提。研究开发创新的主要内容包括:经济研究、经营管理研究、市场研究、面向产品的研究、面向生产工艺的研究。

(二) 创新战略的类型

根据创新的难度和特点,可将创新战略分为以下三种类型。

1. 领先型创新

领先型创新是以重大的发明创造成果或全新的经营管理观念为基础的创新。创新的结果通常是建立起一个全新的市场,创造一个全新的需求空间。例如,青霉素的发现和研制成功使全世界开始普遍使用新的抗生素,尼龙的发明则创造了一个全新的合成纤维产业。

领先型创新具有与其他类型创新全然不同的特点,它集高利润和高风险于一身,必须运用特殊的战略对策才能使创新成功。

(1) 领先型创新的特征。领先型创新有四个显著特征。

① 创新背景的综合复杂性,往往需要多种技术的综合才能成功。

② 创新过程的长时期性,一项新药的研制往往需要几年甚至十几年的时间。

③ 创新过程中的高淘汰率,只有不到5%的设想能够成为现实。

④ 创新的市场接受性难以预测,可视电话早已出现,但至今仍没有得到市场的广泛认可。

(2) 领先型创新的对策。领先型创新的对策如下。

① 创新前要细致地分析创新的条件。这些条件和因素既包括创新知识本身,也包括社会、经济及文化观念等因素。要通过分析明确哪些因素目前尚不具备,这些因素可不可以通过努力创造出来。若可能,就要全力以赴地投入,否则就要将创新向后推延。

② 创新的成功需要全力以赴地投入。参与领先型创新必须是雄心勃勃的,否则注定要失败。全力以赴要求创新者要以在新产业或新市场中取得领导权或支配性地位为目标,并且一开始就要取得这种领先地位。只有这样,创新的行动才能得到极大的报偿。

③ 领先型创新要找准战略重点。领先型创新不偏爱第一个成功者,初期的成功稍有

失误就会被别人超过。这就要求重点必须明确,绝不能犹豫不定。领先型创新的战略重点主要有以下三种。

a. 发展与创新相关的整个市场。爱迪生和英国人斯旺都发明了电灯。但后者仅仅是个科学家。爱迪生则在发明的同时筹资取得了向电灯用户架线的权力,并建立了整个配电系统,创造出新的电力产业。

b. 要以市场为导向。杜邦公司的成功并不是去卖尼龙,而是开辟了以尼龙为原料的女士内衣消费品市场,并开发了使用尼龙的汽车轮胎市场等。

c. 生产制造中的关键环节。美国普菲策公司的成功关键是把重点放在青霉素生产中的发酵环节上。

2. 跟随型创新

跟随型创新是在别人的创新基础上所进行的创新。实施跟随型创新的企业总是把别人已经搞出来,但却没有充分认识其意义的创新项目拿来或买来,在其基础上加以完善、创新,并占领市场。

(1) 跟随型创新的特点。跟随型创新有以下几个特点。

① 跟随型创新的思路与领先者不同。它注重技术,却以市场为导向。创新领导者必须要有较高的洞察力。

② 跟随型创新是风险较小的创新。跟随型创新者往往是在别人刚刚完成"发明"时,就进入了角色。这时新市场多半已初见端倪,新的风险投资已可以被人接受。而且市场需求量也往往比原发明者所能提供的要大,市场分割已经明显,或可以分析出来。这时,可以通过市场分析,了解顾客购买的内容、方式以及接受的价格等。原创新者的许多拿不准的问题都已经明朗了。但问题在于原创新者往往看不清真正的市场潜力和进一步开发的紧迫性,这就给跟随型创新者创造了条件。

③ 跟随型创新适用于一些较为重要、影响面大的产品、加工过程或服务。创新通常以较高的市场占有率为目标。

④ 跟随型创新最适用于高技术领域。在高技术领域,最初的创新者通常是技术专家,他们往往忽视以市场为中心这一点,而偏重于技术或产品本身。

(2) 跟随型创新的对策。跟随型创新的对策主要有以下四点。

① 创新必先认真分析市场的需求变化。

② 跟随型创新者要善于分析别人的弱点。

③ 最先的创新者之所以常常败在跟随者手中,是由于他们往往有一些根深蒂固的习惯性观念,这些观念能使他们在新的创新面前固守陈规,不知不觉地把优势让给了自己的竞争对手。跟随型创新者要熟知这样一些企业病。

a. 盲目崇拜老产品,认为老的更成熟,技术更可靠,顾客更认账。美国电子管制造厂家就曾坚信他们花30年时间不断革新的电子管收音机是无可匹敌的,而晶体管这类古怪东西则还要有很长一段路要走。

b. 采取高价的"榨油"政策。瑞士最初的豪华石英表采用高价,实际上是在鼓励他人竞争。

c. 追求大而全。施乐公司研制的复印机总是倾向于多功能,以满足不同的市场需求;而日本的与之竞争的公司则专门设计满足不同需求的专用复印机,追求最优化,结果抢占了相当比例的复印机市场。

跟随型创新者如能认真分析如上的一些企业病,就能避实击虚,得到意想不到的收获。

④ 跟随型创新者要具备灵活的素质。跟随型创新者要能够转向快,灵活性大,愿意一切以市场需求为转移。IBM尽管实力强大,但它却两次运用竞争对手的思路,改变产品设计适应市场需求,可谓是求实的创新者。

跟随型创新之所以是一种创新,是因为它不是对原有创新的照搬照用。最初的创新可能缺少什么东西,也可能在适应不同需求方面缺少具体、多样的设计等。跟随型创新要根据用户需求将其完善化。

3. 依赖型创新

依赖型创新是在大市场中占领某个较小生存位置的创新。与领先型创新不同,实施依赖型创新的企业并不谋求产业领导地位,它们默默无闻,不图扬名,但却有别人所不能取代或竞争的地位。

(1) 依赖型创新的成功有赖于以下两个必备条件。

① 创新对象必须是某个过程或系统中不可缺少的产品,如果不使用它就要付出极高的代价,比如丧失一只眼睛,使整个系统或过程归于失败。

② 创新产品的市场必须是有限的,它能使捷足先登者全部占领,而且小得不足以吸引其他人来竞争。所以,许多小零部件的创新都具有这方面的特点。

依赖型创新既有长处,也有一些致命的弱点,创新者对这两方面都必须有清醒的认识。依赖型创新的优点是可以避免竞争和挑战,默默地获取可观的收益。而且,只要它所赖以生存的系统(如眼科手术程序、技术)没有解体,它就永远能使企业盈利。事实上,这类创新的有效期通常都很长。

(2) 依赖型创新具有以下两方面的缺点。

① 依赖型创新占据了某市场后,就进入一种"相对静止"状态,很难再有大发展。企业无法扩大生产,因为无论该产品多么物美价廉,它只是某个系统或过程的附属物。"相对静止"状态容易使企业家视野狭小,用"一孔之见"去看事物,而对新的创新机会麻木不仁。

② 依赖型创新产品的兴衰完全依赖于它所从事的产品系统。

(3) 和领先型创新一样,依赖型创新需要对创新机会进行系统全面的分析。在创新成功后,要注意在适当的时间降低价格,不可滥用垄断权,以免用户转而寻找其他厂家,或转向效果差些但却可以控制的代用品。除此之外,依赖型创新成功的关键在于以下三个环节。

① 为了独占市场,依赖型创新必须在一个新产业、新习惯、新市场或新潮流刚露出苗头时就动手。"时机"在此扮演着重要角色。

② 依赖型创新也需要有一些与众不同的独到之处。阿尔肯实验室生产的酶在20世纪就被研制出来了,但它容易变质,即使在冷藏条件下也只能保存几个小时。阿尔肯的独到之处在于它运用一种防腐剂,能够保证酶的活力免受破坏。

③ 依赖型创新在成功之后,也要不断改进自身的技术或服务,以保持领先地位,使自己永远与众不同。

一、课业任务

针对普通日用品或日常生活服务,每人设计一个相关的创新产品或服务,并撰写设计说明。

二、课业目的

理解、巩固所学的知识,锻炼个人思维能力,提升解决问题的能力。

三、课业要求

收集资料,结合理论知识和现实生活情况,写成书面说明。时间为2周,字数不少于1500字。

四、理论指导

学习并理解产品创新的含义、创新的原因和动力、创新方式的理解和运用、创新方法的运用、创新风险的分析等。

五、课业操作

每人选定一个有许多缺点或弊端,让你用得不爽的日用品或生活服务,比如保温杯、雨鞋、理发、年夜饭等,列出其中的主要问题,做一定的市场调查,提出产品或服务的改进设想和创新思路,收集他人对你的思路的看法并进行修改,预测新产品可能出现的新问题,最后整理成文,打印提交。

六、课业评价标准

本章的课业评价标准如表17-2所示。

表 17-2 课业评价标准

评价项目	课业选题	理论运用	设计、分析、评价	书面表达能力
评价标准	选题合理,有创新选择	理论运用得当,有针对性选择	有逻辑性、创新性和挑战性,评价客观,引用得当	语言准确,言简意赅,图文并茂,排版合理
评分比重(%)	20	30	30	20

七、课业范例

鲁班发明锯的故事

相传有一年,鲁班接受了一项建筑一座巨大宫殿的任务。这座宫殿需要很多木料,他和徒弟们只好上山用斧头砍木,当时还没有锯子,效率非常低。一次上山的时候,由于他不小心,无意中抓了一把山上长的一种野草,一下子将手划破了。鲁班很奇怪,一根小草为什么这样锋利?于是他摘下了一片叶子来细心观察,发现叶子两边长着许多小细齿,用手轻轻一摸,这些小细齿非常锋利。他明白了,他的手就是被这些小细齿划破的。后来,鲁班又看到一条大蝗虫在一株草上啃吃叶子,两颗大板牙非常锋利,一开一合,很快就吃下一大片。这同样引起了鲁班的好奇心,他抓住一只蝗虫,仔细观察蝗虫牙齿的结构,发现蝗虫的两颗大板牙上同样排列着许多小细齿,蝗虫正是靠这些小细齿来咬断草叶的。这两件事给了鲁班很大启发。于是他就用大毛竹做成一条带有许多小锯齿的竹片,然后到小树上去做试验,结果果然不错,几下子就把树干划出一道深沟,鲁班非常高兴。但是由于竹片比较软,强度比较差,不能长久使用,拉了一会儿,小锯齿就有的断了,有的变钝了,需要更换竹片。鲁班想到了铁片,便请铁匠帮助制作带有小锯齿的铁片。鲁班和徒弟各拉一端,在一棵树上拉了起来,只见他俩一来一往,不一会儿就把树锯断了,又快又省力,锯就这样发明了。

在鲁班之前,肯定会有不少人碰到手被野草划破的类似情况,为什么单单只有鲁班从中受到启发,发明了锯,这无疑值得我们思考。大多数人只认为这是一件生活小事,不值得大惊小怪,他们往往在治好伤口以后就把这件事忘掉了。而鲁班却有比较强烈的好奇心和正确的想法,很注意对生活中一些微小事件的观察、思考和钻研,从中找到解决问题的方法和思路,甚至获得某些创造性发明。这告诉我们一个道理,留意生活中许多不起眼的小事,勤于思考,会增长许多智慧。锯发明以后,鲁班又发明了许多木工工具,古书对此有很多记载。

变革和创新是企业永恒的话题。组织变革主要的原因来自环境的变化、组织内部的变化以及组织成长发展的要求。变革既有激进式的,也有渐进式的。变革难免有所牺牲,总是存在一定的阻力,因此需要组织克服阻力,实施变革管理来鼓励和推动变革。

创新不同于变革,创新具有更高的风险,具有不确定性、偶然性、破坏性等特点,但对企业来说至关重要,决定了企业未来长期的生存和发展。这就需要企业鼓励创新,进行创新管理,实施创新战略。

重要概念

组织变革　变革管理　列文变革模型　适应循环模型　创新　六顶思考帽法　创新管理　业务流程再造　领先型创新战略　跟随型创新战略　依赖型创新战略

复习思考题

1. 什么是组织的变革?组织变革的主要动力是什么?
2. 举例说明激进式变革和渐进式变革的区别。为什么两者对于企业来说都是必需的?
3. 简述列文变革模型的含义及其现实意义。
4. 企业变革管理的主要原则有哪些?
5. 有人说创新是被逼无奈的结果,请说明此话的合理之处。
6. 为什么说创新总是要冒风险的?
7. 企业创新管理有哪些主要方法?
8. 我国许多企业依靠仿造或山寨产品赚得盆满钵满,你怎样理解这种现象?

案例分析

华为解除员工劳动合同是不得已之举

距我国《劳动合同法》正式实施还有两个月的时间,在全国一些地方却出现了企业解约潮,有些企业一次性解除数百人的劳动合同,甚至有因为《劳动合同法》即将生效而企业关闭的现象。深圳华为公司作为我国 IT 行业的知名企业,也加入这场特殊的博弈游戏中。据公司要求,工作满八年的职工,在 2008 年元旦之前,都要办理辞职手续,然后再与公司签订一到三年的劳动合同。据估计,此次解除合同的人数有数千人到一万人。

深圳华为颁布自动办理辞职手续的规定,显然是为了应对《劳动合同法》带来的挑战。但其特殊之处在于,它将通过全员自动辞职、竞争上岗,解决企业人力资源浪费现象,缓解企业人力资源经营中出现的惰性,进一步提升企业的竞争力。

深圳华为公司有理由这样做。

首先,深圳华为开出的解除劳动合同的条件远远高于《劳动合同法》所规定的条件,具有极大的吸引力。深圳华为不仅按照职工连续工作年限支付补偿费用,而且还额外支付一个月的工资。不仅支付劳动合同解除前十二个月的平均工资,而且还支付企业职工上年度奖金月平均分摊数额。更重要的是,解除劳动合同之后,所有离职员工都可以通过竞争上岗,重新找到工作,在此期间他们在公司虚拟的受限制股份仍然保留。换句话说,虽然与员工解除了劳动合同,但是仍然与员工保持股权关系。这样的利益分配格局当然具有吸引力。

其次,深圳华为实行了集体主动辞职制度,包括华为董事长在内的所有符合条件的职工都向公司提交了自动辞职的申请,这就使这项人力资源制度改革具有强烈的道义色彩:在十分优厚的解除合同条件面前,职工面临的选择并不多。如果借此机会重新选择自己的职业,那么,将会付出巨大的机会成本;反过来,如果选择再次竞争上岗,那么不仅表现出了对公司的信心,而且还展示出了对公司的忠诚。恰恰是这种科学的制度设计,让华为的人力资源管理者可以从容地调整自己的人力资源结构,重新建立企业人力资源运营和储备模式。

深圳华为的做法显然具有特殊性。假如用人单位不能按照《劳动合同法》的规定支付经济补偿,或者,不能为劳动者重新提供就业岗位,那么,直接解除劳动合同就是最理性的选择。

当初立法机关在制定《劳动合同法》的时候,旨在"保障劳动者的合法权益",但在《劳动合同法》颁布之后、实施之前,居然出现如此问题。如果立法机构在审议劳动合同法草案时,能充分考虑到这些可能出现的因素,对过渡时期存在的问题作出必要的规定,那么解除劳动合同的风潮就不会出现。这说明立法机构在制定法律规范的时候,看准了法律的价值取向,但在具体法律规范设计方面,仍显有些粗糙。

透过这一现象,人们可以发现许多问题。比如,在劳动者与用人单位之间的权利义务博弈中,是否需要增加弹性的条款;在为劳动者与用人单位谈判提供平等法律平台的前提下,是否应该考虑中国的国情,采取循序渐进的策略,保护那些长期性"临时工"的合法利益;在强调固定期限劳动合同与无固定期限劳动合同之间差异的同时,是否应该对社会保障制度作出必要的修正,从而在不同用工机制下实现劳动者权利与义务的平衡。

很显然,在固定期限劳动合同与无固定期限劳动合同之间,劳动合同当事人争取的不仅仅是双方之间的利益,它还包括政府依照法律规定应该提供的社会保障。在这种情况下,单靠劳动合同当事人双方相互谈判来实现权利义务的平衡显然十分困难。深圳华为利用解除合同的权利,规避有关法律规定,显然是不得已之举。虽然深圳华为公司借助此次人力资源调整,与员工之间重新建立了劳动关系,但是,深圳华为公司本身却为此付出了经济代价。那么,立法机关为何不通过调整社会保障体系,改变这种不对称的博弈状态呢?

(资料来源:乔新生.华为解除员工劳动合同是不得已之举[N].东方早报,2007-10-29)

思考题:
1. 什么原因致使华为要与包括老臣们在内的几乎所有员工解除劳动合同?
2. 运用所学知识评价华为此举的利弊得失。
3. 你认为华为当时的这项变革与它后来的发展成就有直接关系吗?为什么?

参 考 文 献

[1] 王宏宝,张美清. 管理学原理与实务[M]. 北京:清华大学出版社,2009.

[2] 斯蒂芬·P. 罗宾斯,玛丽·库尔特. 管理学[M]. 李原,孙健敏,黄小勇,译. 11版. 北京:中国人民大学出版社,2012.

[3] 曹芙蓉. 现代管理学[M]. 2版. 北京:经济科学出版社,2014.

[4] Appleby R C. Modern Business Administration[M]. 6th edition. London:Pitman Publishing,1994.

[5] Atrill P. Financial Management for Non-specialists[M]. 2nd edition. England:Pearson Education Limited,2000.

[6] Bartol K M,Martin D C. Management[M]. 3rd edition. Beijing:China Machine Press,1998.

[7] Harcourt J,Krizan A C,Merrier P. Business Communication[M]. 3rd edition. Cincinnati:South-Westen Educational Publishing,1996.

[8] Kleiman L S. Human Resource Management[M]. 2nd edition. Bel Air:South-Western College Publishing,2000.

[9] Kotler P,Armstrong G. Principles of Marketing[M]. 9th edition. Beijing:Tsinghua University Press,2001.

[10] Slack N,Chambers S,Johnson R. Operation Management[M]. 3rd edition. London:Prentice Hall,2001.